イノベーターたちの日本史

米倉誠一郎
Seiichiro Yonekura

近代日本の創造的対応

Creative Response
Entrepreneurial History of Modern Japan

東洋経済新報社

はしがき

近年、日本人が創造的（クリエイティブ）でないという議論をよく聞く。外国人はともかく、日本人までもがしている。また、日本の成果は結局、欧米の物まね（コピーキャット）にすぎないと論じる識者もいる。[1] 本当にそうだろうか。

考えてほしい。この極東の島国が、世界で有数なる経済力を築き上げたことだけでも驚くべき結果であるが、競争力を築いた産業分野もまた驚くほど幅広い。綿工業や雑貨を含む軽工業から、鉄鋼、造船、石油化学などの重化学工業、家電や自動車に至る機械組立て工業、そしてコンピュータや半導体の精密電子機器などの分野で、一時は世界に冠たる国際競争力を構築していたのである。

またノーベル賞受賞者も、科学系の分野から文学賞、平和賞と多岐にわたり、その数は二五人にのぼっている。これは、アメリカ、イギリス、ドイツ、フランス、スウェーデン、スイスに次いで世界第七位である。

さらに、文化的にも世界に価値を認められているものも多い。古くは能、歌舞伎、文楽、茶と禅、大相撲、浮世絵、新しくは漫画、アニメ、ゲームなども、きわめてクリエイティブな成果である。

こうした日本の成長は戦後に急速に開花したものではない。文化芸術に至っては平安時代にまでもさかのぼれるものであるし、江戸時代のさまざまな蓄積も看過できない。さらに、近代化という過程に関しては、明治という一大画期を抜きには語れない。

本書は、その明治から昭和初期にかけての日本の近代を、「創造的対応（creative response）」の視点から描こうとしたものである。日本の近代は西欧先進国から押し寄せる津波のような外生的挑戦や刺激に、いかに創造的に対応していくかという歴史だったからである。

「創造的対応」という言葉は、「イノベーションの父」とも呼ばれるオーストリア人学者ヨゼフ・A・シュムペーターが一九四七年に書いた"The Creative Response in Economic History"という小論文で用いた概念である(2)。

僕はシュムペーターの言説を金科玉条のように信奉するシュムペータリアンでもないし、その熱烈な読者でもない。彼の英語は修辞が多く読みにくいし、その論理もときどき大きな矛盾をはらんでいたりする。しかし、彼の使う言葉の中には痺れてしまうような本質と魔力が潜んでいる。「創造的破壊（creative destruction）」という言葉もそうだが、この「創造的対応」もそうなのである。彼はこの小論文を次のように書き出している。

経済史家と経済理論家は、もし彼らがそう望むなら、きわめて興味深くしかも社会的に価値のある旅を一緒に始めることができる。それは、これまで悲しいほどに無視されてきた経済変化という分野を探求踏査する旅である。

歴史家としては、思わず引き込まれてしまう文章である。そして彼は続ける。「経済理論において正当な評価を得ていない分野は、状況の変化に対する対応の仕方には相違があるということである」と。

その相違とは、現存する慣行の延長線上で変化に「順応 (an adaptive response)」することと、現存する慣行のはるか枠外から「創造的に対応」することとの違いである。そして、「この創造的対応に関する研究は、アントルプルヌアシップの研究と同じ領域の研究なのである」と締めくくる。

嗚呼、そういうことなんだ。

この文章を読んで、僕は稲妻に打たれたような気持ちになった。自分がやろうとしていたことと、自分がやらなければならないことが一挙に明らかになったからである。

確かに、同じような状況変化に対して国々や人々の対応は異なる。日常生活でも、歴史上の大変化でも、一律ということはない。本書が取り扱う一九世紀の開国や近代化でもそうである。

そして、こうした差異を記述することがアントルプルヌアシップ研究そのものだったのだ。

この観点から明治維新を考察すると、幕末期から明治にかけての日本人の優れた対応能力には感心する。特に、隣国中韓の対応と比較したときに、植民地化の危機に対して徳川幕府は「通商和平」をもってのらりくらりと対応し、維新勢力はその優柔不断な徳川封建体制を比較的無血のうちに打倒する。小説ならば、出来すぎの筋書きだ。

維新後、徳川幕府の優柔不断を「尊王攘夷」を叫んで責めていただけの若き志士たちは、列強とさまざまな交渉を進めるうちに、一転自らを国際的な外交官や経済官僚にまで変貌させていった。

それだけではない。彼らは「士族という倒幕主体でありながら封建勢力の一部」でもあった自らの階層を有償で廃絶したうえで、殖産興業の担い手に変身させるという離れ業まで見せてくれるのである。

さらに、経営組織においても優れた対応を見せる。明治期に生まれた強固な経営組織である財閥は、前近代的な独占組織と見なされることが多い。

しかし、欧米先進諸国に比較して経営資源の蓄積、特に知識・人材という資源においてひどく劣位にあった日本において、有能な人材や知識を多重利用することはきわめて合理的な判断であった。財閥とは、封建社会から近代社会へ移行する大変化の時期に出現する多角的事業体である。それは多様な事業機会（ビジネスチャンス）を、少数精鋭の企業家たちが巧みに捉えようとした、これも実に創造的な経営行動と組織設計から生まれ出たものだった。

さらに、大正期になると知識をベースにした企業集団いわゆる新興財閥が出現する。なかでも、理化学研究所を中心に出現した理研コンツェルンは、「知識を生み出すこと」と「それを事業化すること」において、これまた創造的な組織であった。

ここで特に強調したいことは、この素晴らしい組織は、大正から昭和にかけて軽工業から重化学工業へのシフトの中で自然に生まれたわけではなく、たった一人で世界に挑戦した高峰譲吉という企業家的科学者の提唱により端緒が開かれたものであることである。

さらに、理化学研究所が戦中戦後にかけて途方もない成果をあげることができたのは、高峰の意思を継いだ破格の科学者であり組織設計者であった大河内正敏がいたからである。大河内は研究者たちにとって一番大事なものが何かをわかっていた。当時の理研研究員で、後にノーベル物理学賞を受賞した朝永振一郎は理研を振り返って、「何より良かったことは、そこには研究者の自由があったという事実」だと語っている(3)。大河内の創造的対応の真実である。

本書は以上のような事例をもとに、日本近代史において日本人がいかに創造的であったかを検証する試みである。しかし、本書は日本人だけが「民族的に特別に創造的である」などという立場は取らない。日本人も、アメリカ人、イタリア人、中国人、韓国人、バングラデシュ人、ケニア人など世界中の人たちと同じように創造的であり、イノベーティブな可能性を持った国民であるという主張である。

日本人全員がそうであるという主張でもない。自らの可能性に気づき、時代の波に創造的に対応し、新しい価値を付加することのできた近代の日本人を描くことが本書の目的なのである。

なお、本書ではentrepreneurやentrepreneurshipという言葉に「起業家」あるいは「起業家精神」という漢字は当てない。entrepreneurは、何も会社を起こす起業家とは限らないからである。シュムペーターが的確に定義するように、entrepreneurとは「新しいことを成し遂げるか、新しいやり方ですでにあることを成し遂げる」人間、すなわちイノベーションの遂行者のことなのである。(4)

したがって、entrepreneurshipとはその能力であり心的エネルギーのことである。(5) 本書では、イノベーションが「技術革新」ではなく、すでにそのまま使われるように、アントルプルヌアシップもそのまま使いたいところだが、あえて訳すときは、「イノベーションを企てる人間」という意味から、企業家あるいは企業家能力という表記を用いる。

さあ、近代日本に起きた大変化に日本の企業家たちは、どのような創造的対応を見せたのか、わくわくするような旅に出ようではないか。

イノベーターたちの日本史｜目次

第3章 明治政府の創造的対応——身分を資本へ

第4章 士族たちの創造的対応――ザ・サムライカンパニーの登場……091

※史料からの引用については、読みやすさに配慮し、原則として、新字・現代仮名遣いとした。また、適宜漢字表記に改め、句読点や送り仮名を追記している。

第1章　近代の覚醒と高島秋帆

日本にとって近代の覚醒をもたらした最も重大な外発的出来事は、隣国中国(清)で起こったアヘン戦争(一八四〇〜四二)といって間違いはない。いかなる戦争においても、その正当性を見出すことは容易ではないが、アヘン戦争は近代史上でも特に正当性を欠く戦争であった。

インドで産出されるアヘンを中国に輸出して、その代金で茶をはじめとする中国物産の輸入代金と相殺するという三角貿易の正当性には、いかなる弁明も認めがたい。

当然のことながら、清朝政府はアヘンの禁輸措置を決め、その押収廃棄を実行した。この事態を自由貿易に対する侵害行為として、イギリスは対中宣戦布告を行い、鎖国政策の放棄を迫ったのである。清朝政府はイギリスに惨敗し、多額の賠償金と香港の割譲、広東、厦門《アモイ》、福州、寧波《ニンポー》、上海の開港を余儀なくされた。

同じく鎖国政策を堅持してきた日本にとって、これは遠い国の出来事ではなく、まさに隣国で起こった現実であった。本章では、このアヘン戦争の経緯と徳川日本へのインパクト、特に鎖国下にあった日本がこの戦争に関する情報をどのように手に入れ、どのように対処しようとしたのかについて考察する。

アヘン戦争はアジア諸国に迫られた植民地政策に対して、いかに独自の「創造的対応」を示せるかという第一幕だった。日本における創造的対応において重要な役割を果たしたのは、歴史の表舞台からは消えてしまった高島秋帆《しゅうはん》(一七九八〜一八六六)という砲術家にして貿易商、そして何よりも西洋の近代兵器に詳しい技術者だったのである。彼の「通商和平」という考え方が、日本を列強の植民地化から守り、曲がりなりとも独立と近代化への道を歩ませたのである。

1　イギリスの大英帝国建設とアヘン戦争

イギリスの帝国的野心は、コロンブス以降、大航海時代の波に乗ってまず北米に展開され、続いて東インド会社を中心にインドに拡大された。一七五六年から六三年にわたった英仏間を中心とした七年戦争では、イギリス軍は北米やインドでフランス軍と戦い、北米ではカナダを獲得、インドからはフランス勢力のほとんどを駆逐する結果を得た。一九世紀初頭のナポレオン戦争にも勝利したイギリスは、世界の海上覇権を確立し、大英帝国の本格的拡大を進めたのであった。

大英帝国の建設にあたって、イギリスは「自由貿易」という大義名分を掲げた。株式会社の起源といわれる「イギリス東インド会社」の社名が明らかにしているように、一七～一八世紀のヨーロッパにおける最も有望な貿易相手国はインドであった。産業革命以前のヨーロッパにおける繊維の中心は毛織物であったため、インドから輸入されたインド綿(更紗)は軽く扱いやすいことで人気を博した。(1) また、冷蔵庫が発明されていない当時、肉の保存にとって胡椒を中心とした香辛料はヨーロッパの食卓にとって必需品であった。

インドへ航海をするということは、当時の技術水準からすればかなり危険なアドベンチャーであったが、成功すれば大きな経済価値を生むまさにベンチャービジネスでもあった。

イギリスは貿易行為を通じてインドを経済支配下に置き、それに抵抗する民族運動を徹底的に弾圧した。一九世紀に入るとイギリスの対インド貿易は自由化され、今度は逆にイギリスから機械製綿織物がインドへ流入した。一世を風靡したインド更紗は壊滅的打撃を受け、インド経済の衰退が進んだ。

さらに、イギリスは近代的な地税制度を導入したため、インド民衆は重税の下に置かれることとなった。重税やイギリス統治に対する反感が強まり、一八五七年に第一次インド独立戦争(セポイの反乱やインド大反乱とも呼ばれる)が起こった。これに対して、イギリス軍は徹底的な弾圧を行い、一層の植民地化を進めた。

一八七七年にインド・ムガル帝国は完全に滅ぼされ、イギリス女王がインド皇帝を兼任するイギリス領インド帝国が成立したのであった。

インド支配と並行して勃発したのがアヘン戦争である。アヘン戦争とは、中国政府のアヘン没収を契機として、イギリスが中国の鎖国政策撤廃を要求した英清間の戦争である。その背景には「インド・中国・イギリス」間における三角貿易を通じて、アジアの経済支配を進めるイギリスと、植民地化の危機を客観的に認識できなかった清国知識人との間における、近代化をめぐる東西文明の代理戦争という側面があった。

自国を世界の中心と考える「中華思想」を持ちながらも、中国の支配階層は近代化の意味を理解しなかった。それは、現在起こっているグローバリゼーションをどう捉えるのかと同じように、国の運命を決定づける重要な認識事項だったにもかかわらず、である。

アヘン戦争勃発の背景

中国（清）の外国貿易は、乾隆帝時代の一七五七年以降、その拠点を広州一港に限定していた。その頃より、広州での対中国貿易をほぼ独占していたのはイギリスであった。イギリスでは紅茶を飲む習慣が広まり、茶の需要が激増していたため、イギリス東インド会社は大量の茶を中国から輸入していた。

これに対して、イギリスの対中輸出は販路が確保できていない分、微々たるものにとどまっていた。イギリスの対中貿易赤字は一八一〇～二〇年の一〇年間には二六〇〇万ドルにものぼり、イギリスはその差額を銀で支払っていた。中国側の試算では、一九世紀初頭に広州から中国に流入した銀貨は年間およそ一〇〇万～四〇〇万両にのぼっていたとされる(2)。

イギリスはアメリカ独立戦争の戦費調達や産業革命遂行にかかわる資本蓄積のため、銀の国外流出を抑制せざるをえなくなっていた。中国へ流れ出る大量の銀を抑制し、不均衡な対中国貿易を打開するために目をつけたのがインドで産出されるアヘンであった。東インド会社は植民地インドでケシを栽培させてアヘンを製造し、中国に輸出することで入超部分を相殺しようとした。

こうしてイギリス政府（より正確に言えば、イギリス領インド政府）および東インド会社は、中国の茶をイギリス本国へ、イギリス本国の綿製品・工業製品をインドへ、インド産のアヘンを中国へ運ぶ三角貿易によって、銀の流出なくして莫大な利益をあげる構造構築に着手したのであった。当然のことながら、インドから大量流入したアヘンは中国国内での大流行につながった。

さらに、イギリス国内における貿易自由化の圧力の中で、一八三四年に東インド会社の対中国貿易独占権が廃止されると、イギリス商人は誰でも中国貿易に従事できるようになった。インド産のアヘンを中国に持ち込めば、茶をはじめとする中国物産と多額の銀を手に入れることができるようになったのである。中国に対するアヘン流入は激増し、それまで中国に流入していた銀が逆に国外へ大量流出するようになった。

アヘン戦争前の二〇年間に中国からイギリスに流出した銀は最も低く見積もっても、一億ドルを超えるといわれる。これは当時の世界における銀流通総額の五分の一であり、年平均で流出したと考えられる五〇〇万ドルは清朝政府の総収入の一〇分の一と推計されている(3)。

中国貿易のイギリスに対する出超は逆転され、清朝政府の財政は極度に悪化した。銀の大量流出による銀貨高騰は、中国農民や商工業者の生活を直撃した。清国における徴税単位は銀納とされていたが、農民や商工業者が実際に手にするのは銅銭であり、納税にあたっては銅銭を銀貨に変換する必要があった。アヘン流入による銀貨流出により、一八三〇年代になって中国国内の銀価格は二倍以上に暴騰し、結果として農民の納める税額も二倍以上となっていた。

清朝はアヘンの吸引が全国に広まる中で、アヘン摂取や密輸入に対する禁令を一八世紀末から何度も出してきた。しかし、禁令下にもかかわらずアヘンの密輸入・密売は公然と行われ、その輸入量は年々増加していった。一八二〇年頃には約一万箱(一箱は約六〇キログラム)程度であったものが、一八三〇年頃には三万箱を超え、一八三三年には四万箱を超えた。

一八三〇年代の清朝にとって、アヘン問題は銀の大量流出という財政問題だけでなく、アヘン吸引による腐敗・堕落、さらには犯罪増加・治安悪化といった社会全体にわたる深刻な問題となっていたのである。

アヘン戦争の勃発

アヘンの蔓延と銀貨流出という事態を前に、清朝政府内には緩和派と厳禁派という二つの対立する論陣が形成された。アヘンを取り締まることは難しいから、むしろ解禁して課税対象にすべきだという緩和派と、アヘン吸引者および販売者には厳罰を処して徹底的な取締りを主張する厳禁派である。

緩和派の急先鋒は、祭祀や礼楽を掌管する大臣であった許乃済《きょだいせい》であり、清朝第八代皇帝である道光帝（在位一八二〇～五〇年）に、アヘン取締りを弛緩する一連の方策を上奏している。彼は、アヘンを薬剤として課税対象にする方策を復活させるとともに、輸入決済は物々交換に限ることによって銀の流出を防止するいわゆるアヘン「弛緩論」を提唱した。しかも、彼は官吏や兵士の吸引は禁止すべきだが、人民の吸引は禁止する必要がないとまで主張した。その根拠は、中国は人口が急増しており、アヘンによる早死には問題がないと判断していたからという[4]。

こうした暴論に対して、アヘンの即刻禁止を主張したのが厳禁派であった。なかでも、官邸儀礼の掌管大臣であった黄爵滋《こうしやくじ》は、従来の取締りが功を奏しなかったのは関係官吏の腐敗のためだとして、人民のアヘン吸引者は重刑、官吏に至っては死刑に処すべきだと上奏した。

道光帝は二分する意見を前に、各省の総督二八名に黄爵滋の上申書を回覧し、彼らの意見を求めた。二八名中で黄爵滋に賛成したのはわずか八名で、二〇名が弛緩論に賛成した。驚くことに清朝政府内部のほとんどが弛緩派だったのである。

後に述べる林則徐《りんそくじょ》（一七八五～一八五〇）は、「この数字の示す意味を、片時も忘れてはならぬ」

と思ったという。(5) しかし、悪化の一途をたどるアヘン中毒と財政難の前に、道光帝は次第に「厳禁論」に傾き、なかでも黄爵滋の上申書に賛同した林則徐を欽差大臣（特命大臣のこと）に任命のうえで、アヘン密輸の取締りにあたらせた。

林則徐の内憂外患

林則徐は、一七八五年に福建省侯官の貧しい教師の子として生まれた。彼の父親は中国の高等文官試験にあたる科挙に何年も挑戦したが、眼病のために途中で断念せざるをえず、「歳貢生」として生計を立てていた。歳貢生とは、科挙の前段階である学校試に合格しながらも、本試験に合格できずに一〇年以上が経過したものから、特に学力品行の優れたものが選ばれて教職に就いたものである。したがって、ある種優秀ではあるが、本来の科挙合格という目標から見れば落伍者であり、地方にあって貧しい生活を余儀なくされたものであった。(6)

林則徐は、この父の無念を晴らすべく学問に励み、一八一一年、二七歳のときに科挙に合格し、合格者を意味する「進士」となった。当時の中国にあって二〇代で進士になるのはきわめて難しく、その後の出世にとって大きな意味を持つ出来事であった。清朝にあって活躍するには、科挙に単に合格するだけではなく、二〇代で合格することが重要だったのである。ちなみに、清末に活躍する曾国藩《そうこくはん》は二八歳、李鴻章《りこうしょう》は二五歳、張之洞《ちょうしどう》は二七歳で進士になっている。

林は、科挙最終試験である「殿試」では二三七名中七番という好成績をあげた。そのため、皇帝直属の秘書室であった翰林院において「庶吉士」となり、その三年後の「散館考試」の難関を再び突破し、翰林院の本官たる「編修」に任用されている。北京の故宮（紫禁城）のちょうど中心に位置する建物で殿試が行われる。

この試験での第一等合格者が庶吉士となり、第二等は中央政府の下級官僚、第三等は地方官僚となる。さらに、翰林院に居残った庶吉士による「散館考試」の第一等が編修、二等が中央政府の上級官僚、三等者が地方知県の上級官僚になる。林がいかに優秀で、清朝官僚としては最上級のスタートを切ったかが理解されるだろう。

林則徐

三年間の編修の経験を積んだ後、林はいよいよ高級地方官として地方に派遣され、貨幣経済の進展で疲弊した農村再建と治水問題に尽力した。一方で、従来の正義感から清朝後期にはびこり始めた腐敗官吏の大量処分を断行した。彼の地方行政官時代の改革手腕は今日でも高く評価され、アヘン根絶の取組みも、このときの経験を活かしたものとされている。[7]

その後一八三七年に、林は湖広総督（現在の湖北省、湖南省を合わせた地方の長官）に出世し、蔓延していたアヘンの根絶に大きな実績をあげた。前述のように、林は黄爵滋の提唱する「アヘン厳禁論」に強く賛同し、アヘン根絶の訴えを皇帝に強く上申した。道光帝は林からの上申書を見て、その論の緻密さと地方官としての実績を評価し、翌年、彼をアヘン撲滅の欽差大臣に任命したのであった。

一八三九年、五四歳になった林は広州に到着するなり「厳禁論」を掲げて、中国人アヘン販売人を逮捕する一方で、外国人アヘン販売人たちにアヘンの提出を要求した。同時に、彼らに「アヘンを今後一切清国に持ち込まない」という誓約書を出す事を要求した。一八三九年四月から五月にかけてイギリス・アメリカ商人から提出されたアヘン総量は一二〇〇トンあまりにのぼった。

林は、このアヘンを約三週間かけて公衆の面前で焼却処分した。衆人環視の下で行われた一〇〇〇トンを超えるアヘンの焼却は、米英アヘン商人たちにとって「最も利益率の高いビジネス」を失うという重大事件であった。イギリスの対中貿易監督官のチャールズ・エリオットはイギリス商人を船上に引き揚げさせて、海上待機のうえで林則徐の強硬措置に抗議を行った。しかし、林は一歩も引くことなく「誓約書の提出」を前提に貿易停止を強行した。エリオットは再度禁輸の解除を求める要望書を出したが、林はこれをはねつけた。

その後の両者の確執や戦争勃発までの経緯は別の文献に譲るが、林の苦悩は、彼が対処すべき敵がイギリス政府やアヘン商人ばかりでなく、このアヘン密売によって多額の賄賂や中間マージンを得ていた腐敗官僚や中国人買弁でもあったことである。清朝政府内の弛緩派は、結局こうした既得権益者の一部であり、代弁者であった。その中には道光帝が最も信頼を寄せていた首席軍機大臣の穆彰阿《ぼくしょうあ》や直隷総督の地位にあった琦善《きぜん》も含まれていた。
このため、林の改革は内憂外患の様相を呈することとなった。林が二八名いる総督の中でたった八人しかアヘン厳禁に賛成しなかった事実をもとに発した、「この数字の示す意味を、片時も忘れてはならぬ」という想いは現実のものとなった。
こうした清朝末期の官僚たちに比較すると、日本の行政組織は清廉であった。アメリカ海軍提督マシュー・ペリーの来日の航海日記には、ペリー一行に対応した日本人武士たちに対して、その律儀さや形式主義的な対応に対する批判はあっても、賄賂や私腹を肥やすような記述や非難は一切ない。[8]
また、幕末の日本を訪ねたハインリッヒ・シュリーマンも、当時の日本人が金銭では購えない高い倫理観を持っていたことを記述している。このシュリーマンとは、貿易商として巨万の富を築き、その富をトロイアの遺跡発掘に注ぎ込んだ『古代への情熱』の作者である。彼は、トロイア遺跡発掘（一八七一年）の六年前に、中国と幕末日本を旅していた。その旅行記には、彼が上海から横浜に上陸した状況を以下のように述べている。

（日本の役人）は、中を吟味するから荷物を開けるように指示した。荷物を解くとなると大仕事だ。できれば免除してもらいたいものだと、官吏二人にそれぞれ一分（二・五フラン）ずつ出した。ところがなんと彼らは、自分の胸を叩いて「ニッポンムスコ」（原文ママ）と言

い、これを拒んだ。日本男児たるもの、心づけにつられて義務をないがしろにするのは尊厳にもとる、というのである。(9)

当時の日本人は誇り高き人々であったという記述は多い。(10) これに対して、アヘン戦争に参加した後のイギリス海軍提督ジョン・ブリンガムは彼の有名な著作の中で、清朝海軍について、残念ながら以下のような記述を残している。

この連中(中国海軍の将官とその取り巻き)は賄賂を受け取ることを常としている。一箱のアヘンにつき五ドルから一〇ドルを要求する。しかも、彼らはイギリス人船長に中国人密売者から賄賂分を天引きしておくように要求するのだった。彼らは同胞の中国人よりもイギリス人を信じている。彼らは月に一回来て、密売される箱数に応じて賄賂を取っていった。(11)

この指摘のとおり、林則徐の内憂外患は、想像をはるかに超えた構造的な腐敗に根差していた。

チャールズ・エリオットはアメリカ商人や清朝の腐敗官僚と図って林に抵抗を続ける一方、まっとうなイギリス商船の貿易にも不当な妨害を加えた。特に、宗教的信条からアヘンを取り扱わず、清朝と正当な貿易を望んでいたクェーカー教徒の貿易商に対して、嫌がらせを行っている。イギリス商人の中にも正統な考えを持った人々はいたのである。

さて、エリオットは中国政府がイギリス商人のアヘンを没収したことに対して、一八三九年一一月三日清朝水軍に対して戦火を開き、清英間の戦闘が本格化した。

前代未聞の「麻薬の密輸」という開戦理由は、イギリス本国の議会でも激しい論争を巻き起こした。後に首相となるウィリアム・グラッドストンは議会でこう述べた。「その原因がかくも不正な戦争、かくも永続的に不名誉となる戦争を、私はいまだかつて知らないし、読んだことさえない。（エリオットが立てた）イギリス旗は、悪名高い禁輸品を密輸するために翻ったのである。こんな恥さらしな戦争はない」と。

こうした反対にもかかわらず、イギリス議会における清出兵に関する予算案は賛成二七一票、反対二六二票の僅差で承認され、イギリス大艦隊が清に向けて出帆したのであった。

一八四〇年六月、軍艦一六艘・輸送船二七艘・陸兵四〇〇〇人から成るイギリス軍は広州の沖合に集結。広州での激しい砲撃を手始めに、イギリス軍は北京に向けて北上した。現実に大英帝国無敵艦隊を迎えた道光帝は狼狽し、こともあろうに欽差大臣林則徐を解任し、イギリスの懐柔を試みたのであった。

林の後任となった琦善に至ってはイギリス海軍の武威に圧倒され、譲歩の一途をたどり、結局、香港割譲を含むきわめて屈辱的な南京条約を締結せざるをえなくなった。道光帝はこの香港割譲に激怒し、すぐに琦善を罷免したが、もはやイギリス大艦隊の前には屈服するしかなく、同艦隊は上海を占領し、南京陥落を目前にして清は降伏したのであった。

一八四二年八月二九日、敗退の中で南京条約が結ばれた。清は多額の賠償金と香港の割譲、広東、厦門、福州、寧波、上海の開港を認め、翌年の虎門寨追加条約では治外法権、関税自主権の放棄、最恵国待遇条項の承認など、屈辱的な不平等条約の締結を余儀なくされた。このときに奪われた香港が中国に返還されたのは、実に一五五年後の一九九七年のことである。

2　情報感受性——アヘン戦争をめぐる情報と認識

アヘン戦争は単なるイギリスと中国の衝突ではなく、資本主義の暴力的な世界再編の序章であった。二一世紀にその主要プレーヤーとなる中国、韓国そして日本が、この暴力に対してどのように反応・対応したのかを見ておくことは、国の外的刺激に反応するあり方を確認するうえで興味深い比較である。さらに、創造的対応の前提である外的刺激に対する情報感受性を比較するうえでも、重要な考察となるだろう。

林則徐の見えざる功績

欽差大臣を解任された林則徐はいくつかの経緯を経て、新疆ウイグルに左遷されるが、この地でも再び開墾・治水における善政を実施し、多くの住民から慕われたという。現在でも林が対英外交を取り仕切っていれば、屈辱的な結果は大きく回避されただろうという声が中国国内で聞こえるゆえんである。

しかし、林がこうして左遷されたことは、実は日本にとって大きな幸運であった。彼はアヘン戦争という未曾有の国難を通じて、イギリスをはじめとする西洋諸国の諸事情理解の重要性を強く認識した。そのため、清国の貿易商・通訳などに命じて膨大な外書を収集・翻訳させたのである。彼は西洋に対峙するには、武力に加えて西洋事情に関する理論武装を進める必要を痛感したのであった。この知識が後に日本にも渡ったのである。

道光帝によって左遷させられたとき、林は友人であった思想家の魏《ぎ》源《げん》にイギリス人ヒュー・マレーの『世界地理大全』の訳書である『四洲志』を託した。魏はこの『四洲志』をもとにさらに多くの世界地理情報を収集して、『海国図志』を完成させた。同書は一八四三年に出版され、その後増補を経て六〇巻、最終的には一〇〇巻にのぼる大作となった。

アヘン戦争にあたってイギリス海軍の圧倒的な軍事力を見せつけられた林は、西欧諸国の近代化に大きな関心を払わざるをえなかった。魏は、この林の思いを『海国図志』にまとめたのである。その編纂の意図は、「夷の長技を師とし、もって夷を制す」、すなわち「西洋の近代技術を学び、それで西洋と対峙する」というものであった。

重要なことは、この西洋世界に関する情報と考え方が日本にも伝播し、吉田松陰や佐久間象山ら幕末知識人の重要な知識基盤となった点である。

特に松陰は、日本を異国から守るためには世界を知らなければならないと考え、『海国図志』をはじめとして数多くの世界に関する文献を収集し読破した。

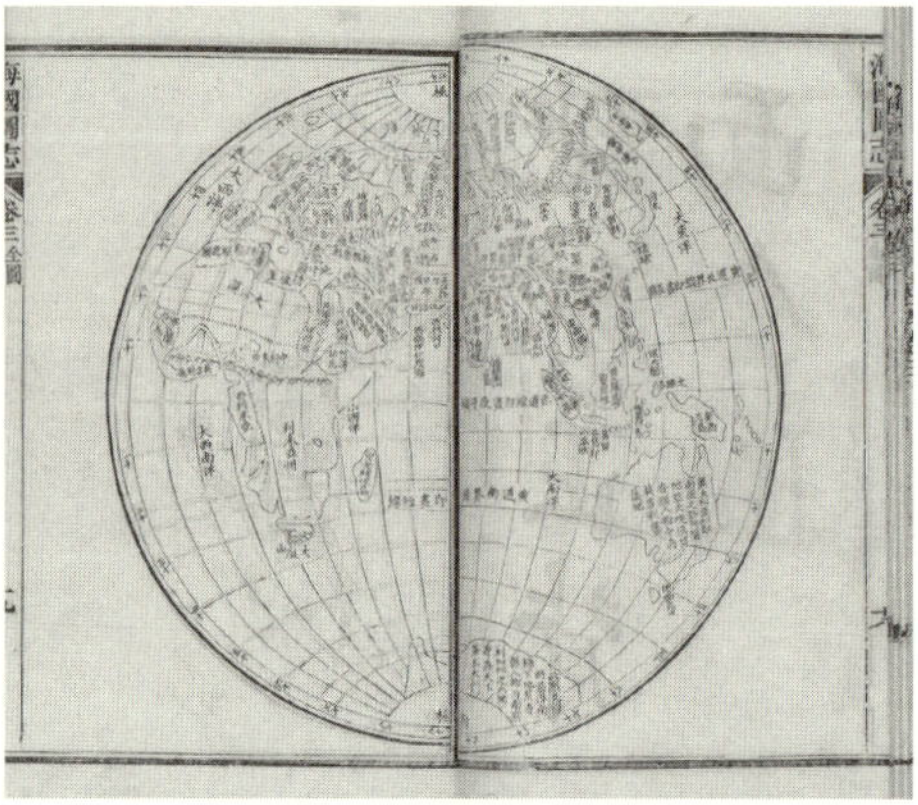

『海国図志』に描かれた世界地図

明治維新の陰なる功労者であった高杉晋作の運命を変えたのは、まさに松陰のこの蔵書であった。まだ一九歳であった晋作は久坂玄瑞の紹介で生涯の師となる松陰に出会い、そのとき初めて松陰が収集した世界地図『坤輿《こんよ》図識』を見せられる。

「これがインド、清国、これが日本。列強諸国が清を植民地化している。やがてその魔手はわが国にも及ぶ」と、松陰は若い晋作に力説する。晋作はこのときから、命懸けで小さな日本を守ろうと決意したという[12]。明治維新に参加した多くの若い命と瑞々しい感受性が、松陰の世界観に触れたことは日本にとって幸運であった。感性と直感が創造的対応の基盤だからである。

日本の産業発展の歴史を振り返って、産業組織論の大家・今井賢一は、「大きなイノベーションと結びつくような新結合をなしえた人材は、多くの場合に、何らかの『危機』のときに生まれている」と述べている。[13] 文脈は違うが、日本の歴史的転換点にも同じようなことがいえる。ただし、危機感が自動的にイノベーターを生むわけではない。危機を自分の生の知覚の中で認識し、それを具体的な行動に結びつけることができる情報感受性が重要なのである。

中国の対応

アヘン戦争は、当時それぞれに鎖国的均衡の上に安穏をむさぼっていた清王朝、朝鮮王朝そして日本といった東アジアの国々に強大なショックを与えた。しかし、各国の反応は三者三様であったことが明らかにされている。

中国・清の対応における最大の問題点は、皇帝の独裁体制とそれに起因した意図的な情報操作である。イギリス軍に比較して、清国軍は動員数、装備、士気、作戦能力においてかなり劣っていたといわれるが、開戦に至るプロセスでいくつかの正当な判断がなされれば、この大義なき戦争を回避の交渉に持ち込むか、イギリス軍を上回る装備・兵力を結集し、有利な国内戦を展開できた可能性もあった。

現に、林則徐は清朝国内の戦いである利点を生かし、イギリス軍を相手に持久戦に持ち込むことを強く提案していた。道光帝は表面上は対英強硬方針をとったが、独裁的権力を握っていたにもかかわらず、あるいは握っていたがゆえにその判断はぶれにぶれた。道光帝の判断基準には三つの問題点があったといわれる。

第一の問題点は、清朝八代皇帝・道光帝として培われた鎖国的中華思想である。道光帝は第七代皇帝・嘉慶帝の第二子として紫禁城に生まれ、帝王学を学んできた。一八一三年の天理教徒の乱にあたっては、紫禁城に侵入した暴徒を打ち払うという功績を立てたが、それがまた過信につながった。

外部情報から隔離された彼は、結局イギリスの国力・軍事力を過小評価し続けたのである。戦闘レベルの分析でいえば、清国軍はイギリス軍との戦いにおいて最初から最後までほぼ同様の戦術で戦ったとされる。戦争の基本である諜報活動（インテリジェンス）の欠如の結果である。さらに、戦線から送られた情報も歪曲され、皇帝の合理的な判断を阻害した。

この独裁体制下での情報操作が、第二の問題点であった。戦況、特に負け戦をそのまま皇帝に報告すれば重罰が下され、敗戦を勝利と報告すれば報償を受けるような「ご機嫌取り体制」に清国情報網は堕していた。したがって戦線の大臣たちは、戦況について清国有利という情報操作を行うことが常態化し、これが皇帝の判断を誤らせた。

結局、皇帝自身の責任ということになるが、危機的状況における情報の正確性は国の存亡にかかわることは明記しておかなければならない。第二次世界大戦下の日本においても、同様な情報操作が結局誤った判断を導き続けることとなった。

第三の問題点は、清朝建国以来の満州出身の皇帝と漢人軍官の間にある不信をベースにした緊張関係であった。清朝は少数民族である満州人が圧倒的多数を誇る漢人を支配する構造にあった。そのために、政府における重職を満人と漢人が同数でバランスを取るように定めた「満漢偶数官制度」など、さまざまな懐柔策を導入せざるをえなかった。したがって、危機にあって道光帝の頭には漢人に対する不安と不信がよぎるのであった。

道光帝は、この戦争にあたって漢民族がイギリス軍と結託して清朝打破に走ることを極度に警戒した。そのため、彼は戦局のいかんにかかわらず一貫して対英強硬路線を前面に出し、国内の満漢一体体制に付け入る隙を与えないようにした。この緊張感が戦略的判断の柔軟性を著しく欠く結果を生んだのである。

こうした道光帝の問題に加えて、中国人民、特に知識人が戦争の衝撃をさほど深刻に受け止めないという問題があった。中国は古代から何度も異民族に侵害されて、その支配を受けることも多かった。しかし、支配する異民族を逆に自国の文明に取り込み、同化させてしまうのが中国であった。

現に、清は満州人の支配する国である。中国人にとって異民族に支配されることはよくあることで、彼らには支配されても自分たちは変わらないという自負があった。むしろ、武力の卓越を尊ぶのは野蛮であると見なされ、イギリスに対する敗北も武力に対して敗北したにすぎず、中国の「徳」の敗北ではないと捉えたのであった。

アヘン戦争の敗北を契機に欧米列強の圧力はさらに強まり、清朝は数々の妥協と領土的割譲を余儀なくされる。さらに、道光帝の没後には太平天国の乱が勃発し、その弱体化は一層顕著になった。この内憂外患にあって、清国でも西洋の軍事技術を取り入れざるをえなくなったが、その危機意識が本格化したのは、日清戦争で日本に敗れてからであった。

韓国の対応

清がイギリスに敗れ、香港を割譲し開国したという情報が朝鮮王朝に伝わるスピードも決して遅くはなかったが、問題であったのは朝鮮支配層の危機認識が甘く、その対応も安易なものであったことである。

朝鮮王朝は、燕行使節を通じてアヘンとアヘン戦争関連情報を継続的に入手している。[14] 後述するように、江戸幕府も朝鮮王朝経由の中国情報を重用していたことからも、彼らが情報入手に困難を持っていたとは考えにくい。また、国境地域の湾府(義州)の官員も情報を伝えている。そアヘン貿易をめぐる清英間の軋轢に関する情報は、一八三四年頃から朝鮮に入り始めた。その主要な内容はアヘン輸入の増大による害毒の拡散、銀価の高騰、清英間の対立と戦争の経過などであった。一八四〇年に韓国の文官であった李正履は、「清朝の危機は朝鮮の危機でもある。海防を堅くすべし」と主張した。同年六月に勃発したアヘン戦争の第一報が報じられたのは八月。しかし、報告書は九カ月も経ってから提出された。

その内容は簡単なものだったため、指導者層も国際情勢の急変に気づかなかった。「英咭唎国(イギリス)によって乱が起こる。大したことではないが、騒擾は少なくない。戦争になったのは清が英咭唎国人に交易を許さなかったため」と、きわめて表面的に認識されたという。(15)問題は認知レベルにあったのである。

アヘン戦争の関連情報を韓国の一般人に伝えたメディアとしては、一八四五年に伝来された前述の『海国図志』があった。初刊五〇巻以降、相当量が輸入され、後に抄略本も制作されたという。同書を通じて、ソウル地域の知識人の間では西洋に対する危機意識が拡散したにもかかわらず、朝鮮政府の海防対策には結びつかず、政府次元での海防論議や対策の模索も見当たらない。朝鮮王朝の情報源は清国からのものだけで、ヨーロッパ諸国の情報が決定的に不足していたのである。

日本におけるアヘン戦争

中国と同じ鎖国政策をとっていた日本にとって、アヘン戦争は大きな衝撃であり、財政逼迫状態にあった幕府の内憂に加えて大きな外患となるものであった。したがって、幕府はアヘン戦争に関する情報をより早く正確に理解する努力をした。幕末には、「われわれが考える以上に正確に情報が入って」いた。(16)

幕府の海外情報の主なルートは、朝鮮釜山と交易を認められた対馬経由と、長崎に来るオランダ・清国商人がもたらす風説書であった。対馬藩は朝鮮釜山との交易の見返りに、朝鮮経由の情報を幕府に継続して提供していた。

また、長崎にもたらされる風説書とは新聞もしくは雑誌のまとめ書きのようなものであり、幕府にとって貴重な海外情報源であった。『和蘭風説書』とは、オランダがヨーロッパ諸国の中で唯一対日貿易を認められている見返りとして、オランダ商館長より江戸幕府に提出された世界情報の報告書であり、一六四一年の日本の鎖国の年から一八五四年の開国まで毎年提出されていた。

風説書の初期の目的は、ポルトガル・スペイン関係の情報を得ることにあったが、次第に幕府はより広範な情報を要求するようになり、ヨーロッパ風説、インド風説、シナ風説の三部構成になった。そこでは、オランダ商人が得た世界各国の情報が記載されるようになっていた。(17)さらに、アヘン戦争以降幕府は、『和蘭風説書』に加えて『別段風説書』と呼ばれる、より詳細な世界報告を要求している。

しかも、幕府はオランダ語の原文も提出させており、『別段風説書』に関しては長崎で翻訳されたものと江戸で翻訳されたもの、そして原文の三種類が残っている。幕府がこのアヘン戦争以降の世界情勢にいかに強い関心を持っていたかがわかる。(18)また、近年の研究では、アヘン戦争以後の幕府の情報収集力が、ペリー来航以降のアメリカ側との外交交渉で優れた役割を果たしたことも明らかにされている。(19)

同様に、幕府は清国との貿易の過程で入ってくる『唐国風説書』にも大きな関心を払っていた。オランダ側の情報である和蘭風説は、清英間の紛争から南京条約の締結までの戦争の経過を詳しく記し、イギリスの勝利と清朝の敗北が強調されていた。

一方、『唐国風説書』は和蘭風説に比較して、局所的情報にとどまり、流説や希望的観測が混じり込んで客観性を欠く面もあったが、アヘン戦争の激戦地である乍浦《さほ》の商人が伝えた情報などは臨場感と速報性に富むものであった。また、それはオランダ語のように和訳が要らない漢文であったため、アヘン戦争に関する記述は幕府に生々しく、かつ強烈な印象を与えるものであった。

以上の事実から明らかなことは、幕府がアヘン戦争に関する情報を単一の情報源に頼らずに、三つの、しかも中国とオランダという対極的な複数のソースから仕入れていたことである。

幕府の情報収集と検証力

幕藩体制下における情報の収集と検証そして将軍への上奏がどう行われたかを見ることによって、日本の情報感受性についてさらに詳しく見ておこう。一八三九(天保一〇)年三月に清国が広東でイギリス商人からアヘン二万余箱を没収・廃棄してアヘン厳禁を明示したという情報は、その夏(邦暦六月四日)出島に入港したオランダ船によってもたらされた。これが戦争の第一報であった。

しかし『和蘭風説書集成』では、出島の幕吏がこの情報に特に注意した様子はないとしている。[20] その翌年一八四〇年六月にもたらされた風説書は、清国に対する報復のために、イギリスはアフリカ喜望峰およびインド領内のイギリス軍の派兵を行った事実を明記してあり、これは長崎奉行・田口加賀守に提出された。オランダ商館長ヨセス・ヘンリー・レフィスゾーンは、別にアヘン戦争に関する詳報を一〇〇ページ余りにもわたり追加提出している。このニュースは、いよいよ長崎の目付を経て江戸の老中の注目するところとなる。

田口加賀守が送った風説書は確かに老中のもとに届いた。それは、老中を補佐する家老の日記（『鷹見泉石日記』）から検証できる。(21) 追加の詳細情報と合わせて、ことの内容が打ち捨てがたい重要なものと判断され、老中・土井利位《としつら》は当時の海外地理書を取り寄せ、江戸に戻った長崎奉行の田口加賀守から風説書で知らされた以外の詳しいアヘン戦争に関する情報収集を依頼した。

さらに、土井・田口は直接当事者である中国人からの情報も入手すべく積極的に動いている。こうしてできうる限りの情報入手と検証のうえで、一一月一一日、老中は将軍・徳川家慶にアヘン戦争を記した「風説書」を提出したのである。

3　高島秋帆の情報感受性

さて、公式ルートで流れる情報にもまして重要なのが、やはり高い情報感受性を持った民間人の情報収集力である。幕末の志士の中には坂本龍馬や前述の吉田松陰・高杉晋作をはじめとして、情報感受性の高い人物が数多くいた。アヘン戦争に関する情報を危機意識にまで高め、独自に創造的反応を示した人物の一人に、一般にはそれほど知られてはいないが、長崎町年寄にして西洋砲術家の高島四郎太夫秋帆《しゅうはん》がいた。(22)

フェートン号事件と海防

高島秋帆は一七九八(寛政一〇)年に、長崎町年寄・高島四郎兵衛茂紀の三男として長崎・大村町で生まれた。父は町年寄であると同時に、唐蘭貿易を取り仕切る長崎会所調役でもあった。さらに、一八〇四年にロシア船が長崎港近辺に出没し、長崎警備の必要性が増すこととなると、四郎兵衛は砲台受け持ちとなり、他の誰よりも出島の出入りが自由となる特権を手に入れることとなった。そんな中で一八〇八年、長崎を揺るがすフェートン号事件が起こる。(23)

フランス革命の混乱が収束し、ナポレオン統治下でフランス軍はオランダに侵攻し、オレンジ公ウィリアム五世を駆逐したうえで、新たにバタビア共和国を樹立した。オレンジ公はイギリスに逃れ、同国と同盟関係を結び東洋におけるオランダ領をイギリス保護下に置くことを承認させた。一八〇二年のアミアン条約をもってイギリス、フランス、スペインおよびバタビア共和国間に和平がもたらされたかに見えた。しかし、翌年にはイギリスが再びフランスに宣戦布告をして、東洋におけるオランダ領は、英仏両国の争奪戦下に置かれることとなったのである。

イギリス東インド艦隊は、バタビアと長崎の定期航路に就いているオランダ船の拿捕を目的に、東洋海域におけるオランダ船を付け狙っていた。そんな中で、一八〇八年、イギリス軍装艦フェートン号は日本海域のオランダ船を拿捕しようと、長崎沖にあるオランダ国旗を掲げた誘導小屋を発見、同湾内に侵入したのであった。

不審船探索のために、長崎奉行所は日本人検使とオランダ商館員二名を小船で送りつけると、イギリス側は突如オランダ商館員二名を船上に引き入れて人質としたのであった。その翌日、イギリス側は人質を盾に日本に対して飲料水や食料などを要求した。なかでも屈辱的なのは、イギリス側が「日本では牛は荷役用にのみ使用され、食用にはされない」というオランダ人からの情報を知りながらも、去勢雄牛四頭を要求し、「われわれの船は長崎で去勢雄牛を獲得した、まさに最初の船であった」と、自慢げに航海日誌に記していることである。[24]

長崎奉行の松平図書守康英はこうした態度に激怒し、佐賀・筑前両藩の聞役を呼び寄せ、戦闘準備を命じた。しかし、両藩とも警備兵の備えはほとんどなく、全員集めてもイギリス兵の総勢にも及ばなかった。オランダ商館長も、イギリス軍の火力などを見れば勝ち目はないと、幕府側の戦闘を諌めた。

したがって、奉行所はイギリスの要求どおりに牛・鶏・山羊などを持参するが、イギリス側はさらに「馬鈴薯と薪」を要求した。度重なる非礼に対して、松平はいくつかの報復措置を想定するが、どれも実現性がなく、無念のうちに物資供給を実施せざるをえなかったのである。こうしてイギリス艦は人質を返還したうえで、悠々と長崎港を去って行った。

太平の世に慣れ、イギリス海軍の言いなりになるしかなかった奉行所では、責任を感じた奉行が、「異船を打ちもらしたのは残念至極、恨み骨髄に徹し、身焼くがごとくである」という言葉と謝罪文を残して切腹した。警備にかかわった責任者も七名切腹、その他多数が自刃あるいは厳罰に処せられる結果となった。事件後、出島取締掛りを命じられた秋帆の父・四郎兵衛は、砲台受け持ちとして長崎の警護強化を進めると同時に、より実践的な荻野流砲術の習得を拝命することになる。

高島秋帆は、まさに外国船の脅威やその対応に右往左往する父親たちの姿を見ながら成長し、父の指導で語学や砲術を学び、砲術師範役を継いだのであった。秋帆は一八一四(文化一一)年に父から町年寄の職を受け継ぎ、砲台受け持ちとして砲術研究に励んだ。

しかし、高島父子が習得した荻野流は、当時の最も進んだ和流砲術であったが、西洋砲術に比較すればきわめて遅れたものであった。秋帆は諸外国に対抗するには本格的な西洋流砲術の習得をしなければならないと考え、元陸軍大佐であったオランダ商館長ヤン・シッテルスや当時居留地住人であったシーボルトからさまざまな情報を入手し、勉学に励んだ。

また、実際にモルチール砲を輸入し、それを分解模造(現代でいうリバースエンジニアリング)するなど、彼なりの創造的対応を示し、一八三五(天保六)年には後に高島流砲術と呼ばれる独自の砲術を完成させたのである。(25)

企業家としての高島秋帆

幕末の志士たちに比べると高島秋帆の知名度はそれほど高くもないし、また、その役割もあまり知られてはいない。しかし、彼の砲術とそのベースとなった西洋に関する知識がなければ、西南雄藩が倒幕を果たすことはなかったし、幕府が和平開国の道を選ぶことはなかったといっても過言ではない。その意味で、高島は明治維新に欠かすことのできない人物なのである。

さらに、本書が注目したいのは、彼の役割が単なる地方官吏・砲術家にとどまらず、きわめて企業家的であったことである。

秋帆は当時西洋で最も進んでいた大砲を輸入し、分解模倣したうえで各藩の求めに応じてレプリカを販売している。佐賀藩鍋島家に譲渡された彼の大砲は、一九三六(昭和一一)年に鍋島男爵家の庭の一隅から発見され、修復保存されている。鍋島藩はさらに秋帆を介してオランダに洋式武具を発注し、軍備の近代化を先駆けた。

秋帆と高島砲術に関する噂は、海防を必要とする諸藩の間で広く知られることとなった。特に、薩摩藩・長州藩をはじめとする西南雄藩は、西洋流砲術の技術習得のため続々と秋帆の下に人材を送るようになった。両藩の軍備近代化は秋帆の指導の下に始められたといえる。

こうした武具に加えて、秋帆が蓄積した洋書の数がまたすさまじい。後に述べるように、秋帆は鳥居耀蔵《ようぞう》の讒言によって謀反の疑いをかけられて幕府に捉えられる。そのときの家宅捜索による彼の蔵書目録が幸運にも残されている。

秋帆研究家の有馬成甫は、その押収目録「鳥居甲斐守勤務中天文方立合相改候蘭書表題　高島四郎太夫所持之分」を丹念に調べ、そこに書かれた訳書の原著までを記した一覧を作っている。彼は、「これほどの蔵書は、幕府天文方はもちろん、諸侯においても当時比肩するものはなかったと思われる」と結論づけている。[26]

秋帆は書籍に加えてモルチール砲をはじめとした歩兵銃、ピストル、弾薬・火薬、時計、磁石、望遠鏡など、さまざまな貴重品を私的に輸入していた。特に歩兵銃に至っては、その数一三五丁にものぼっている。秋帆は、こうした物品を長崎町年寄の一部に許された特権的「脇荷貿易」による利益によって輸入した。脇荷貿易とは、町年寄の一部に認められた会所取引に影響を与えない程度の個人輸入である。特に、その代金は初期においては日本の産物と物々交換で支払われていたため、金銀貨の流出につながらないということで大目に見られていた。

秋帆は、この特権を利用して砲術や西洋知識に必要な物品を調達し、各藩に転売したり模造品を製作するなりして、大きな利益をあげていた。さらに、この利益を元手に新たな武器や洋書を輸入して事業

高島秋帆

拡大するというきわめて企業家的行動をとっていたのである。

後に秋帆は、この個人貿易によって鳥居耀蔵の嫌疑を受け、長崎会所疑獄の中心に据えられる。鳥居によってまとめられた『高島秋帆年譜』では、秋帆によって「私財をもってこれが購入に着手し、（中略）これがためほとんど財を蕩尽す」と書かれているが、有馬成甫は「これは信ずべからざることである」と断言する。有馬は秋帆の貿易記録をきわめて詳細に分析し、脇荷貿易を通じて秋帆がかなりの蓄財をしていたため、家財を使い尽くす以上の利益をあげていたことを明らかにしているからである。(27)

しかし重要な事実は、この金額の多寡や秋帆が私腹を肥やしたか否かではなく、秋帆が脇荷貿易で得た利益を西洋の兵器や外国書の購入にあてたうえで、独自の研究を重ねて相当な知識と技術の蓄積を進めていたことである。

もちろん、秋帆は鋳造した大砲を各藩に転売することによって莫大な利益を得ていたが、同時に西南雄藩の軍備の近代化に大きく貢献した。記録によれば、秋帆によって輸入された貴重品は仕入れ値の約三倍の値段で各藩に転売され、彼が鋳造した大砲は一門二〇〇両以上で売買されたことがわかっている。彼は脇荷貿易を通じて、諸国の技術力と交易の本質を正確に理解した。この経験が後に彼をして和平開国・通商主義へと傾倒させるベースとなったのである。

「天保上書」と高島平での演習

一八四〇（天保一一）年にはすでに長崎会所頭取になっていた高島秋帆は、一八四二年にアヘン戦争勃発の風説書を知ると、オランダ商館や唐商館さらには唐船の船長より実際の情報を収集し、その開戦の事実をつぶさに調査した。そして、事の重大性に思い至り、「西洋流砲術の採用をもって護国第一の武備とすべき」という意見書「洋砲採用の建議（天保上書）」を長崎奉行・田口加賀守に提出したのであった。

日本陸軍の体系的歴史書である『陸軍歴史』に収録されている「洋砲採用の建議（高島秋帆の上書）」の主要論点を述べれば、まず、小さなイギリス国が唐国に一人の戦死者も出さずに大勝したのは、「全く平生所持の武備」の差にあったとし、またオランダ人も「唐国の砲術は児戯に比し候」と嘲笑していたとする。したがって、「砲術の儀は護国第一の武備」ゆえに「あまねく天下の火砲一変しつかまつり、実備に相定め」ることを訴えたのであった。(28)

田口は高島の主張に共感し、この上申書を閣老・水野越前守忠邦に送付、水野はこの上書を御目付役・鳥居耀蔵に諮問した。蘭学嫌いの鳥居は秋帆の分析には懐疑的で、イギリスの勝利は戦争の熟練であり、「火砲の利鈍によるとばかりとも存ぜられず」と反論した。

しかし、「火砲は元来、蛮国伝来の器に候えば、おいおい発明の術これあるやも測り難」いため、こうした洋式武具が諸家にのみ伝わって幕府は知らぬということでは問題であるとして、高島の火器を「江戸に取り寄せるべし」との評定結果を水野に伝えたのである。

水野は秋帆一行の出府を命じ、高島流砲術の演習が江戸郊外で行われた。秋帆はこの演習にあたり、長崎からモルチール砲とホウィツル砲を携行する八五人による二個中隊を組織した。この砲術演習はきわめて順調に進み、その見事さに感銘した水野閣老は長崎奉行・柳生伊勢守を通じて銀二〇〇枚を秋帆に下賜した。

さらに、秋帆の携行した二門の大砲を五〇〇両で買い上げ、「火術伝来の秘事を直参の者一人（江川太郎左衛門）」に伝授すべきことを命じたのであった。余談だが、このときの演習地であった徳丸原は、後に高島秋帆にちなんで高島平と改められた、現在の東京都板橋区高島平である。

この演習とあいまって高島秋帆の天保上書は、水野が推し進めた「天保の改革」にも大きな影響を与えた。幕藩体制の崩壊下で進められた天保の改革は、基本的に徳川家康の祖法に回帰する政策が主体であったが、その外交政策には大きな変化があった。清国がアヘン戦争に敗れたという明確な認識の下、従来までの外国船打払令を改めて、一八四二年に薪水給与令を発令し、燃料・食料の支援を行う懐柔路線に転換したからである。

さらに、水野忠邦は江川太郎左衛門や秋帆に命じて西洋流砲術の導入と軍備の近代化を整えさせている。幕府もいよいよ軍備の近代化に着手したのである。

長崎事件と幽閉

大成功に見えた徳丸原の演習と「天保上書」だったが、町奉行・鳥居耀蔵の陰謀で意外な顛末となった。一八四二(天保一三)年、水野側近として天保の改革の暗部を推進した鳥居は、高島が密貿易によって武器を輸入し、謀反を企てていると閣老水野に訴え出たのである。

反蘭学・反洋学思想の持ち主であった鳥居は、渡辺崋山や高野長英を葬り去った「蛮社の獄」に代表されるように、ありもしない陰謀説を捏造しては有能な人物を陥れていった弾圧者である。また、長崎会所に関しても強い敵意を持っていた。

徳川末期、「長崎奉行を数年勤めれば一財産できる」というのはすでに常識となっており、鳥居にとって、長崎から武器弾薬を持ち込んだ秋帆は、まさに疑惑に満ちた人物であった[29]。特に、前述した秋帆の企業家的活動や資金調達は、倹約を奨励した天保の改革には逆行する行為と受け取られた。鳥居は手下の本庄茂平太を通じて長崎会所における疑獄をでっち上げ、秋帆以下、連座するもの二四人を訴え出た。水野はこの訴えを評定にかけ、秋帆は再び江戸に呼び戻されて検挙幽閉の身となった。翌四三年に鳥居は自ら秋帆の取調べを行い、秋帆を江戸・日本橋の伝馬町獄舎に幽閉したが、その後の取調べは運良く遅々として進まなかった。アヘン戦争における清朝の大敗が明らかになると同時に、渡辺崋山らを自決に追い込んだ一八三九年の蛮社の獄における鳥居の酷薄な取調べに批判が高まり、蘭学者への弾圧が緩和されたからである。

一八四五年に水野忠邦は、秋帆に謀反の嫌疑はないとしたものの、「分不相応な取引」は認定し、一八四六年に安中藩安部虎之助預かりという他家幽閉の刑に処した。

同時に、水野は鳥居を行きすぎた弾圧者として町奉行から解任し、その過酷な仕業を罪に問い、丸亀藩京極家に永預けにもしている。「永預け」とは他家に永久に預け入れられるという幕藩体制下で最も屈辱的な処分であり、鳥居がその幽閉から解放されたのは一八七三(明治六)年になってからであった。その間二三年、鳥居はこの処分を冤罪と信じ、数々の病と闘いながら、この幽閉に対して執念をもって生き抜いたという。(30)

幕末に軍艦・外国両奉行を勤めた栗本鋤雲《じょうん》は後年に鳥居を、「刑場の犬は一度、処刑された罪人の肉の端を食べるとその味が忘れられなくなり、その後は人を見れば噛みつくようになる。そのためについには撲殺されることとなる。鳥居甲斐のような人物はこの刑場の犬のようなものではないか(中略)。彼はとかく聡明なる頭脳を用いすぎて、人を陥れて告訴することを目的とするようになり、綱を張り、罠を設けてしばしば疑獄を起こし、無実の人に惨苛をこうむらしめた」と評している。(31)

鳥居は天保の改革に乗じて権力の中枢に入り込み、一方で幕藩体制の規律回復に貢献したが、他方で行きすぎた反蘭学・洋学思想と自らの権謀術策に溺れて自滅していったのである。

この間、幕末の風雲はさらなる急を告げる。アヘン戦争による清国各港の開港や香港割譲の報が伝わり、イギリス、ロシアをはじめとする外国船が日本各地に出没した。幕府は海防強化をうたわざるをえず、主要港における洋式砲台の建設を進めた。

さらに、一八五三(嘉永六)年六月にペリー提督率いるアメリカ海軍艦隊四隻が浦賀沖に出現、七月にはプチャーチンの艦隊が長崎に乱入し、徳川家慶が崩御する中で幕藩体制は大きく動揺した。

鳥居への幽閉解除の嘆願が全くなかったのとは対照的に、幕府内でも秋帆の幽閉解除の嘆願が進められていた。時代は秋帆の知識を求めたからである。特に、高島砲術を伝授された直参江川太郎左衛門は熱心に秋帆の恩赦を運動した。結果、家慶崩御による恩赦という名目で秋帆は幽閉を解かれ、江川の下に身を寄せたのであった。一八五三年ペリー来航の秋、長崎で捉えられてからなんと一〇年一〇カ月ぶりに秋帆は自由の身になったのである。

「外国交易の建議」の先見性と開国

一〇年ぶりの外界は、秋帆の予想をはるかに超えて大きな変化を遂げていた。アヘン戦争のときに危惧していたとおり、諸外国は日本に開国を求めて押し寄せ、アメリカに至っては大統領親書を持って江戸湾にまで侵攻してきていた。

秋帆はこの乱世を目の前にして、思うことがあった。幕閣や諸侯から聞こえる声の多くが、「海防を遏《あつ》くして、夷敵打つべし」という「攘夷論」であったのに対して、秋帆の構想は全く違うものであった。彼はその思いを「外国交易の建議(嘉永の上書)」として書き上げ、幕府へ上申しようと決意した。

砲術家の秋帆の意見は、意外にも武力を交えない「和平開国通商」であった。一〇年前に西洋砲術の移入と砲台改造をあれほど主張した秋帆は、もはや武具による国防は到底不可能と見ていたのである。

秋帆は上書の冒頭を、アヘン戦争のきめ細かい分析から始め、豊臣秀吉の朝鮮征伐や島原の乱に至る古今東西の騒乱を冷静に分析する。そのうえで、ペリーの要求の裏を読む形で上申書を書き起こしている。秋帆はアメリカ側の挑発に乗ることを厳に戒める。秋帆はアメリカ側が、「わが好まざるところの交易等を願い、その成否に従い、あるいは不敬を働き、われより兵端を開き候を希望」していると喝破した。

すなわち、アメリカは日本が開国通商には応じないことを承知のうえで今回の要求を突きつけ、日本側の開戦を誘ったうえで、圧倒的な武力をもって日本を支配下に置くことが目的だと見たのである。

したがって、彼は即時の開国通商を提言する。しかも、「交易利潤を貪り候も、国を富まし、兵を強くいたし候ための主意にして、旧習に固着しつかまつり候習俗に御座なく候」と、通商が富国強兵の源と力説した。そのための施策として、別に「交易仕法の大略」なる上書も提出したのである。(32)

これは秋帆自身が脇荷貿易を通じて海外貿易の重要性を認識していたからである。戦前の経済史家・金子鷹之助は、「幼時より長崎にあり、長崎会所調役として外国貿易の実際に通じ、しかも高島流砲術の創始者として、砲術兵法に詳しかった秋帆の上書は、おそらく、当時における最も進歩的な開国思想を含んだものと言ってよいであろう」と高く評価している[33]。

秋帆の構想は当時ばかりでなく、現代にあっても優れた見識であったと高く評価したい。そのことを理解するために、彼の論点をここに箇条書きにしておこう[34]。

① アメリカ、ロシアなどの交易願いを断るのは戦端を開く可能性があるため、通商交易は彼の地の風習として受け入れるべきである。

② 交易は利潤が出て初めて成立するため、二、三年もすれば彼らから退出していくと考えられる。なぜなら、わが国は小国ゆえに取引額も限られ、彼らが輸入できるものも限定されているからである。

③ 交易を一国に許せば、他の国も願い出て、際限なくわが国の膏血を絞り上げるとの懸念もあるが、その心配はないと考える。一国に許せば諸国も願い出るのは当然だが、それこそ思うツボで、各国のそれだけの輸入品を消化しきれる容量はわが国にないため、諸国もわが国から自然と去っていくと考えられる。

④ また、交易に関しては銅貨の流出には注意を払う必要がある。重要なことは、人命にかかわる薬などは銅貨の価値があるが、珊瑚珠、時計、その他の玩物などはわが国の無用のもの、すなわち生糸、乾物、砂糖などと交換することである。また、長期的にわが国の国益になるものは積極的に輸入して国産化することが重要である。

⑤　交易を許せば、かつてのキリスト教のように計り知れない影響が出るという意見もあるが、二〇〇年前はわが国も人知が開けなかったため、高貴な人々もキリスト教にまどわされたが、わが国はすでに武勇多智となったため、心配は要らない。また、西洋の妖法・妖術を恐れる向きもあるが、そんなもので国を支配できるのならば、なぜ西洋諸国は戦艦や火器にこれほどの巨費を投じているのだろうか。

⑥　蘭学は邪道を導くものという意見があるが、これはあるまじき意見。外寇防禦は最も重要な事項であるが、戦艦の製、火器の術、陣制、戦法などを諸外国と同じレベルにしておけば、彼らも軍資を費やし、遠洋を渡って来襲することは大きな損失である。わが国の人情として、他から学ぶを恥とする傾向があるが、他から学ぶということは、すべてわが国のため。彼らは諸国に航海し、その善なるものはすべて取り入れて自国の欠けたるところを補っている。他から学ぶことはいささかも恥ではなく、むしろ他から学ばないことを固陋と侮るべきである。

⑦　諸国の武備に関することはもちろん、何事も広く探索のうえ、開国しても、不虞の備えさえしていれば、後年の患はいささかもないと考える。ここでわが国の寛大さを示し、彼らを受け入れる。二、三年してよろしからざることが判明すれば、止めればよい。

「日本の生き残る道は通商和平であり、世界から学ぶことに尽きる」という優れた現状認識と現実感覚に裏づけられた上書が、一一年近く幽閉された後のわずか三カ月で書かれていたという事実に、一種の感動さえも覚える。この考えが再び脚光を浴びるのは、日本が焦土と化した第二次世界大戦後であったことを考えると、人間は歴史からいかに学ばないかということがわかる。

しかし、身元を引き受けた江川太郎左衛門でさえ、その上書の先進性に驚きはしたが、上申には反対した。江川は、

識者の間でこそ老師の非凡な卓見に感服しておりますが、世間一般のものは老師をば、みだりに夷狄《いてき》を尊崇して下風に立つものと思い誤り、ずいぶん悪しざまに誹謗していますから、このような建議をされれば国賊・朝敵と憎み立て、せっかく十余年の幽囚を出られた御身がまたもや禍に陥られる。

と諫めたのであった。(35) 当時は、ペリーの要求に対して多くの幕閣の考えは「攘夷」、すなわち「夷敵打つべし」であり、武力の差を考えた場合でも、「交渉をなんとか引き延ばし、その間に兵力増強」すべしという考えが大勢であった。

江川の諫言に対しても、高島は怯むことなく、切腹覚悟で上申する決意を告げた。そうなると、さすがに江川も秋帆に同行する覚悟を決めたのである。こうして一八五五年、秋帆の「嘉

永の上書」は老中・阿部正弘に届けられたが、筆頭家老の阿部は三七歳の若さで急逝し、堀田正睦《まさよし》がその後を引き継いだ。

幸運にも、堀田は「蘭癖」と揶揄されたほどに蘭学をはじめとする海外情勢に詳しい開明派であった。彼はいくつもの評定を重ねた結果、最終的にアメリカ側の意向を受け入れ、開国通商の道を選択する。

この意思決定に秋帆の上書がどれほどの影響を持ったかを明示的に明らかにすることはできない。しかし、この上書を読む限り、またその後の展開を見る限り、彼の先見性ある主張は堀田の意思決定に影響を与えたに違いない。

この点について、徳富蘇峰は秋帆の先見性を以下のように高く評価していた。

世間では高島秋帆を、火技の中興、洋平の開祖というも、彼はむしろ開国論において、平和主義において、当時の滔々たる煮え切らない世論の中において、一生面を開きたるものと言わねばならぬ。(36)

近年になって、幕府の和戦開国に至る意思決定を、従来の幕府の優柔不断説という通説を覆して、きわめて巧みな外交結果と再評価する動きがある。(37) また、宮地政人は、「ペリー来航によって突きつけられた国家的民族的課題はいかにしたら解決できるのか、その回答と処方箋は当時の人々に既知のものとしては、何ら与えられていなかった。それは実践と行動の過程で模索され、わがものにする以外になかったのである」と、当時の人々の主体性を評価しつつ、事後的な「無謀だの見通しのなさだの時代遅れだのといった、思いつきの域を出ないレッテル貼り」を鋭く批判する。(38)

確かに、事後的に幕府の右往左往や優柔不断な対応を批判するのは簡単である。しかし、隣国清に仕掛けられたアヘン戦争の帰結を知り、眼前にアメリカ海軍の圧倒的な武備の差を見せつけられた当時の人々にとって、開国要求にどう対処すべきかは決して既知のものでもなく、ましてや簡単なことでもなかった。

そんな中にあって、秋帆の「外国交易の建議（嘉永の上書）」は、実に先進的で、現代日本にも十分通用する状況認識と論理性を持っていた。

繰り返すが、秋帆の主張の本質は、次の二つの姿勢にあった。

①　日本のような小国は海外貿易によって国を建てることが重要であり、有用なものを無用のもので替える、というしたたかな交易法である。

②　また、海外の良いものは積極的に取り入れ学び、自国の足りない部分を補完すべきである。

この二つの方向性こそ、その後日本に訪れるいくつもの危機を救った基本姿勢であり、また、この姿勢を失ったときに日本はまた大きな危機に見舞われるのである。

世界に開かれた情報感受性をベースに通商と学びの姿勢を貫いたとき、日本には類い稀な創造的対応能力が醸成される。長い鎖国体制にあって情報感受性の低下した支配層は、つい自信過剰に陥り、好戦論に走りがちである。幕末にあって高島秋帆のような開かれた知識をもとに、和平通商を構想しえた人間がいたことは幸運であった。

同じ意味で、戦後日本のドッジラインを契機とした日本人自身のパラダイムチェンジは高い評価に値する。戦中の低下した情報感受性の下で「神国日本」の幻想を抱き、戦争に突き進んだ日本。その手ひどい敗戦の中で、「資源小国・海外進出」という立国認識から、「資源輸入・加工貿易・平和通商」という発想の転換をなしえたのは、日本の創造的対応であった。

さらに、この決意に基づいた一九四九(昭和二四)年の「商工省(Ministry of Commerce and Industry)」の「通商産業省(Ministry of International Trade and Industry)」への改名改組も高く評価したい。戦後の苦しい時期に、商工よりも通商、すなわち「インターナショナル・トレード」を前面に打ち出した日本人の英知には感心せざるをえない。そして、それに先立つ一〇〇年近く前に、高島秋帆は、ほぼ同様のことを構想していたのである。

第2章 維新官僚の創造的対応
——大隈重信　志士から官僚へ

高島秋帆や堀田正睦らの和平開国路線は、徳川幕府の優柔不断とも見える交渉プロセスで安政通商条約につながり、日本は血まみれの植民地戦争を経ずに明治維新を迎えた。しかし、下級士族を中心に設立された明治維新政府が、いとも簡単に中央集権国家を造り出したというような印象は幻想である。むしろ、維新後の数年間は、いつ反動勢力の巻き返しにあってもおかしくない状況であった。

本章では、維新後に直面した困難な外交折衝において「愛国的志士」たちがいかに「国際的政治官僚」に脱皮していったのかについて考察する。しかも、薩長出身でもなく、倒幕活動において何の活躍も示さなかった大隈重信の姿から概観したい。

明治維新の性格をめぐって日本の思想界には、長い間鋭い対立があった。今日から見ると些細な論争にも見えるが、戦前戦後にわたって日本の知識人は、この論争に多大な時間と労力を使ったのであった(1)。

その論点を簡単にまとめれば、明治維新を、「封建体制を打破し資本主義体制の基礎を築くこととなった市民革命と見なす考え方」と、「明治天皇を頂点とする軍事国家樹立による絶対王政確立と見なす考え方」の対立であった。

この対立は、一九一七年に起こったソビエト連邦樹立に刺激され、日本にも社会主義革命が来ると確信した知識人たちが日本の現況をどう把握するかという問題意識に根づいていた。来るべき社会主義革命のあり方は、「明治維新を資本主義発展段階のどこに位置づけるかによって大きく変わる」と考えたマルクス的規範主義の下で行われたものであった。

この種の論争の致命的欠陥は、歴史を個別具体的で、きわめて主体性のある現象と捉えずに、普遍的な同一法則の下で繰り返される形而上学的現象として捉えることにある。さらにいえば、日本やアジアの歴史を、先行した欧米の歴史をモデル化したものと比較しようとすることである。

しかし、歴史とは優れて人間的な営為であり、それぞれに個別具体的個性がある。また、機械的な同一法則の上に繰り返される自然科学的な現象でもないし、規範的な先進性や後進性があるわけでもない。それぞれがそれぞれの現実に直面しながら試行錯誤のうえで、過去の経験に学びながら進展するものである。また、各国固有の民族的英知の中から独自の選択を遂行する個性的な現象でもある。

その意味で、日本の明治維新を欧米の先進的事象と比較して、相対的に位置づけようとすることには無理があった。その証拠に初期論争においては、日本資本主義の「後進性」「跛行性《はこう》（いわゆる変形）」「封建性」などという言葉が規範的発展論の中で多々指摘されていた。

しかし、後進性や跛行性は後発国に内在する問題ではなく、むしろ後発的に世界市場に参入した国々が先進諸国から受けるさまざまな圧力の下で形成される外在的結果である。その意味で、明治維新をはじめとする後発国の発展形態は各国固有の現象であり、それぞれの過去に経路依存した唯一無二の現象であるという認識が重要である(2)。

そうした新しい歴史観で明治維新を見ると、それは下級武士が遂行し、一部の覚醒した豪農が支援したという意味では優れて市民革命的な側面があった。同時に、彼らが幕藩体制に対峙させた天皇制は、その後の植民地路線と相まってきわめて絶対王政的な側面も持ち合わせた。それは日本の後発性や幼児性の結果ではなく、日本が置かれた歴史的状況の中で日本が選択した独自の結果である。

繰り返すが、明治維新は世界史上において唯一無二の固有現象である。西欧における市民革命が旧支配階層を粛正するような形で新たな体制を築き上げたのに比較して、明治維新は旧支配層であった士族階級を無血のまま制度的に廃止しただけでなく、彼らを産業資本の担い手に変換させるという独創的な制度改革を実現している。これは日本の「創造的対応」以外の何ものでもない。

しかし、このプロセスがいったいどのようにして生まれてきたのかには、これまで正面切って触れられることはなかった。この身分を資本に変えていったプロセスこそ、実は偏狭な思考の持ち主であった志士たちを国際的な維新官僚に育て上げるプロセスであり、世界でも希有なアジアの独立国を生み出した背景なのである。

本章の主役は、あの有名な大隈重信（一八三八～一九二二）である。彼は佐賀藩出身の武士であり、明治政府にあっては大蔵卿、外務大臣、農商務大臣、内閣総理大臣を歴任した大政治家であった。同時に、東京専門学校（のちの早稲田大学）を建学し、その初代総長に就任した教育者でもあった。しかし、幕末にあっては徳川幕藩体制の一官吏として長崎出島を掌管しており、維新政権の樹立に関しては何の功績もない。だから、歴史は面白い。

1　志士たちにとっての外交

維新政府にとって直近の課題は、二〇〇年以上続いた幕藩体制を完全に解体し、一九世紀の植民地経済の中で独立を果たすことであった。そのためには、強制力を持つ軍事機構と確固たる徴税機能を確実なものとする中央政府が必要であった。

しかし現実には、維新政府の実態は薩長を中心とした諸藩連合のままであり、各藩の統治は各藩主に任され、財政基盤も幕府の直轄地を抑えただけの脆弱なものであった。日本およびアジア周辺には植民地的野心を抱いた列強各国が、自国の権益拡張のために手ぐすねを引いて待っており、幕末以来の内憂外患は依然として続いていた。

この脆弱な新政府に、「政治主体としての自覚と制度改革への強い意志」をもたらしたのは、国内統治の問題よりは列強諸国とどう対峙するかという外交問題であった。「幕府に代わるわが国唯一の主権者であることを諸外国に承認させる」という対外的責任こそが、バラバラだった明治政府を統一国家に押し上げた原動力だったのである。(3)

一九世紀末期の帝国主義的状況にあって、新政府は幕府から安政通商条約を引き継ぐことによって、対外的に日本を代表する主権者となった。諸外国にとって新政府が交渉の相手に足る主体か否かは、交渉プロセスにおける新政府の力量にかかっていた。これは攘夷論だけを唱えて倒幕を果たした志士たちにとって簡単な任務ではなかった。特に、彼らの年齢を考えたときに、彼らが背負った重圧の意味が理解されるだろう。

一八六八(明治元)年、長老といわれた木戸孝允でさえ三五歳、井上馨、大隈重信は三十代前半、伊藤博文はまだ二十代であった。もちろん、外交経験などはない。この不平等条約の下で発生するさまざまな外交問題を処理するプロセスで、彼らは急速に「幕末の志士」から脱皮し、「維新官僚」に成長したのである。しかし、その具体的プロセスはいまだによくわかっていない。

本章では、いったいどのような事件や交渉を通じて、彼らが幕末の志士たちから維新官僚に成長していったのかを明らかにしたい。結論から言ってしまえば、そのプロセスは意外にも、隠れキリシタン問題や幕末の貨幣悪鋳・藩札濫発といった幕藩体制からの積み残しを契機とするものだったのである。

さて、ここでの主役は、前述したとおり薩長出身でもなく、幕末においてこれといった活躍もなかった佐賀藩士の大隈重信である。大隈は、維新後急速に明治政権の表舞台に登場し、その初期において外交問題の矢面で列強諸国との折衝を担った人物である。

この折衝プロセスで、大隈は外交政策とはまさに財政政策であることを自覚し、明治初期財政を大蔵卿として担うに至った。彼の官僚そして政治家としての飛躍を支えたのが、まさに「田舎侍の倒幕攘夷論」から国際的責任を全うしなければならない維新官僚としての責任だったのである。

大隈の回顧録『昔日譚』では、当時の志士たちが、遭遇した外交上の課題を通じて国家主体となっていくプロセスが活き活きと語られている。(4)

大隈は文字を書かない人として有名であった。一説によれば、佐賀藩士時代に藩主から授けられた一通の辞令に「大隈八太郎」と書いた以外は署名もしなかったという。大部の論考や評論を残し、後の早稲田大学を創立した人物としては意外な事実だが、その記述のほとんどが口述筆記だった。(5) この『昔日譚』は、きわめて率直かつ同世代史的述懐があって面白い。まさに地方の一藩士が幕末から維新にかけて大きく成長する姿を活き活きと伝えているからである。

藩士から志士へ

大隈八太郎重信は一八三八（天保九）年に佐賀藩士・大隈信保の長男として生まれた。父親は長崎砲台の指揮官を務めた上士であった。七歳から藩校弘道館に学ぶようになったが、一二歳のときに父親を亡くしたため、豊かな士族階級として育ったわけではない。

弘道館は、朱子学に根差した伝統的な校風に加えて、同藩に伝わる『葉隠』に基づいたある種狭隘な武士道を徹底的に教える藩校であった。大隈は次第にその窮屈な校風に反発し、仲間とともに藩校改革を企てて一七歳のときに退校処分を受けている。この『葉隠』に対する懐疑的な述懐には、大隈のざっくばらんな大局観がうかがえて面白い。

巻を開くと「釈迦も、孔子も、楠も、信玄も、かつて一度も鍋島家に奉公したことのない人々であるから崇拝尊敬するに足りない」旨を記した一章がある。これだけでもこの本の性質がわかるだろう。(6)

一八五三年のペリー率いる黒船の来襲を境に、日本中に攘夷論が高まる。一方で、先進的な人々の間では海外知識、特に蘭学に対する欲求も高まっていった。一八五五年、退学処分となっていた大隈も蘭学の必要性を認識して、佐賀藩が設置していた蘭学寮に再入学した。

佐賀藩士時代の大隈重信
（早稲田大学図書館所蔵）

その頃、幕府が送った訪米団に参加した佐賀藩士たちが帰国し、アメリカの現状について驚愕の念を持って語っているのを聞くにつけ、大隈は「蘭学よりはむしろ英学を勉強するほうが必要で、かつ利益があるのを悟ったので、急いでその講習に従事」した。(7) さらに、彼は同志たちと謀り、蘭学寮の学生を長崎に派遣し、外国人を雇って一層知識を深めることを提案した。普通であれば当然否定されてもおかしくないこの建議は、意外にも藩主・鍋島直正（閑叟《かんそう》）の許しを得て実現されることとなった。

当時の長崎は、京都と並んで最も重要な都市であった。幕末の志士たちが新しい知識を求めて集ったばかりでなく、幕府を筆頭に各雄藩がこぞって戦艦や武器弾薬を諸外国に発注していたからである。そうした取引情報から、風雲急を告げる幕末諸侯の動向が手にとるように観察できた。

大隈は英学を通じて欧米、特にアメリカの政治・経済・司法・科学技術などの勉学に励み、その先進性に大いに感服する。そのときに師事したのがフルベッキ写真で有名なオランダ人宣教師グイド・フルベッキであった。(8) 大隈はこうした勉学を通じて、漢学に対して手厳しい評論を加えるようになる。彼の旧体制に対するストレートな怒りと評価は、当時の若者の心情を知るうえで興味深い。

漢学はすべて空理空論を第一とするもので、もちろん活動的な社会の人間を養成するに足りない。これを養成するに足りないばかりでなく、かえって有為の人物を無用の人に変えてしまうものである。ご覧なさい。現に儒者といわれる人が、人類社会にどんな地位を占めているだろうか。彼らは一種の生き字引で、ただ消化しきれない文学を胸中に貯え、常に誤った夢を見るにすぎない。政治上、社会上、実業上でいささかの利益を現すことなく、また一つを計画しても、その目的を、方法を考え出すこともなく、ただ出まかせの言葉を並べて自ら足れりとするのみである。(9)

独善的な述懐でもあるが、それゆえに大隈の新しい知識に対する興奮を知ることができるだろう。大隈の興奮はさらに高揚して、長崎に英学校「致遠館」を建て、佐賀藩の子弟はもちろん、他藩の有志も募るという建議に至っている。

そうした一学生たちによる要求に藩の役人が応じるわけもなかった。そこで大隈たちがとった次なる行動がきわめて実利的であるだけでなく、その後の明治政府の性格を知るうえでもきわめて重要である。

大隈たちは新たな資金源を求めて、長崎在住の商人たちに急接近したのである。彼は述べる、「思えば人は意外な方向へ導くもので、どこかで資金を得て、学校を盛んにしようという意志が、私たちと商人らとの交際を結ばしめたのである」と。

大隈たちは佐賀の商人たちから献金を得るために、江戸への物資販売などを企て、自ら商売にも参画した。結果は決してうまくいったとはいえないが、坂本龍馬ばかりでなく維新期の主要人物の一人である大隈も、商業・貿易の重要性を理解していたことが重要である。

「私が富国策を唱えたのは、このときのことで、一つには藩の役所を動かし、また一つにはこれら商人のために助けになるように望んだからである」と、維新後の富国政策の原型と回想している(10)。

この奔走の最中に、一八六五(慶応元)年、幕府は第二次長州征伐を発令する。長崎にあって諸外国の動向をつぶさに確かめてきた大隈が危惧したのは、この内乱に諸外国が乗じて日本の植民地化が進展することであった。

「危機が目の前に迫って来ている。国家禍いのもとである幕府を滅ぼし、諸藩を王政一統の下に置かなければ、救済することができなくなるだろう」と大隈は副島種臣らとともに脱藩し、京都大阪にのぼって大政奉還の裏工作を実行しようとした。

しかし、土佐藩や薩摩藩などと違って藩からの支援もない彼らは、あえなく藩吏に拿捕され、佐賀に送り返され、謹慎の身となってしまった(11)。

攘夷から外交折衝へ

幕府の第二次長州征伐は失敗と帰し、将軍・家茂は大坂で急逝した。跡を継いで開明派の一橋慶喜が将軍職に就いたが、幕府の凋落・内乱の危機は一層深刻化した。この時代の急変が、尊王倒幕を説いてきた大隈たちに再び佐賀藩政への参画機会を与えることとなった。藩執政たちも時代の変化に震撼して、ついに大隈や副島たちの意見を採り入れざるをえなくなったのである。

大隈は謹慎を解かれて再び長崎に送られ、彼は引退した藩主・鍋島閑叟を維新の舞台に引っ張り出そうと画策する。しかし、閑叟は最後まで動かなかった。長州征伐の裏で薩長連合が成立し、徳川慶喜が大坂を脱出という報せが漏れると、幕府内に動揺が広がった。この動揺は長崎外国奉行たちの職場放棄という意外な展開に及んだ。この職場放棄が、大隈重信をいきなり新政府の中枢に引き上げる契機となったのである。

周知のように、長崎は日本最大の外国貿易の拠点であり、開港以来すでに諸外国とのさまざまな交渉が始まっていた。そこでは、貿易や民事における事務処理が山積しており、日本側の職場放棄は一国の信用にかかわる重大事であった。佐賀藩は従来、長崎に関して大きな責任を持っていたため、その対策は急務であった。そこで、英学を修めた大隈が藩命により外交折衝にあたることとなった。同じように、薩摩からは松方正義、町田久成らが送られ、長州・土佐からも俊英が集った長崎仮政府が設置されたのは、大隈にとって幸運であった[12]。大隈は、この長崎での外交問題こそが新政府樹立の原動力であったと述懐している。

外交に対してわが国民は愛国心を発揮し、したがって大義名分の説となり、尊王攘夷論となり、倒幕となり、王政統一となり、また外交に導かれて新政府が組織され、そしてこれに刺激されて内治百般の事物を改良する機運にめぐり会ったのである[13]。

維新政府の中核となる志士たちの自覚が、内部政治よりも「万邦対峙」の国際関係を契機としていた事実は、明治維新を理解するうえで重要である。外部圧力が内部的にはまだバラバラな諸藩の連合体にすぎなかった明治政府を、天皇を中心とした中央集権形態に至らしめ、財政と軍政にかかわる改革を強制的に断行させていったからである。

若き志士たちにとって、反幕府、倒幕、そして勤皇と展開した明治維新ではあったが、それはいまだ「幕府と藩」といった古いフレームワークを引きずった権力闘争にすぎなかった。しかし、幕府から引き継いだ外交問題は、内乱劇もう少し手厳しくいえばママゴト的であった維新を、独立国家の樹立という一大事業へと転換させたプロセスだったのである。

大隈が、「多くの者は佐賀藩の人であるを知っても、日本国民であるを知らなかったのである。まして世界人であるべき理屈を塵ほども知らなかったのである」と述べるように、佐賀藩士に限らず多くの志士たちも、まだその本質は藩士にすぎなかった。

倒幕主導者は幕府の和平開国論に対して、開戦攘夷論をもって強く抵抗してきたが、実際に自分たちが政権奪取したときにどのような外交をするのかについては何の構想もなかった。それが突然列強との折衝矢面に立つことによって、数々の外交懸案を現実的に処理しなければならなくなったのである。

なかでも、キリスト教問題が志士たちに初めて日本国を代表する維新官僚としての自覚を迫った事実はあまり知られていない。

2　隠れキリシタンが国を創る

後に発覚した事実だが、江戸期を通じて長崎には厳しい弾圧を恐れながらも、長く信仰を守り続けた隠れキリシタンが多く存在していた。安政条約後、彼らは外国人が自由にキリスト教を信仰するのを見て、次第にその姿を明らかにしていった。大きな契機となったのは、一八六四年にフランス人神父たちによって建立された大浦天主堂であった(14)。

ペリー来航後、幕府は安政修好通商条約をアメリカ、イギリス、フランス、ロシア、オランダ五カ国と締結した。日仏条約第四条では、「日本にあるフランス人、自国の宗旨を勝手に信仰いたし、その居留の場所へ宮柱を建つるも妨げなし」とされていた。

この条項に則ってフランス人神父フェーレ、プチジャン、ロカインらは、一八六五年一月に長崎大浦にバロックとゴシック混合様式の天主堂を建立し、その尖塔に大きな十字架を掲げた。彼らは外国人公使などを招待した上で盛大な開所式を行うとともに、この天主堂を日本人にも公開した。

神父らにとっては、二百数十年前に「キリシタンが盛んに行われながら、禁教と鎖国」の地となった日本において、もしかして生き残っているかもしれないキリスト者を発見し、信仰を復活させることも来日の目的だったのである。

隠れキリシタンという奇跡

一八六五年三月にその奇跡が起こった。「フランス寺（大浦天主堂＝米倉註）にサンタ・マリアさまがおいでになる」という噂が長崎郊外の浦上に伝わると、浦上にいた隠れキリシタンたちは二百年来隠し続けた信仰の心抑え難く、大浦天主堂を連れ立って訪れた。プチジャン神父はこの奇跡を横浜に駐在するジラール神父に以下のように書き送っている。長い引用になるが、その感動を伝えるためにあえて書き記しておきたい。

昨日一二時半頃、男女小児うち混じった一二名から一五名ほどの一団が天主堂の門前に立っていました。ただの好奇心で来たものと何やら態度が異なっている様子でした。天主堂の門は閉まっていましたから、私は急いで門を開き、聖所のほうに進んでいきますと、参観人も後からついてまいりました。（中略）

私は救いの主のみ前に跪いて礼拝し、心の底まで彼らを感動させる言葉を私の唇に与えて、私を取り囲んでいるこの人々の中から主を礼拝するものを得さしたまえと、祈りました。ほんの一瞬祈ったと思う頃、年頃は四十か五十歳ほどの婦人が一人私のそばに近づき、胸に手を当てて申しました。

「ここにおります私たちは、みな貴師さまと同じ心でございます」

「本当ですか。どこのお方です、あなた方は」

「私たちはみな、浦上の者でございます。浦上ではほとんどみな私たちと同じ心を持っております」

こう答えてから、その同じ人が、すぐ私に『サンタ・マリアの御像はどこ』と尋ねました。（中略）

サンタ・マリア！　このめでたい御名を耳にして、もう私は、少しも疑いません。いま私の前にいる人たちは、日本の昔のキリシタンの子孫に違いない。(15)

この婦人は実際には、「ワレラノムネ、アナタノムネトオナジ」と言ったと伝えられているが、このときのプチジャン神父の驚きと感動は想像に難くない[16]。

二百数十年間の厳しい弾圧に耐え、ほぼ浦上一村そのものがキリストへの信仰を語り継いできたという事実はまさに奇跡に近い。プチジャン神父の膝の震えが伝わってくる。天主堂での告白は、もちろん内密なものであったが、一度発露した隠れキリシタンたちの信仰への思いは止め難く、これを契機に一八六七年四月、ついに彼らは自葬という形で自らのあり方を露出した。

自葬とは、寺請（檀家）制度によって統制されていた徳川時代にあって、仏式の供養を経ずに勝手に葬式を出すことである。長崎の地にあって農民たちがあえて自葬するということは、すなわちキリスト信仰を公言することであった。

浦上の庄屋は、当初このことを軽く考えて、「今の坊さんが嫌いでそうするならば、坊さんを代えてやろう」と言ったというが、キリシタンたちは「坊さんはどなたであろうといらないのでございます。お寺とは縁を切りたいと存じまする」と即答した[17]。

この報告は長崎奉行所にのぼり、代官たちはその心得違いを諭そうとするが、勢いづいた彼らの信仰心は、逆に火をつけられた形で強固となっていく。公然たるキリシタンたちの反抗を目の当たりにした奉行所は、徳川祖法に対する大反逆と見なし、「浦上四番崩れ」と呼ばれるキリシタンの大量検挙と大弾圧を断行したのであった。

この大量検挙に居留外国人たちは激怒すると同時に、公使たちを通じて徳川幕府に激しい抗議を繰り返した。幕府は列強諸国の抗議にあって、いったんは村人の帰村を約束するが、約束は守られず、凄惨を極めた拷問のうえで「邪宗」からの改宗が強制された。列強はその事実を知るや、野蛮なる幕府に対して、さらに激しい抗議を繰り返したのである。

外交課題としてのキリシタン問題

そうした最中に徳川幕府は瓦解し明治政府が樹立され、前述したように長崎奉行は職場放棄の末に遁走した。そこで、長崎にかかわりを持つ近隣各藩は、前述のごとく自主的に藩士を送って臨時政府を立ち上げ、諸外国との関係を継続したのである。

新政府は一八六八年二月に長崎鎮撫総督として澤宣嘉《さわのりよし》を、外国事務係として井上馨を送り込み、それまで長崎仮政府に執務していた大隈は、そのまま総督府副参謀に抜擢された。

新政府は同年の四月に祭政一致の政体に復古し、神道国教主義を宣言した。この宣言は定三札、覚二札からなる五榜の立札として全国に掲示されたが、その第三札で新政府は「切支丹邪宗門の儀は堅く御制禁たり」としてキリスト教信仰を禁じた。新政府は徳川幕府の反キリスト教政策を継承したのである。

澤は長崎に広がるキリスト教の勢いに驚くとともに、地元の非キリスト系住民からの取締り要請に応えて、キリスト者五〇〇〜六〇〇人を新たに逮捕した。このままキリスト者を放置すれば、あらゆる法制度が瓦解するおそれがあったからである。さらに、澤らの目論見では、キリスト者の「心得違い」を諭せば、これは簡単に片のつく問題であり、維新政府の権威も確かなものになるはずであった。

しかし、二〇〇年以上にわたって抑圧され続けた信者たちの意思はきわめて固く、ひとたび解放されるや、徳川幕府崩壊の中でますます先鋭化していった。


私たちはこれまで一度もお上の命令に背いたことはなく、租税を怠ったり、罪を犯したことはない。ただこの耶蘇教だけは天の神様に関係することだから、たとえ生命を失うとも変えることができない。


と徹底抗戦の構えを見せたのである(18)。さらに長崎に駐留した諸外国も、維新政府の集団逮捕をきわめて野蛮な行為として非難した。

これは新政権にとって厄介なる事態の進展であった。もし、外圧に屈した形でキリスト者を解放すれば、幕末維新の混乱をさらにアナーキーなものにするばかりか、攘夷を喧伝してきた新政府の権威は崩壊し、再び反動勢力の反撃を許す可能性があった。一方で強硬姿勢を貫けば、回避されてきた欧米との開戦やそれに乗じた内乱の危機に直面する可能性もあった。

現在でもそうだが、キリスト教をバックボーンとした列強外交はきわめて一方的な倫理観の押しつけであるばかりか、その正当性について自ら疑うことをしないだけに、本質的に厄介な問題なのであった。

列強外交と大隈の自負

長崎での大隈は欧米の知識を駆使しながら、商慣習問題や貿易交渉で一定の手腕を示していた。英学を率先して学んだことが役立ったのである。新政権は大隈を新政府参与に抜擢し、長崎よりも混乱を極めていた横浜において外交折衝にあてさせることとした。

しかし、大隈は長崎から横浜に発つ途中、急遽大阪に呼び戻され、長崎におけるキリスト教問題について新政権幹部から事情聴取を受けた。

大隈はキリスト教問題をめぐる対外折衝にあたって、幕府以来続いた「譲歩主義」からの決別を進言する。すなわち、幕府外交は基本的に列強からの要求を先送りする猶予策をとり、譲歩を重ね続けることに終始した。

こうした譲歩主義の延長線上で、「外人の請求を入れ、すでにわが権力で捕縛した五、六百人の囚人を許し、同時に耶蘇教に対する国禁を解くとしたら、（中略）反対党は必ず大同団結の必要を感じて幕府と連合するだろうし、東北はこのため気勢を上げるであろう」と大隈は考えた。

彼は、この対処を誤れば新政府の基礎は崩壊すると思い、「これまでのように譲歩主義をとる以上は、外交は全うするときは来ないのである。一国がその独立の威厳を示すのはこのときである」と政府の決断を促した。

新政府は大隈の強硬路線を支持し、外交総裁山階宮《やましなのみや》、木戸孝允、小松帯刀《たてわき》、後藤象二郎らの出席の下で急遽大隈を代表とした外交交渉を大阪本願寺別院で行うこととした。各国領事を代表したのはイギリス公使ハリー・パークスであった。

周知のように、パークスは幕末外交にあって最も中心的な役割を果たした外交官である。アヘン戦争後の対清朝交渉においても強面の交渉をした人物であり、基本的にアジア外交は「脅しと威嚇」で臨む植民地における典型的アングロサクソン外交官であった(19)。

パークスは交渉開始直後に、「私は大隈とは談判しない。このような地位の低い者は責任を持たないからである」と威嚇姿勢から入る。大隈は心外するものの、パークスの常套手段として動揺しない。彼はこれまで英学で学んだ二つの知識を駆使しながら、パークスの要求を一蹴した。

一つは、国際法における自国法の優越である。「わが国の法律をもってわが国の人民を罰するのに、外国の干渉を受ける理由は少しもない。ゆえに私たちはこのことに関し、別にあなた方と談判する必要がない」と反駁した。

パークスはこの姿勢に対して、「怒り、手を振り、テーブルを叩いて」反論したという。もう一つは、歴史的知識であった。大隈はヨーロッパにおけるキリスト教が招いた数々の戦争を鋭く指摘した。

耶蘇教は真理を含んでいるに相違いない。ただその歴史は弊害で満たされていることを忘れてはならない。ある歴史家は言う。欧州の歴史は戦争の歴史であると。またある宗教家は言う。ヨーロッパの歴史は即ち耶蘇教の歴史であると。この二者の言葉に誤りがないなら、耶蘇教の歴史は即ち戦争の歴史である。耶蘇は地上に平和を送ったのではなく剣を送ったものである。耶蘇が生まれてから、ローマ法王の時代になり、世間に風波を捲き起こし、ヨーロッパの人々を絶えず非常な苦しみに落としたのは何者のなせるわざであったか。昔から各国の帝王は、時に残虐な行いをした。しかし、こうした帝王の上に立って、いっそう残虐な行いを強行したものは誰であるのか。[20]

ある種の鮮やかな三段論法である。パークスは「善良なものを敵視するほど悪虐なものはなく、真理を受け入れないほど馬鹿げたことはない。（中略）日本国はきっと滅亡するだろう」と反論する。しかし、大隈は「何でもかんでも外国人の指揮に従うときは、わが国が滅亡するときであろう」と一蹴し、会談は物別れに終わった。

この談判の様子は、大隈の『隈公閑話』や『昔日譚』に依拠しているが、一九二四（大正一三）年頃の述懐のため、大隈の誇張や創作が含まれている可能性を否定することはできない。

しかし、イギリス公使書記官アーネスト・サトウは、このときのことを以下のように述べているため、あながち大隈の一方的な法螺だけとも言えないだろう。

ハーリー卿は前回の閣員を相手にこの問題（キリスト教問題＝米倉注）を再び議論したが、今度は岩倉具視もこれに加わった。初めて顔を見知った大隈八太郎という肥前の若侍が自分は聖書や「草原本（プレアリ・ブック）」（原文訳注：祈祷本プレイヤーブックを誤って発音したのを皮肉ったもの）を読んでいるから、この問題は充分心得ている」と、われわれの面前で見得を切ったのは、たぶんこのときだったと思う。(21)

本書ではキリシタン史にこれ以上の深入りはしないが、重要な事実は成立当初の明治政府にあってこの種の外交問題が、尊王攘夷を盲目的に掲げていた志士たちを、一国を代表する責任ある官僚あるいは政治家に転換せしめた原動力となったことである。外交姿勢は国の基本である。脅しに屈しない政治家を日本がこの段階で得たのは幸運であった。

さらに、この活躍が薩長という藩閥政治の枠を超えて大隈にさらに出世の糸口を与えた。アーネスト・サトウが「初めて顔を見知った肥前の若侍」であった大隈は、この交渉を契機に中央政府に地歩を固めていく。(22)

3　外交から財政へ

大隈を志士から外務官僚に進化させたのがキリスト教をめぐる外交折衝であったならば、彼をして明治政府を代表する大蔵官僚に変身せしめたのも、横浜における外交折衝であった。

偽造贋造と銀貨の流出

幕末から明治初年にかけてキリスト教問題と並んで厄介な外交問題は、悪貨・偽貨さらには濫発された藩札などをめぐるトラブルであった。安定した通貨政策は、独立国にとってその威信にかかわる問題である。

しかし、江戸幕府や各藩は、幕末の財政逼迫によって正貨を偽造贋造することで、財政収入を増やすことが常態化していた。これは維新政府にとっては体面上ゆゆしき問題であると同時に、実質的にも国家財政破綻に進展する問題であった。

慶応年間に結ばれた関税条約において、日本政府は日本国一分銀三一一枚をメキシコ銀貨一〇〇ドルと兌換することを約束させられていた。幕末に水増し贋造された不純な一分銀や大判小判をメキシコ銀と兌換されると、日本からの大量の銀貨流出につながるおそれがあった。

事実、その比率に目を付けた外国商人が改悪された日本銀貨を買い漁り、兌換を要求するケースが幕末に急増した。さらに、明治政府になって発行された太政官札も、新たな問題となっていた。維新後間もなく発行されたこの不換紙幣の有効性あるいは兌換制をめぐって、横浜では外国商人と新政府との間で厳しいせめぎ合いが起こっていたのである。(23)
日本と通商関係を開始した諸外国にとって、日本における貨幣制度の整備は重大なる関心事であった。大阪での会談後に横浜に派遣された大隈は、当時病床に伏していた薩摩出身の小松帯刀に後継指名を受け、外国官副知官事に大抜擢された。佐賀藩出身の大隈にとって、薩摩一の英才といわれた小松からの抜擢は大きな驚きであった。大隈自身の言葉にもその驚きがあふれている。

その当時は薩摩といい、長州といい、(中略)いずれも薩長の出身者が多かった。外交官だけが除けもの扱いにはされていなかった。寺島宗則、町田久成、五代友厚は薩摩藩の人で外国官判事であった。これらの人たちは、多くは小松の推薦でその地位を占めたもので、いずれも私の先輩であった。小松が腎臓病に罹ってもう一度起ち上がることができないのを知って、その後任者を推薦しようとしたとき、これらの人たちから引き抜くのは、必ずしも私心や情実によるとは言えないだろう。ところが彼はついにこれらの人々を引き抜かず、この大隈重信を推薦しようとは、私も他人もみな予想外のことであった。(24)

これを契機に大隈は日本外交の総責任者になっていった。彼はこの通貨問題を精査するうちに、これは外交問題というよりは日本の貨幣政策ひいては財政政策の問題であることを理解し、当時、由利公正に率いられた会計局を厳しく追及することになった。

由利は幕末の越前藩において、藩札発行による商工業の勃興と貿易による正金蓄積を成功させた実績があり、維新政府は彼を御用金穀取扱役に任じて政府財政の基盤整理を託していた。由利の政策構想とは、明治政権の基盤を作るために太政官札なる金札三〇〇〇万両を発行し、それを各藩あるいは商工業者に貸し付け、産業振興を図ると同時に、貿易を通じて正金を国内に蓄えるというものであった。これは越前藩での彼の成功を再現しようとするものであった。

当初の予定では、この太政官札の流通期限は一三年間とされ、国民は一〇％の利子を支払って商工業を起こし、それによって貿易推進が図られていくという目論見であった。しかし、政府の発行額管理は杜撰であり、明治二年末にはすでに四八〇〇万両余の太政官札が発行され、そのうち三〇〇〇万両は産業振興ではなく財政赤字の補填に充てられ、放漫財政の源となっていた。したがって、太政官札は市場からの信認を得ることができず、金札でありながら、正貨の四割程度の交換価値しかもたなかったのである[25]。

放漫な財政状況を放置したまま、統一貨幣政策も打ち出せない会計局に対して、一八六九（明治二）年三月、中央政府は由利を見限り、由利批判を強めた外交官・大隈重信に会計官副知事を兼任させた。明治初期の外交問題は新政府の国際的信用獲得のプロセスであり、キリスト教問題によってその洗礼を早くから受けた大隈が、貨幣問題でもその中心人物として抜擢されたのであった。

貨幣問題と国立銀行制度

大隈重信の財政政策に関しては、すでに多くの先行研究があるため、ここでは士族解体の根本要因となった貨幣問題と、秩禄処分の前提となった国立銀行制度に焦点を絞って考察を深めよう(26)。

大隈は外交折衝を通じるうちに貨幣制度の確立が、諸外国と対峙するにあたってきわめて重要な前提と認識するようになった。外国商人による悪貨買占めと、その大量兌換の結果として海外に流出する金銀を目の当たりにして、「貨幣は日本の物にして日本にて自儘《じまま》しがたき物」と心底痛感したためである(27)。

これは、貨幣の問題を自国の問題として考えてきた鎖国時代の観念に対しては革命的なパラダイムチェンジであった。世界と対峙する中で貨幣は日本のものではなく、世界のものだと認識したからである。しかし、大隈自身が「簡単に言えば、果たしていかなる貨幣を鋳造すべきかはこれ実に一の難問題なり」と述べているように、いかなる貨幣制度を確立するかは決して易しい課題ではなかった(28)。

一八六九年二月、大隈はこの課題に取り組む前提として、通商貿易を管理し、貨幣流通と物価の安定を全権的に担う通商司を設立した。これは「内外貨物、金銀一切の権利」を居留地貿易から国内商人の手に取り戻し、国内商品の流通、国産奨励を通じて貨幣統一を達成するための組織であった。

通商司の実行部隊として、内外貿易を振興する通商会社と、その資金供給をする為替会社が西欧の株式会社形態を模する形で設立された。具体的には、東京、大阪、京都、横浜、神戸、新潟、大津、敦賀の八都市における地域商人（豪商）に出資を要請して、通商・為替会社が株式会社形態で設立された。通商司は、この株式会社に対して手厚い保護と資金援助をするという構造で、国内通商と為替業務を掌握しようとするものであった。

横浜通商・為替会社を例にとれば、同社は三井家の三井八郎右衛門をはじめとする東京・横浜の商人約五〇人から二〇万両の出資を得て設立され、出資金には月一歩の利息が支払われた。さらに、同社はその出資金のうち八割を出資者に貸し付けただけでなく、政府からは太政官札三〇万両を貸与するという手厚い保護を受けていた(29)。

同様に、三井八郎右衛門の出資を中心に設立された東京為替会社は、一〇〇万両近い資金で発足し、通商司から同じく手厚い保護を受けた。

手厚い保護とは、通商・為替会社の営業費を補うために莫大な太政官札を貸し付けることであり、通商活動に対する紙幣発行の特権を与えることであった(30)。

しかし、こうした保護政策にもかかわらず、横浜以外の通商活動において各社は膨大な赤字を生み出し、一八七〇(明治三)年末には早くも通商司体制は行き詰まっていた。一八七一年七月には通商司は廃止され、各地の通商・為替会社も漸次解散していった。

通商司の失敗要因については、出資商人たちを束ねる組織の不備、株式会社組織に対する無知、商法制度の不備などが挙げられているが、基本的には出資した商人たちが自律的にビジネスを行い、利潤をあげるインセンティブが欠如していたことと、通商・為替会社の責任と権限が明確化されなかったことに要因があった[31]。

由利財政を批判して登場した大隈だが、この通商司制度によってさらに大量の太政官札が発行され、初期大隈財政は惨憺たる結果となった。やはり、維新政権にとって最良の貨幣政策は、兌換可能な紙幣発行と、それに基づいた産業育成しかなかったのである。

大隈財政にとっては統一貨幣、しかも兌換券を発行しうる銀行の創設が急務となった。兌換券を発行するには貨幣素材としての地金銀を確保する必要がある。この地金銀回収と新旧貨幣発行の代行に成功したのが、第5章で述べる三野村利左衛門に率いられた三井組であった。三野村は当時の大蔵少輔・井上馨、権大丞《ごんのだいじょう》・渋沢栄一そして造幣権頭・益田孝に接近し、通商司の中枢に入り込んだ。大隈は三井組に単なる地金銀の回収や新旧貨幣の交換を担わせるだけでなく、明治政権下における金融資本の担い手という役割を与えようとした。

したがって、一八七一年七月に大久保利通によって大蔵省改革が行われ、通商司が廃止された段階を見計らって、三井は三井銀行の設立を出願したのであった。太政官札の通用期限は一

1869年、東京・築地の大隈重信邸「築地梁山泊」にて。
前列左から伊藤博文、大隈、井上馨、後列は久世喜弘、中井弘（霊山歴史館所蔵）

八七二年末と迫っていたが、地金銀の蓄積量からしても、新貨鋳造能力からしても、兌換券を発行しうる担い手は三井しかないという自負が三井にはあったし、大隈、井上、渋沢ラインもそう考えていた。

三井銀行の構想は、井上や渋沢ら大蔵省当局が考えていたイングランド銀行方式、すなわち正貨準備を基本とし兌換券を発行する銀行であった。しかし、岩倉使節団に同行した伊藤博文は、アメリカにおける国立銀行システムに範をとった分権的国立銀行制度の有効性を主張してきた。大隈や井上の独断専行に反発していた大蔵省もこの制度採用に傾き、三井の銀行申請は結局、却下されることとなった。

伊藤が提言した「国立銀行条例」は、一八六三年に制定されたアメリカ連邦銀行法をベースにしたものであった。この法律では、払込資本金の三分の一以上かつ三万ドル以上の政府証券を国庫に委託することを条件に、その預託証券の市価の九〇%以下かつ銀行資本総額を超えない範囲で紙幣発行権を与えるというものであった。

これはアメリカ政府が南北戦争戦費調達のために大量発行した政府証券の需要喚起を狙った制度であり、明治政府の発行した太政官札の整理にとってきわめて都合の良い制度と伊藤には映ったのである。(32)

しかし、大隈らはこの伊藤案に対して、太政官札整理への有効性はともかく、信用ある通貨発行に関しては懸念を持った。こうして明治四年から五年にかけて、新政府内部では正貨に基づく兌換紙幣を発行するイギリスのゴールドバンク方式と、太政官札整理をベースとするアメリカ型国債預託方式との間で激しい論争が巻き起こったのである。

この論争は、アメリカ式ナショナルバンク方式支持者たちが発行紙幣を正貨と兌換することで譲歩し、イギリス式ゴールドバンク擁護者たちが公債預託を妨げないという形で妥協が成立した。こうして、一八七二年一一月に渋沢栄一紙幣頭と芳川顕正《あきまさ》権頭によって起草された国立銀行条例が公布されたのであった。

この条例に基づいて設立された銀行は、その資本金の一〇分の六を太政官札・政府紙幣で充て、さらにそれを金札引換公債証書として大蔵省に預託したうえで、同額の銀行券を発行できるというものであった。その一方で、資本金の一〇分の四は正貨をもって兌換準備をしなければならなかった。

この妥協的条例によって、大隈財政は太政官札・政府紙幣を回収し、一方で流通するに足る銀行紙幣発行、そして、一定の兌換率による信用創造を同時に行おうとしたのである。明治政府は先進諸国からの情報を収集し、日本なりの金融システムの構築に知恵を絞っていたことがよくわかる。

しかし、この条例によって健全なる金融機構がすぐに確立され、安定した貨幣流通がもたらされたわけではなかった。国立銀行条例によって設立された銀行は、三井・小野組による第一国立銀行、横浜の為替会社を再組織化した第二銀行、越後平野の地主を中心とした第四銀行、そして薩摩藩主であった島津家資本を中心に設立された第五銀行の四行にすぎず、政府の思惑どおりに大量の政府紙幣の回収および銀行券の発行が進んだわけではなかった。また、この四行もすぐに資金欠乏に苦しみ、一八七四年には、その多くが経営危機を迎えることとなったのである。

銀行業務がどのようなものかを日本国民が知らなかったこともあるが、国立銀行危機の最大の原因は、政府による継続的な政府紙幣の濫発にあった。維新以来の慢性的な財政窮乏のために、維新政府は政府紙幣を発行し続けることによって財政支出を補填してきた。さらに、開港以来の慢性的な輸入超過のために正貨流出が続き、正貨が急騰する事態が深刻化していた。

このため、新設国立銀行が兌換可能な銀行券を発行すると、市場ではすぐさま正貨への兌換を求められ、銀行の準備金はすぐに底を突いた。こうして、国立銀行による銀行券は発行不能となり、その運営は完全に行き詰まった。

一八七四年末の政府紙幣の発行残高は、九六五五万円にのぼり、兌換銀行券の一二〇倍に達していた。結局、国立銀行による通貨安定策は絵に描いた餅であった。その後、国立四銀行からの切迫した申し入れと、大量の正貨流出を目前にして、ついに新政府も国立銀行条例を改正し、銀行券の発行に関して正貨兌換に加えて、銀貨・政府紙幣への兌換を認めたのであった。

これは通貨の安定政策を放棄して、専ら通貨供給を安定させるという大転換であったが、この政策転換は単に国立銀行の救済を目的としたものではなく、当時最大の懸案となっていた士族の秩禄処分と連動したものであったことが重要である。極度の財政難に直面して、大隈財政は維新の原動力でもあった士族階級をいかに解体するかという「最大の難問」に手を付けざるをえなくなったのである。

社会経済的自立が真の独立

最大の難問である士族解体の大事業を概観する前に、本章のまとめを簡単に述べておこう。

開戦断行の尊皇攘夷として明治維新を遂行した志士たちも、政権樹立後は一国を代表する主体としての責任を自覚せざるをえなかった。そして、その自覚を最も強く促したのは、帝国主義的野心を持った列強と厳しく対峙する作業であった。なかでも、キリスト教問題と通貨問題がその最大のものであった。

名もない佐賀藩士であった大隈重信は、藩政改革の中で蘭学から英学の重要性を知り、その知識を買われて長崎臨時政府に徴用されることとなった。彼はそこでの活躍を認められ、当時最大の懸案であったキリスト教問題の全面折衝を担うことで中央政界に名乗りをあげたのである。さらに、その対外折衝の手腕を買われて、最大の交易地横浜でのハゲタカのような外国商人との折衝に抜擢され、攘夷を唱えていただけの「志士」から日本を代表する「外務官僚」へ変貌していくのである。

大隈は横浜での厳しい対外折衝を進めるうちに、欧米列強や利に敏い外国人貿易商と対峙するには、国内の財政基盤を確立することが急務と痛感した。信用ある貨幣制度を打ち立て、財政的に責任ある国家体制を確立しない限りは、外交や通商交渉の席に対等に着くことができなかったからである。大隈は外交という背景を背負って明治初期の財政を担うことになった。この事実は、大隈にとっても明治日本にとっても幸運であった。新政府の独立と万邦対峙は、財政基盤の確立を前提としない限り、達成されないと自覚されたからである。

現代においても、「財政問題は国内問題」として国内財政と外交問題を切り離して考える政治家・官僚が多い。特に、国内の財政状況を放置したままで国の信用を立てることなど、昔も今も不可能なのである。

財政健全化は基本的に国の対外的責任であり、そのことを国政の基本にしようと必死になったところに明治政府の強さがあった。その必死さがついに自らの出身母体である士族解体という痛みの伴う改革につながった。翻って、今の日本には自らの痛みを覚悟できる政治家や官僚はいるのだろうか。

第3章 明治政府の創造的対応
――身分を資本へ

明治維新は、封建体制の末端に所属した下級士族によって主導された点で、ブルジョワ革命とは異なる。封建体制を打倒したその主体が、打倒すべき封建制の一部だったからである。したがって、明治維新政権とは近代化が進むにつれて、いずれ自己否定をせざるをえないという自己矛盾をはらんだ体制であった。

大隈重信をはじめ幕末の志士たちは、外交を通じて独立国家の官僚となった。彼らはその外交を通じて貨幣制度の確立と安定的財政基盤の確保が国家の基本ということを理解した。自主的な貨幣とそれを支える財政基盤を確立しなければ、列強諸国と対峙しうる独立国家として振る舞うことができなかったからである。

幕末の志士たちは外務官僚となり、外務官僚から大蔵官僚へ変身するというきわめて創造的な対応を示した。日本国の独立を担う維新官僚としての自覚を持てば持つほど、彼らは財政基盤の脆弱性に気づき、さらなる困難な課題に直面した。それは、自らの出身母体である武士階級を解体せざるをえないという理論的帰結であった。

幕藩体制の打倒が封建体制の打倒である以上、それは徳川幕府の打倒であるだけでなく、その構成員である武士階級の打倒でなければならなかった。しかも、財政基盤が未確立のまま不換紙幣の増発を続けた新政権は、おびただしい正貨の流出に悩まされ、財政構造の抜本的改革に立ち向かわざるをえなかった。

そのときの最大の財政負担の削減対象は、封建制度の瓦解によって不労所得者となっていた旧士族たちであった。彼らは、緊迫する財政悪化の下では、もはや体制的に容認しえない存在となったのである。とはいえ、維新官僚の多くは諸藩の下級士族の出身であり、それぞれの出自を引きずっていた。士族の解体とは、武士としての誇りと、共に戦った同胞を否定するという難しい課題だったのである。

維新官僚たちは、この課題解決において、きわめて創造的対応を示した。旧武士階級という身分を金禄公債で買い入れ、さらにその公債を産業資本に転換するという壮大な構想を描いたのである。ただし、こうした構想も、産業の担い手となるさらなる創造的対応者すなわち企業家がいなければ実現はしなかった。

この過程は、まさに二重の創造的対応であった。明治政府は財政逼迫という外的要因に対して、士族解体政策である「秩禄処分」と彼らを産業資本家へ転化させる「士族授産政策」を通じて第一の創造的対応を行った。この政府の創造的対応を受けて、時代に鋭敏な一部の士族たちはさらなる創造性（第二の創造的対応）を示して日本近代化・日本資本主義の担い手までに自らを変身させていったのである。

本章では、この創造的で革新的な政府の対応のプロセスを詳細に見ていくこととしよう。

1　財政再建と秩禄処分

前述したように、明治維新は新興の市民ブルジョワ勢力が旧体制（アンシャンレジーム）を打破して打ち立てた市民革命でも、群雄割拠の諸侯を絶対的権力者である天皇が統一した絶対王制の確立でもなかった。むしろ、先進的な下級士族に主導されたブルジョワ革命と尊王攘夷を掲げた絶対主義革命の両者が同時並行した日本独自の革命形態であった。

推進者であった下級武士を含む武士階級は革命主体であると同時に、解体されるべき封建体制の構成員でもあった。かつての同胞であり戦友でもあった武士階級の解体は、新政府にとって決して易しい課題ではなかった。しかし、国民皆兵を基本とする富国強兵と四民平等をうたった明治政府にとって、武士階級との共存は、理論的にも現実的にも持続可能性のある前提条件ではなかった。

版籍奉還・家禄奉還・徴兵制度

藩政解体の第一歩は、一八六九(明治二)年に行われた版籍奉還であり、これを通じて各大名の領地と領民は天皇へ返還された。版籍奉還は実質的に何百年と続いた封建体制の終焉を意味し、武士階級にとっては鎌倉幕府以来続いた既得権の返納にほかならなかった。

しかしながら、明治政府によるその扱いや手続きは実に巧妙に行われ、初期封建体制解体のインパクトはうまく緩和された。版籍奉還の一方で、戊辰戦争における戦功を、倒幕に加わった旧藩主・武士階級に篤く配分したからである。

戦功報奨金は賞典禄と呼ばれ、その額二〇万三三七六両は国家財政の三割にも達した。賞典禄は旧藩主・家臣団に特に篤く与えられ、封建体制の打倒の報償でありながら旧体制を厚遇する方向で進められた。

まさに、こうした緩衝案がこの時点で実行されたということが、維新政府が中央集権的な体制を採るに至っていなかったことを物語っている(1)。しかし、この賞典禄自体が後年財政を圧迫することとなり、逆に士族層の解体を早める原因となるのである。

版籍奉還に次いで明治政府は「一門以下平士に至るまですべて士族と称すべきこと」と、各藩の藩士をすべて士族と改称した。ここで、初めて士族という社会階級が誕生し、明治日本には華族・士族・平民という三つの階級が出現した。

しかし、各藩には家老から下級徒士に至るまでさまざまな階層があるため、すべてを士族と称することには抵抗があり、各藩では上士、中士、下士、あるいは一等から九等などの等級を付けて士族の中にも階級を維持しようとした。

しかし、翌一八七〇年九月の藩制制定に従って、「士族卒のほか別に級あるべからざること」なる通達が出され、旧武士階級は士族と卒の二階級に改められた。卒族とは下級士族や足軽小者など准士族というべき階層である(2)。

士族・卒階級が鎌倉幕府以来の封建階級としての特権を失っていくのは、早くもその翌年からであった。まず、一八七一年一二月の布告において、士族が士族籍のまま農工商の職に就くことが解禁された。それまでは武士が農工商職に就く場合は、必ずその籍を放棄し、平民にならなければならず、それが解禁されたことには大きな意味があった。

すなわち、士族とは単なる名称であって「政を司る特権的階層」ではないという宣言にほかならなかったからである。

続いて一八七三年家禄奉還の布告がなされ、士族階級は封建制度の基盤である「家禄」を自主的に返還することが勧告された。政府は、建前上家禄の返還は属籍の返還ではないとしたが、士族籍と家禄の分離は武士階級の消滅の第一歩だったのである。ただし、明治政府が進めた士族特権の物理的剥奪よりは、精神的剥奪のほうが士族にとっては辛かったという。

精神的剥奪の中心にあったのは、幕藩体制を担ってきた武士を他の階級と全く同等と見なす、四民平等の宣告であった。一八七一(明治四)年、まず新政府は華士族平民相互の婚姻を認め、翌年には訴訟を扱う白州上での四民平等が明記された。(3)

階級間婚姻の自由や白州上での平等は、まさに維新の大義を示すものだが、士族にとっては存在理由の否定にほかならなかった。さらに同年、それまで士族が独占してきた官職にも四民平等が適応され、政治・行政職を独占してきた武士階級はその特権も失った。

なお、決定的であったのが徴兵制であった。「兵力としての武士」は、「いざ鎌倉」という言葉が端的に示すように、ひとたび戦時になったときに幕府に奉公をすることで、平時の俸禄を正当化する最大の特権であった。

明治政府は一八七三(明治六)年に徴兵令を布告し、国民皆兵を前提とした中央集権型軍隊編制を断行した。国民皆兵という概念は集権国家樹立には不可欠な考え方であったが、数百年間名字帯刀を許されてきた「兵士としての武士」にとっては、存在意義の決定的な否定であった。

封建制の支柱である「御恩と奉公」における軍事的「奉公」がなくなれば、御恩すなわち俸禄をもらう根拠も消失する。幕末の長州で高杉晋作によって編成された奇兵隊は、士族に限らず農民でさえ強力な軍隊を構成できる可能性を開いていた。

その意味で、高杉は単に雑草的な混成部隊を作っただけでなく、徴兵制に対する自信を新政府に植え付けていたのである。現に徴兵制を推進したのは、晋作の弟子の山県有朋であった。

財政悪化と士族解体

貨幣制度の確立に失敗した大隈財政にとって、士族階級の維持はますます大きな財政負担となった。一八六九（明治二）年の推計から見ると、明治政府の総収入は約一九八万石で、総支出は内外債の利子を含めて約三二四万石となり、一二六万石の赤字であった。[4]しかも、政府が直轄していたのは、全国三〇〇〇万石のうち七〇〇〜八〇〇万石足らずで、多くは旧藩主層の支配下にあった。

さらに、不平等条約のために一八七六（明治八）年に至っても、日本国の関税収入は全収入のわずか三・二％にしかすぎず、明治政府にとっては、まず国内徴税をその支配下に置くことが急務であった。税収確保は、近代国家樹立のためのインフラ整備、洋式軍隊の確立、輸入防遏（防止）のための殖産興業の振興など、近代化政策のための大前提であった。

その財政難の中で旧華士族に対する家禄・賞典禄・寺社禄支出は、政府支出のうち約三二％を占めるに至っていた。[5]士族階級は近代国家樹立の最大の阻害要因になっていたのである。

外交問題と財政問題に直面しながら「志士」から「維新官僚」に成長した新政権のリーダーたちにとって、士族解体に私情を挟む余裕はなかった。特に、新国立銀行制度に頓挫した大隈財政にとって、貨幣統一を果たし、正貨流出を止め、健全なる財政再建をめざすには、秩禄経費は早急に削減すべき対象だったのである。

しかし、秩禄処分の根本原因が財政問題だけだったといえば、それは明治維新の意味を過小評価することとなる。新政府にとって、士族階級の解体は財政負担軽減の前に、明治維新の大義だったのである。

すでに見たように、秩禄処分に至るまでに、明治政府は四民平等の観点から士族階級の特権を徐々に剥奪していった。長州藩にあって維新の精神的支柱の一人であった木戸孝允は、士族解体は新政権の唱える「四民平等」の理論的帰結として強く推進していた。

天皇の下で四民平等をうたい、全国民の貢租負担と徴兵制を標榜した新政権にとって、士族に既得権益を温存することは維新の大義にとって許されないことだったのである。

2 秩禄処分と士族授産

秩禄処分の展開

一八六九年、大久保利通や木戸孝允の主導で版籍奉還に伴って家禄奉還も実行に移され、家禄は藩主からではなく政府から支給される形となり、禄制は大蔵省が管轄することとなった。

翌年に皇族・公家に対する禄制改革が実施され、華族層を「天皇の藩屏（親兵隊）」として宮内省の統制下に置き、皇室から一五年間にわたり一万五〇〇〇円が下賜されるなど、篤い保護が進められた(6)。

公家の改革に比べて、士族の秩禄（報酬）処分は、問題の性質からいって時間がかかった。特に、打ち続いた旧士族の反乱や西郷隆盛の征韓論などで、財政が大きく逼迫した状況でも、秩禄処分は一八七六（明治九）年まで実施することができなかった。[7] 明治維新の原動力でありながら次々と剥奪されていく特権や処遇を前に、下級士族たちの不満は次第に膨れ上がり、膝元であった西南雄藩においては「士族の乱」という形で噴出した。

この現実の前では、家禄を一方的に廃止することはリスクが高すぎた。そこで考案されたのが「金禄公債証書」の発行であった。士族たちの俸禄に応じた利付き公債を一時発行し、基本的に年七分の利子収入を保証する形で彼らの身分を解体する、というきわめてイノベーティブな政策デザインであった。

同年八月に交布された「金禄公債証書発行条例」では、幕藩体制下で支給されていた俸禄（年俸）を一定の計算式で数年分に合算し、その総額を通常年七％の利付き公債として士族に支給することとされた。

発行対象は大名とその家臣団約一九万世帯であり、この発行と受領によって、旧士族に支給されてきた俸禄は完全に消滅した。歴史的に注目すべきことは、秩禄処分におけるこの公債発行が、封建体制における身分の「有償」撤廃であったことである。

これは政府財政を圧迫していた秩禄負担を軽減する一方で、旧士族層にはまとまった額の公債から生じる利子によって安心感を与える意図があった。この政策のイノベーティブなところは、旧士族層の特権と身分を一時金によって買い取ったことである。

前述してきたように、明治維新は二六〇年続いた徳川幕府を打倒し、天皇制という絶対王政復古という側面と、下級士族や開明的公家層によって遂行された四民平等観に基づく市民革命という側面を同時に持ち合わせた革命であった。

市民革命は封建制度に安住した特権階級の既得権益を破壊しなければ成立しない。そして多くの場合、多量の流血を招くのが常である。イギリスのクロムウェル政権による弾圧、フランスのジャコバン党による粛正など、血生臭い歴史が展開されている。一六八八年のイギリス「名誉革命」が無血革命の事例といわれるが、明治維新は最も血生臭くない革命であった。

もちろん、幕末の動乱や一年半に及んだ戊辰戦争などで多くの志士や幕軍・官軍に死者は出ているが、それは旧支配層の一掃という形のものではない。特に、革命成就後に起こりうる反革命を巧みに阻止し、きわめて少ない流血で初期の混乱を切り抜けた裏側には、封建支配層の身分を公債化するという優れた政策デザイン、すなわち明治政府の創造的対応が存在したのである。

しかも、この秩禄処分と同時に実施された国立銀行条例の改正と士族授産政策は、半ば意図的にそして半ば図らずも、この公債を明治初期における企業勃興の資本に転化することとなった。比較的多額の公債を受け取った藩主層・上級士族層は、公債を出資して国立銀行を設立し、産業分野における信用創造に寄与したからである。

また、次章で述べるように、一部の士族たちは公債を受け取っただけでなく、公債を資本にして、それまで培ってきた克己心と勤勉の精神を持って企業家あるいは経営者に生まれ変わっていった。

秩禄処分を、「現在の公務員をいったん全員解雇して退職金も国債での支給とし、そのうえで必要最小限の人員で公職を再編するというような措置」とたとえる解釈がある。(8) 実態は、それ以上のイノベーティブな政策デザインであった。なぜなら、国家公務員の退職金を新しい産業の資本金へと転化し、彼らのうちで企業家精神を持ったものを近代化を担う企業家にまで昇華させるものだったからである。

大久保利通と士族授産

明治新政権にとって、政治的関心の強い不平士族が反政府運動を主導して過激化することも、士族が窮乏し無気力化することも好ましくなかった。両方に対処しうる有効な策は、何らかの職業を彼らに与えることだったが、公職ポストには財政的にも物理的にも限界があった。

そうした中で、政府が最も有効な対策としたのが「士族授産」である。士族に自らを助ける生産手段を授けることは、彼らを「座食」状態から救出することを意味した。内務卿の大久保利通は、不平を持った士族の反乱に対しては過酷ともいえるほどの徹底的取締りを加え、国内治安の安定を第一にした。しかし、その一方で彼は士族をなんとか産業振興の担い手にしようとした。[9] 同郷同僚で人情派の西郷隆盛に比べると冷徹に見られている大久保だが、明治維新を完遂し、士族に違った活躍の場を与えようとした点で、真の士族派だったのは大久保かもしれない。

大久保は、「国家安寧、人民保護」を内務省の中心課題として、地方官の監督や警察機構の拡充と同時に、諸国の勧業政策・各種事業の振興を図った。しかし、西郷による征韓論や西南の役、大隈初期財政の失敗によって、秩禄処分も産業振興も遅々として進まなかった。

大久保は秩禄処分が決定的となった段階で、「国家安寧」の観点から本格的な士族授産の計画立案に着手する。一八七六(明治九)年、大久保は大蔵卿の大隈と連名で「貸付局設立並びに資本手形発行の儀」を建議した。これは、禄制廃止による余剰金を資金に資本貸付機関を設け、民間産業への融資と士族授産事業への資金貸与を行うものであった。

士族に対する資本貸与は、一八七七年から本格化した士族授産事業の中核となる。大久保が推進した士族授産事業の代表例には、政府直営による東北地方の開墾、福島における二本松製糸工場支援、郡山では安積原野の開発などがある。

大久保は、士族に産業を授けるという視点から、国事に参加したいという意思を持ちながらくすぶっている士族に、未開の原野を肥沃な農地に作り替えるという使命を与え、その意思を満足させようという壮大な計画に取り掛かっていた。しかし、東北地方で構想された士族開墾事業は、入植者の旅費や管理費などに膨大な経費がかかり、順調な進捗とはならなかった。

一方、新たな事業を起こすための貸付け事業はきわめて順調で、貸与を受けた士族授産結社は、輸出増大の主軸であった製糸業や製茶業などで、地方各地で先駆的役割を果たした。また、漆器や陶芸、織物など地域における特産製造の拡大に成功した例も稀でない。しかし、牧羊業などのように、輸入削減の立場から欧米の技術を輸入しようと試みたものの、国内条件とうまく適合せず、失敗した事業も多かった。

全体的に見て、士族授産における資金貸付けは順調に進み、先駆的な取組みも多かったが、事業結果は不成功に終わったものが大半であった。多くの貸付金は帝国議会開設の直前に減免され、ほとんどが回収されなかった。不成功の原因は、士族が事業に不慣れで収支の見通しが甘く、原材料や販売先の確保に失敗するケースが多かったことが挙げられている。しかし、授産の時期が松方デフレによる景気冷え込みと重なったため、この時期は士族に限らず多くの新規事業が破綻していたのも事実だった。

士族授産事業は直接的には士族に利益をもたらしたわけではなかったが、急激な社会変動の中で方向を見失っていた士族たちに、一時的でも活路と希望を与えたことは事実である。不平分子を民権運動から遠ざけるという政治的効果は別にしても、士族授産政策は滑り出した明治国家の安定にかなり寄与した。

また、士族たちは「最初の失敗」というパイオニア的な役割を果たし、今日風にいえば、ベンチャービジネスの促進に貢献した。その意味では、成功例が比較的少なくとも、あるいは経営主体が途中から平民に代わったとしても、次章で見るように、その意義とインパクトは多大なものだった。

第4章

士族たちの創造的対応

――ザ・サムライカンパニーの登場

不換紙幣の兌換問題と正貨流出に端を発した外交問題が、幕末の志士たちを維新官僚に転身させたこと、さらに維新官僚として対外折衝を進めるうちに、国内財政基盤を確立しない限り、一貫した外交姿勢も保てないと彼らが認識したことを概観してきた。その帰結が、不換紙幣回収を目的とした「国立銀行条例」の発令であり、財政負担軽減のための「秩禄処分」、そして、失業する士族に対する「士族授産政策」であった。

この三つの政策は、半ば意図的に、半ば偶然に相互補完し合う優れた政策デザインとなった。植民地化の危機と国内体制の変換という困難な歴史過程にあって、明治維新では革命主体者がその存立基盤を自己否定するという秩禄処分が断行された。しかも、身分を公債で買い取るというきわめて画期的な施策が実行された。これは疑いなく、明治政府・維新官僚たちの創造的対応であった。

しかし、政府がどのように優れた創造的対応をしたとしても、その政策に対してより創造的な反応を示す階層が存在しなければ、経済発展などありえない[1]。その意味で、後発国の経済発展には政府や官僚たちによる政策的・制度的な「第一の創造的対応」と、民間企業家による事業創出という「第二の創造的対応」、すなわち「二重の創造的対応」が必要なのである。

ここでは、政府の秩禄処分と授産政策に企業家的明敏性をもって反応した士族授産企業のケースを見ながら、二重の創造的対応の真実に迫ってみることとしよう。

1 笠井順八とセメント事業

ここで取り上げるのは、笠井順八と小野田セメント製造株式会社である。小野田セメントは、一八八一(明治一四)年、現在の山口県小野田市に設立された、わが国最初の民間セメント企業である。同社は深川官営工場を払い受けた浅野セメントとともに、戦前戦後を通じて日本のセメント業界を二分した巨大セメント製造企業であった[2]。

現代ではセメント製造業は、さほど付加価値の高くない産業に分類されるが、当時はあらゆる建造物やインフラ整備にとって重要な基礎産業であり、急増した貿易赤字解消にとっても国産化が急がれた産業であった。小野田セメントは、政府の士族授産金の貸付けを受けて設立された数少ない近代企業であった。

士族授産企業の中で、設立当初から近代的工場制度を採用した企業としては、小野田セメントを含めて、広島紡績会社（一八八一年設立）、岡山紡績会社（一八八三年設立）、名古屋電燈会社（一八八九年設立）の四社が挙げられる。

しかし、広島紡績会社の第一工場は政府官営工場が払い下げられたものであり、岡山紡績会社は既存の紡績会社に士族授産金の貸付けを受けた士族団体が資本参加したものであった。また、名古屋電燈会社は、営業開始以前に政府士族授産金の償還が決定されており、純粋な士族授産企業としての活動とは認めがたい(3)。

士族授産企業の気概、資金調達、技術移転、そして困難を極めた創業期の営業活動などについて、長期的に考察しうるのは小野田セメントのみであり、その意味において同社は代表的な士族授産企業なのである(4)。

士族授産や士族の日本近代化に果たした役割については、対立した見解がある(5)。「士族の商法」と嘲笑されたように、士族授産の多くが失敗に終わったとする否定説と、明治期近代化の礎になったとする肯定説である(6)。

プライドの高い士族たちが商人に徹することができずに多くの場合、経営破綻に陥ったという認識は、一般には広く普及した説である。一方の、明治初期の近代産業の移入や確立にとって金禄公債や士族授産が大きな役割を果たしたという説は、産業史研究から支持されてきたものである。

しかし、いずれの説もその実態に迫った研究は少なく、実証研究が蓄積されなければならない分野であった。本章は、そのささやかな試みでもある。結論から先に言えば、秩禄処分というイノベーティブな政策に対して、さらなる創造性をもって対応した士族授産企業は、大きな成功と社会経済的意味を収めたといえるだろう。

萩藩下級士族・笠井順八

小野田セメントを設立したのは旧萩藩士・笠井順八《じゅんぱち》（一八三五～一九一九）であった。笠井は一八三五（天保六）年に下級士族・有田甚平の三男として生まれ、七歳のときに独身で身寄りのなかった同藩士・笠井英之進の養子となった。この養子縁組は笠井家名存続のためだけのものであり、養育を受けたのは有田家であった(7)。

一八四八（嘉永元）年、長州藩に全藩士子弟に開かれた藩校明倫館が再建・開講されると、若き日の笠井も希望をもって入学し、藩校席次第二位の好成績を修めるに至った。しかし、成績上位三名による藩主へのご進講に、「身分が低い」との理由で外されてしまったのである。笠井は、「礼学の修行にまで門地を以てするとは不合理である」と怒りの自主退学をし、その後は独学で学問を続けた。笠井の出自と性格を余すところなく伝えるエピソードである。

ペリー来航後、沿岸線警備が強化されると、長州藩は相模湾三浦岬の警衛にあたることになり、下級士族の笠井も、その警備に徴用されて江戸にのぼることとなった。笠井は江戸藩邸に二年ほど勤め、財務経理官としての手腕を見せていく。帰藩後は、呉服方御用紙方、山代裁判所検視役戸籍方兼帯、御《お》直《じき》目付手子、御蔵元役所筆記役、御撫《ぶ》育《いく》方本締役、郡奉行本締役撫育方産物兼帯などを歴任、一八六八（明治元）年には弱冠三四歳にして御蔵元役所本締役に就いている[8]。

御蔵元とは藩の財政を掌る役所であり、撫育方とは藩の商工振興と新田開発など土木事業を統括する役所である。幕末長州藩にあって、笠井は藩経営の裏方として能力を振るっていたのである。特に、それまでは年配の重鎮たちが就任する慣習となっていた御蔵元元締役に三四歳にして登用された事実は、笠井の事務能力の高さを象徴するものであった。

また、笠井の実力に加えて、笠井の昇進には年少の頃から友人であった前原一誠の強い推薦があったという[9]。前原は長州藩において高杉晋作とともに倒幕の立役者になった人物である。

会社設立当時の笠井順八
（『小野田セメント株式會社創業五十年史』より）

維新後の藩政改革によって笠井は会計局庶務方助役となり、旧藩財政の残務整理と藩札整理にあたり、一八七一（明治四）年には新たに発足する山口県官吏に転じて新県政発足の準備に追われた。

特に、笠井が旧藩財政整理を通じて中央政府に剰余金一〇〇万円余りを計上したことは、彼の事務能力の高さを示すだけでなく、その正直な性格を示すエピソードとして語り継がれている。多くの藩は、たとえ余剰金があっても過少申告をして、隠し金を積み上げようとする傾向にあったからである。

官吏としての限界と萩の乱

一八七三(明治六)年、新政権の安定化に向けて維新政府は、各府県における殖産興業を推進する勧業局を設置した。山口県大属になっていた笠井は、それまでの行政手腕を買われ、山口県勧業局の局長に抜擢された。

山口県には旧藩時代から藩士たちが積み立てた「非常用積立金」と一般庶民が飢饉など、万一に備えて貯えてきた「各郡備荒積立米金」、合わせて約五十数万円の現金と米五〇〇〇石が存在していた。新設された勧業局は、この備蓄米金を元手に県内の殖産興業を進めることとなっていた。

笠井は、県内に士族と庶民の共同事業を創出し、士族授産と殖産興業を統合して進めることを思い立ち、藩士代表八名、各郡農工商業者代表一三名の計二一名を選出した。藩政時代の身分差を超えて民主的な合議によって事業運営を行おうとしたのである。そこには、維新という新たな時代の息吹を体現しようとした彼なりの想いがあった。

しかし、維新遂行の主体となりながらも、新政府から大きく報われることのなかった長州下級士族には不平が溜まり、また、地租改正による税負担の増加やインフレ圧力にさらされた農民にも、新政府に対する不信感が強まっていった。

中央政府にあってそんな対立を誰よりも強く感じていた木戸孝允は、一八七四年に山口に帰郷すると笠井の共同事業に反対した。「これから世の中は士族庶民との階級争いが起こるので、（中略）この積立金穀はこの際士族庶民とそれぞれに分配してしまったほうがよい」というのが理由であった。

笠井はこの決定に色をなしたが、維新の元勲となっていた木戸に反対するものは他になく、結局、勧業局は士族のための士族授産局（後に士族就産所と改称）と農商のための協同会社に分裂させられ、同局は廃止された。

この分裂に強く反対してきた笠井は、山口県吏としての仕事に限界を感じ、「民間にて何か事業を発起せんと堅く決心」して県吏を辞職した。(10) 笠井の反骨である。

木戸の「士族対庶民との階級争い」という心配は、士農対立というよりは、むしろ不平士族の反乱という形で現実のものとなった。一八七六（明治九）年、笠井の親友であった前原一誠による「萩の乱」の勃発である。前原は新政府において兵部大輔・参議となりながらも、士族の存立基盤を崩壊させる国民皆兵や秩禄処分を強く批判していた。特に、国民皆兵をめぐっては木戸孝允と鋭く対立した。

熊本において太田黒伴雄に率いられた不平士族の反乱「神風連の乱」が起こると、前原はそれに呼応する形で不平士族約二〇〇人を率いて萩の乱を起こした。不平士族の反乱に神経を尖らせていた明治政府の反応は素早く、広島鎮台府からの派兵・急襲をもってすぐに鎮圧し、前原ら首謀者を即刻断首の刑に処した。蜂起にあたって前原は、笠井を乱には誘わなかった。『笠井順八翁伝』では、その頃に笠井が詠んだ一句、

風ふけば岸にかたよるうき草の、世に逆らわぬ身こそやすけれ

を取り上げて、前原は笠井の体制に逆らわない生き方をよく知っていたために、萩の乱に勧誘しなかったと推測している(11)。しかし後に見るように、笠井の小野田セメント創業にかける熱情を知るにつれ、この句は彼の体制順応性を表したものではなく、むしろその裏にある熱い想いを逆説的に表現したものと考えられるのである。笠井の心中には、「世に逆らわぬ」のは世を忍ぶ仮の姿だという想いが滾《たぎ》っていたとしか思えない。

萩の乱の終結後、山口県は皮肉にも浪人となっていた笠井を、乱によって生じた臨時出費の精算係に呼び戻した。笠井は要請に従って同年一一月に再登庁して淡々と事務処理を進め、翌年五月業務終了後にすぐさま免官を願い出ている。

前原と仲が良かった笠井は、萩の乱の清算処理を進めながらも、前原の無念を武力ではなく殖産興業による士族救済という形で晴らすことを固く誓っていたのであろう。この潔い退職は、

セメント製造会社創設の資金調達にあたって提出された笠井の「士族就産金拝借願」前文と照らし合わせれば、彼の抑えられた並々ならぬ決意とうかがい知ることができるのである。

さて、木戸の決定によって山口県の備蓄金米は、士族のための「士族授産局」と農工商業者のための「防長協同会社」に分けられ、それぞれの事業として発足した。

しかし、そのいずれも事業展開がうまくいかずに、やはり笠井の主張どおり、大規模な共同事業のほうが良かったのではないかという声が大きくなっていった。なかでも、当初は木戸に賛成した井上馨は笠井に同情し、新規事業構想をさまざまな形で支援していくこととなる。その一つが、一八七三（明治六）年に火災に遭った皇居の造営に備えた大理石の採掘加工事業の勧めであった。

皇居の新造営にあたって、井上は洋風の大理石需要が起こることを察知し、笠井に山口県における大理石採掘事業の可能性を示唆した。笠井は鍾乳洞で有名な秋吉村を中心に探索した結果、美弥郡に有望な大理石を発見した。この大理石の品質は、後にアメリカ・セントルイスの世界博覧会で入賞するほど高いものであったが、当時はこの近辺に交通手段が存在せず、搬出運搬に莫大なコストがかかることが判明していた。

セメント事業との出合い

コスト高の問題に加え、笠井が大理石事業に強くのめり込めなかったのは、彼には他に気になる事業があったからである。それは笠井が偶然目にしたセメント製造業であった。

歴史とは皮肉である。笠井が猛反対した事業分割の結果として創設された防長協同会社こそが、彼の新事業着想の種になったからである。一八七五(明治八)年、浪人中の笠井はこの協同会社が新設した石造りの倉庫見学に誘われる。そこで目にしたのは、大きな「石と石を継ぐ粉」すなわちセメントという便利な製品であった。笠井は、セメントが実は海外からの高額輸入品であることを知って、その国産化に強い関心を抱いたのであった。

大理石の発掘調査をしていた一八七九年、折しも同じく長州藩出身の工部省製作頭・平岡道義が帰郷し、セメントの必要性を各地で説いてまわっていた。維新後、平岡は新政府の造船頭として幕府の横須賀造船所建設を引き継ぎ、船舶修繕ドックの増改築を進めていた。そのときにドック建設の必需品である輸入セメントがあまりに高額なのに驚き、造船業だけでなく日本近代化全般にとってその国産化の必要性をいち早く認識した人物であった。

彼は工部省製作頭に転じた後、同じくセメント国産化の重要性を認識していた内務省土木寮大技長・宇都宮三郎とともにセメント製造の研究を進め、ついに工部省深川工作局にセメント製造所を開設した。その意味で、平岡は日本セメント産業の父なる人物だったのである。笠井は平岡の話を伝え聞き、長い間気になっていたセメント製造にますますひかれるようになった。

笠井が井上に大理石事業よりもセメント製造の希望を伝えると、井上は大いに賛成しただけでなく、笠井の同志である荒川佐兵衛を深川セメント工場における実習生として斡旋し、その製造法を学ぶことを許したのであった(12)。

この研修の中で、笠井は山口の小野田のほうが深川工場よりも地理的に高い競争優位性を持っていることを確信した。深川セメント工場が原料である石灰や石炭を四国や九州からの長距離調達しているのに対して、小野田は石炭産出地であり、石灰は対岸の四国から容易に入手できたからである。

2　小野田セメントの創業と公債出資

山口県におけるセメント製造の可能性に自信を深めた笠井は、一八八〇（明治一三）年に士族三七名の同志を募り、セメント製造会社の設立を断行する。その資金調達にあたって、笠井は「士族就産金拝借願」を山口県に提出し、士族授産金（士族から見ると、就産金）を願うと同時に、その担保として士族たちに発行された七分利付金禄公債を抵当に差し出すこととした。

まさに、明治政府が買い取った士族身分の代金を、自らの手で殖産興業資金に転換するという革新的な意図を継承したのである。

「士族就産金拝借願」に見る士族の想い

親友の前原一誠を萩の乱で失い、その後始末までさせられた笠井には、維新の立役者であった士族に対する維新政府のやり方に対する深い失望があった。

笠井たちの素晴らしさは、その失望を怒りではなく、新産業を起こすことで希望に変えようとしたことにある。彼らがいかなる想いを抱いて事業創造し、国家建設のためにどのような情熱を持っていたのか、その気概を読み取ることができるので、笠井が提出した「士族就産金拝借願」の前文をここに引用しておきたい(13)。

私共、籍を士族に辱《はずか》しめ、素餐《そさん》の誹《そしり》を免れ、自営力食の道に就かんと欲し、数年来精思熟慮し近年一時の目的を達すべき者を得、よって有志者と相謀り一社を結合し、協心戮《せん》力《りょく》、下は各自の独立を得、上は輸出入の差において国のため万一を補わんとす。しかれども元来無資力の私ども、相結合すといえども、起業に対しては多分の資本金を要するをもって、特に政府の慈恵を仰ぎ、発起の目的を達せんとす。幸いにご採用くだされたく、ひとえに懇願奉り候。

この拝借願からは、徳川幕藩体制下で支配階級として生きてきた武士たちが、維新期になって一転「私ども士族に籍を辱め」と言わざるをえなかった精神的苦痛が痛いほどわかる。「素餐」とは功績も才能もないのに高い地位に着き、高い報酬を受けることである。「素餐の誇り」という言葉からは、不労のまま国家財政を浪費する士族の肩身の狭さが読み取れる。

しかし、彼らはその屈辱をバネに新たな産業資本の担い手となり、「下は自分たちの独立のため」に、「上は国のため」に国産品製造によって輸入を防遏しようと誓ったのであった。

革新的な株式会社形態

笠井たちが申請した士族授産金とは、大久保利通が推進した秩禄処分によって困窮化した士族が農工商各種の事業を発起するにあたって貸し付けられた資金である。貸付け条件はきわめて寛大で、政府士族授産政策においては最も広範に実施された施策であった(14)。

笠井の創造的対応はここから始まった。彼はこの資金を借りるために、士族による資本金八万八〇〇〇円の株式会社を発足させた。士族に発行された七分利付金禄公債額面五〇円に対して一株を発行して、セメント製造会社を株式会社として発足させたのである。七分利付公債は、秩禄処分において中下級士族に交付された公債であり、笠井は自分と同じ中下級士族たちの「士族の士族による士族のため」の創業を実行したのだった。

株式会社制度は明治になって法制化され、創業期は「出資に応じた有限責任」という概念が徐々に浸透した頃である。坂本龍馬がオランダ語を満足に理解しないまま株式会社制度の話を聞き、そのリスク分散という制度設計に強く感心した話は有名だが、イギリスやオランダで一八世紀から発達してきた株式会社は、日本ではまだきわめて新しい概念であった。(15)「セメント製造」というこれまで存在しなかった未知なるベンチャーに同胞を誘うにあたって、笠井は出資に応じたリスク分散を原則とする株式会社形態を採用した。この新しい組織形態の採用が、笠井たちの第一のイノベーションであった。

さらに、そこではもう一つの工夫があった。笠井は、この株式会社を現金出資ではなく、公債出資という変則形態にして発足したことである。笠井は、同胞各自が所有する公債を出資させて株式会社を創業したが、実際には公債所有権は出資士族に残したまま、それを担保に借入金をして資本金調達をする形をとったのである。その結果、公債から生じる年七％の利子は各株主に配当され、事業が継続している限りは身分と交換した公債からの収入が保証されるように計画された。

国立銀行制度が改正され、士族金禄公債の最も一般的な投資先は、各地に作られた国立銀行であった。国立銀行には旧藩主層であった華族たちも多く出資し、その投資には安定感があった。国立銀行に比較して、セメント製造事業は未知の事業であった。

笠井は、この事業に巻き込んだ同志たちの公債所有権は彼らに残したままにして、公債から生じる年七分の利子収入だけは彼らに保証することによって、少しでも不安感を払拭しようとしたのであった。下級士族に支給された金禄公債はせいぜい年収の二倍程度であったため、年七分の利子だけで生活できるような額ではなかった。多くの士族はそれを換金して不慣れな商売に手を出したり、不確実な投資話に投資して元手を失うケースが多々あった。

そうした事例を知るにつけ、笠井は元本の保全に十分な気を配ったのである。第二のイノベーションは、徹底したリスク削減による投資家保護というこの制度設計であった。

なお、笠井たちが政府に申請した士族借入金は六万一六〇〇円であったのに対して、抵当額が七分利付金禄公債八万八〇〇〇円であった理由は、進行するインフレーションのために公債市価が値下がりして額面の七割程度になっていたためである（八万八〇〇〇×〇・七＝六万一六〇〇）。

インフレ率を正確に割り引いて申請するところに、笠井の律儀な性格が表れている。公債を抵当とした士族授産金の借入れ条件として、最初の五年間を元金無利据置、六年目より年利四％の一五年賦による償還を申請した。したがって、最初の五年間は士族たちは年七分の利子収入を確保できる計算だったのである。

一八八〇（明治一三）年八月、政府はこの申請に対して借入れ条件は申請どおりとしたものの、申請額を二万五〇〇〇円に減額して貸付けを許可した。[16]このため、笠井たちは工場建設を二期に分け、とりあえず第一期工事から事業をスタートした。

この創業の経緯から理解されることは、政府の秩禄処分によって封建体制下の「身分」が自動的に産業資本に転化したわけではないことである。笠井のような企業家たちがさまざまな創意工夫を凝らして、初めて「身分」は資本に転化したのである。

技術移転と官営工場

資金調達のめどがつくと、次なる課題は製造技術の移転であった。前述したように、笠井らは井上馨の紹介で官営深川セメント工場に入り込む一方で、官営工場の建設費用をまとめた「興業費概算表」を手に入れ、それとの比較のうえで新設工場の建設費を算出した。

会社設立が決まるとともに、荒川佐兵衛の引率による五名の技術伝習生が官営工場に約一〇カ月の技術研修に入るとともに、同社から派遣された大工たちが官営工場の図面取りを開始した。

新工場は一八八三(明治一六)年春にほぼ完成した。この頃、笠井は井上の後を継いだ工部卿・佐々木高行による工場視察を受けた。工部卿は視察後、これほど大掛かりな工場運営が技師も置かずに行われていることに驚き、宮営工場の宇都宮三郎大技長を官費によって派遣することを約束した。宇都宮は同社工場に一週間滞在し、昼夜を問わない懇切な技術指導を行った。(17)

官営工場の役割については、政商に対する安価な払下げ、すなわち財閥形成の基礎と見る見解があった。しかし、そうした単純な図式はすでに否定され、官営工場が果たした先端技術の導入、人材育成、さらには工業化初期における失敗の代行など、さまざまな役割が指摘されている。(18)

確かに、深川官営工場は一八八四年に浅野総一郎に払い下げられ、浅野財閥形成の契機とはなったが、後に日本のセメント市場を浅野と二分することとなる小野田セメントに対して果たした役割も大きい。

官営工場は、小野田からの技術伝習生を受け入れ、最高技術者を官費派遣し、設備機械・工場建物の模倣を許可するなど、絶大なる協力を惜しまなかった。特に、セメント業のような欧米から移植された産業部門において、本来民間事業創始者が負うべき試行錯誤を政府官営工場が肩代わりしていた事実は重要である。

官営工場はそれ自体が近代化を担っただけではなく、試行錯誤を通じて近代工場経営の実践を積み、その体験を模範工場として民間移転した。この官営工場の実態は、後発的資本主義国家における近代産業の育成という点から高く評価されなければならない[19]。

同社の工場建設においてもう一つ注目すべきことは、主要機器が陸軍大阪砲兵工廠に発注されていたことである。笠井たちは機械類の発注にあたり、工部省赤羽工作分局、海軍築地兵器製造所、工部省兵庫造船局、陸軍大阪砲兵工廠などで見積もりを行い、最も安価であった大阪砲兵工廠に主要機器を発注した[20]。

大阪砲兵工廠は当時、多数の民間用蒸気機械や旋盤などを製造しており、いまだ発展していなかった民間の機械生産を代替し、日本の工業化を切り拓く先達となったと指摘されている[21]。まさに、小野田セメントの発足においても、官営兵器工場が民間に生産手段を提供していた。

大阪砲兵工廠をはじめとする日本の兵器工廠にあって、輸入防遏という使命感に燃えた技術者たちが、それまで存在すらしなかった生産手段生産、すなわち機械を造る機械の国産化、あるいは民間が必要とする蒸気機関や諸機械生産のために知力を結集していた事実を過小評価してはならない(22)。

3　苦難の創業期――デフレ、第二工場建設、三井物産

小野田セメントの創業は、まさに木戸孝允、大久保利通、井上馨、大隈重信ら維新官僚たちが苦慮してきた「平和裏に士族を解体し、財政再建を図るとともに、新たな産業基盤を形成する」という複雑な政策意図を体現したものであった。

現在から見れば、セメント製造などはきわめて単純な産業に思えるが、何の知識や経験もなかった士族たちにとって、それは決して易しい作業ではなかった。特に小野田の場合、その創業の時期もタイミングの良いものではなかった。

明治一四年の政変で大蔵卿を追われた大隈に代わって登場した松方正義は、危機的状況に達していたインフレーションを撃退するために、きわめて厳しいデフレ政策を断行した。政府の公共事業支出は大幅に削減され、明治最大の不況が日本を覆ったのである。

政府需要を見込んで設立された小野田セメントは、需要減退の中で営業を開始せざるをえなかった。当然のことながら、厳しい景気後退によって士族授産企業を含む多くの新興企業が淘

汰されていった。その意味でも、「士族の商法の多くが失敗した」などと結論づけるのは短絡的である。士族企業が開業した時期が松方デフレと同期したという側面も見落とせないからである。

小野田セメント内部にも悲観主義が漂い、出資者ばかりか社内からも「解散論」が噴出した。しかし、笠井らは県内の小規模需要に応えながら、この不況を生き延びたのである。

松方デフレの終焉と需要拡大

厳しい創業期を生き延びた小野田セメントにとって、一八八六(明治一九)年は大きな転換点であった。紙幣整理と銀本位兌換制の確立を急務とした松方デフレ政策が終わり、それまで抑えられていた政府建築物の建造や軍事施設の拡充が開始され、国内景気の回復が図られたからである。

この景気回復は、民間鉄道会社・紡績会社設立による第一次企業勃興ブームにつながり、セメント需要の拡大をもたらした。小野田セメントにとって、この機会を逃すことは許されなかった。特に、国会議事堂を中心とした諸官庁の建設、軍部が反対していた東海道線の建設計画の再開、呉・佐世保における海軍鎮守府の建設計画を耳にすると、笠井は早速東京に上京して積極的な需要開拓を開始したのであった[23]。

政府部内では、国会開設に向けて国会議事堂および諸官庁の建設が具体的日程にのぼっており、一八八六年二月に内閣直属の東京臨時建築局が設置されていた。幸運なことに、同局の総裁は井上馨が外務大臣と兼任することとなった。[24]

笠井は、まず建築局需要獲得の活動を開始した。また、東京と京都を結ぶ幹線鉄道が、東海道では艦砲射撃にさらされるという軍部からの反対で中山道経由となっていたのが、鉄道官僚の巻き返しによって再び東海道に変更されたことも、大きなセメント需要を予想させた。[25]さらに、横須賀に続く呉・佐世保海軍鎮守府建設も、巨大な需要をもたらすものであった。

松方財政はデフレ政策の一方で、一八八二年の朝鮮事件（壬午事変）を契機に軍備拡張を推進した政策でもあった。[26]軍拡財政に伴う軍事施設拡充は、多量のセメント需要を形成する。東京臨時建築局需要に加えて鉄道・軍事の大需要を獲得することは、解散論も出ていた同社にとって、まさに「愁眉を開く」絶好の機会だったのである。[27]

需要と生産の間に存在するギャップを巧みにキャッチし、その間を埋める企業家的明敏性こそ企業家活動の最も重要な視点といわれるが、笠井もこの大きなトレンドと需給ギャップを見逃さなかった。[28]

ドイツ人技師、新工場建設、販路開拓

デフレ終焉と景気回復を眼前にして、小野田セメントが輸入セメントや深川セメント工場に対抗するには、二つの克服しなければならない重要課題があった。一つは品質と生産能力の向

上であり、もう一つは販路開拓であった。特に深川工場は、デフレ政策の一環として浅野総一郎に払い下げられて民間企業となっていたため、競争上同社の品質と生産能力にどう追いつくかが最大の課題であった(29)。

笠井はこの上京において、東京臨時建築局専属のドイツ人技師と会談する機会を持った。この会談で、ドイツ人技師は小野田セメントに専門技師がいないことを知り、建築局の需要を獲得したければ専門の技師を雇用することを勧告した(30)。

笠井は建築局の大規模需要獲得に万全の体制を期すため、専門技師をドイツから雇い入れると同時に、ドイツ式製法を取り入れた第二工場を建設して品質と生産能力の向上を図ることを決意した。

この決断にとって、同社が長州藩の企業であり、井上馨と懇意であったことが重要な意味を持った。第二工場建設のためにドイツから招聘された技師の雇入れは外務大臣・井上馨の名の下で契約され、その後同社に貸し下げられるという破格の厚遇を受けたからである(31)。

また、第二工場の資金調達においても、井上の存在は大きかった。井上が総裁を兼任していた山口県士族就産所から建設資金が貸し付けられたからである。前述したように、士族就産所は木戸孝允の主導の下、笠井の反対を押して創設された団体であったが、笠井の予想どおり大きな成果をあげていなかった。井上は当初は木戸の提案に賛同したが、常々「笠井には悪いことをした」と思っており、笠井らの奮闘努力を意気に感じて就産所から七万五〇〇〇円を貸し付けたのである。
資本金五万一五〇〇円を大幅に上回るこの貸付けは、需要開拓に苦しむ同社にとって大きな力となった。セメントという新製品の販路拡張の困難に加えて、松方デフレに直面したため、小野田は一八八六（明治一九）年六月末までに約一万二〇〇〇円の累積損を出す状態に陥っていた。[32]
いくらセメント需要の急増を眼前にしても、同社は容易に資金調達を行えるような状態にはなかった。井上の配慮は、同社の「死の谷」越えにとって大きな意味を持った。
さて、品質向上に加えた第二の課題である、販売力向上にとっても、井上の果たした役割は大きかった。山口県・小野田に本拠を置く田舎企業にとって、東京の大需要、東海道本線をはじめとする鉄道需要、呉・佐世保の海軍鎮守府などの軍需、こうした広範なセメント需要に迅速に対処することはきわめて困難な課題であった。
そこで、笠井は当時三井とも深いつながりを持っていた井上馨に仲介を頼み、臨時建築局への製品納入は三井物産本社経由で扱われるよう取り決めたのである。この間の経緯を同社の『創業五十年史』は以下のように述べている。[33]
東京方面は明治一九年六月、三井物産に委託販売を嘱したのが取引のそもそも始めであって、二〇年末、東京建築局への納入は三井物産を経由したのであった。（中略）互いに歩み寄った結果、区域並びに数量を限定して一手販売を委託することとなり、内地は尾三地方から北越を縦断した以東各地、海外は支那全土とし一カ月一千樽と定め、契約期間を三カ年とすることとした。（中略）これによって東日本および海外における販売機関は確立され、残るはただ生産増加の問題のみであった。

一八七三（明治六）年に政府を下野した井上と益田孝によって創業された先収会社が、一八七六年、井上の政界復帰のために閉鎖となるところを、三井家の大番頭・三野村利左衛門に引き取られて三井物産となったことは次章で詳述するが、同社は一八八〇年代半ばにはすでに日本国内はもとより海外輸出入を手がける総合商社としての基礎を築き始めていた。(34) 小野田はその販売力を手に入れたのである。

松方デフレ政策の終焉後の大需要を見込んだ第二工場の建設、ドイツ人技師の雇入れ、そして三井物産を仲介とした各方面への販売攻勢は、外務大臣兼東京臨時建築局総裁兼士族就産所総裁であった井上馨の斡旋を中心に一挙に展開していった。工場建設は、早くも一八七六年一〇月の株主総会で正式に決議され、翌年から着工されることとなった。

従来の反財閥・反政商史観が強かった日本経済史では、こうした笠井や小野田セメントの企業活動を長州閥の企業活動、あるいは政商経営と解釈するかもしれない。しかし、明治初期の近代化における創造的対応と企業家活動の視点から見れば、小野田セメントの一連の経営行動はまさに創意工夫の塊であり、企業家的活動そのものであった。同志から少額公債を集めて創業した笠井順八にとって、厳しい創業期を乗り越え、新たな需要を獲得するために、ありとあらゆる手段をとり、あらゆる縁故を頼るのは当然の経営行為である。

まさに、この果敢な創造的反応があったからこそ、小野田セメントは官営深川工場の払下げを受けた浅野セメントと対抗しながら、日本市場を二分する近代企業へと成長できたのである。しかし、その後の道程も簡単なものではなかった。創業ベンチャーに次から次へと新たな問題が発生するのは、いつの時代も変わらない。

4　最新鋭設備の苦悩と人材投資

明治二〇年代に入ると、官公需要に加えて、鉄道会社、紡績会社を中心に展開された一般民需も急増した。営業報告書は、「山陽、九州、関西、大阪等の諸鉄道会社、東京建築局、日本土木会社その他諸方から注文陸続《りくぞく》なるも、いかんせん限りある製造高にして、その求めに応ずるあたわず、遺憾ながら謝絶して」と嬉しい悲鳴をあげている。(35)

確かに、松方デフレ後のセメント需要の急増は、同社の年産約一万樽弱の生産能力を上回り、年産約三万樽強の第二工場完成が待ち望まれるところであった。

期待の中で一八八九（明治二二）年に新工場は完成したが、不測の事態が生じることとなってしまった。ドイツから輸入された最新鋭輪窯《わがま》（ロータリー・キルン）が不調のため、生焼品《なまやけ》が続出する事態が起こったのである。結局、製造高は上昇したものの、一八八九年下半期には六千余樽、九〇年上半期には七千余樽を未成品として後期へ繰り越している(36)。

輪窯とは、ドイツ人フリードリッヒ・ホフマンが発明したセメント焼成窯であり、窯を回転させながら焼成余熱を再利用するため、従来の立窯に比べて燃料費が大幅に節減できる構造を持っていた。しかし、この真新しい技術を、関連・周辺技術も発達していない日本で実現するには無理があった。

さらに、井上の後ろ盾で雇用したドイツ人技師ブリーグレップにも問題があった。明治期には多くの「お雇い外国人」がさまざまな技術移転に尽力したとされる。もちろん、優れた業績を残した人物もいたが、極東の名もない島国に来る外国人技術者の中には本国では使い物にならない人物も少なからずいた。残念ながら、ブリーグレップはその範疇だった。

そこで、笠井は再び井上の仲介を頼って、当時、東京職工学校（東京工業大学の前身）教授であったゴッドフリード・ワグネルを小野田に招聘し、その原因究明を委託した。ワグネルはブリーグレップが据え付けて設計した輪窯に構造的な問題があることを発見し、すぐに輪窯生産の中止と新たな立窯二基の建造を勧めたのであった。

笠井は涙を呑んで最新鋭設備での製造を中止し、新たに立窯二基を建設することを決断した。

大枚をはたいた輪窯が何の役目も果たさないままで廃炉に追い込まれたのを見て、笠井はさらなる一大決心をした。それは、次男の真三を技術習得のためにドイツに留学させることであった。この留学を勧めたのは井上馨であったといわれるが、その裏には順八の強い希望があったという(37)。

笠井真三は一八七三(明治六)年に順八の次男として生まれ、山口高等学校予科に進学した秀才で、特に数学に優れていた。井上が第二工場完成の来賓として小野田に滞在したときに、予科にいた真三に将来の希望を尋ねたときの二人の会話が残っている。

真三は、「日本は急流の多い国ですから、この河水を利用すれば、水力は電気を容易に起すことができます。電気工学は、比較的新しい学問ですから、自分は上級の学校に行って、この学問をしたいと思います」と答えたが、井上は、「面白い希望であるが、親が酒屋であるのに、伜が醤油屋というわけには行くまい。お前の親父がセメントをやっているから、やはりお前もセメントをやってはどうだ」と説得した。

真三は頑固で簡単には応じなかったが、井上も二、三日間をかけて説得を続け、結局、真三が折れてドイツ留学を応諾したのであった(38)。

一八九〇(明治二三)年、一八歳になった真三は、リューマチ治療のために一時帰国するワグネルに同行し、セメントの科学的研究を目的にドイツ留学に赴いた。真三はまずハンブルグ工業学校に通ってドイツ語と教養課程を学び、その後、ブラウンシュヴァイク工科大学に進んだ。

さらに、名門ミュンヘン大学に移り、一八九六年、井上と父・順八の期待に応えて同大学で見事博士号を取得したのだった。博士論文タイトルは、まさにセメント工学の基礎をなす、「含水珪酸筐土鉱物の性質」に関する研究であった。

六年間のドイツ留学を経て真三は帰国し、すぐに小野田セメントの技師に任ぜられた。その後、技師長を長く務め、取締役・専務を経て、一九一八（大正七）年に第三代目の代表取締役社長に就任した。

真三は同社の技術基盤を支え、事業拡大に対して大きな貢献を果たしている。さらに特筆すべきことは、小野田セメントの拡大業務の傍らで、一九〇八年、京都大学に「ポルトランド凝結に関する研究」と題した論文をドイツ語で提出して再び博士号を取得するなど、セメント製造に関する基礎研究を地道に続けていたことである。

彼は日本セメント業界にあって浅野セメントと並んで斯業の発展を強力に推進しただけでなく、セメント技術の科学的発展に関しても、強いリー

小野田セメントの工場（1890年頃）
（『笠井順八翁小伝』より）

ダーシップを発揮した。こうした優秀な人材に対する留学投資や基礎研究の継続こそが、日本の諸産業を単なる欧米の物真似にとどまらせずに、世界一流の技術レベルまで引き上げる要因だったのである。

維新の志士たちを真の国家官僚に成長させたのは、まさに外交問題であった。同時に、明治の企業家たちを真に世界のビジネスマンに成長させたのは世界の中に身を置き、その最先端技術や経営を直接学ぶ機会だったのである。

印象深いのは、笠井家の例に限らず、後に見るように明治の企業家たちが技術や経営能力習得のために自らの子弟や従業員を数多く海外に留学させていることである。次章の三井や三菱もそうであったが、小野田という山口の小さな士族授産企業においても、近代化を担おうとした目線は、世界的視野に立つきわめて高いものだったのである。

第5章 創造的対応としての財閥
――企業家が創り出した三井と三菱

幕末から明治にかけて、秩禄処分、士族授産など日本ではさまざまな創造的対応が行われた。明治維新とは、倒幕から近代国家樹立へと単線的に進んだものではなく、植民地化の危機にあって、各主体がその時々にきわめて創造的な対応をし続けた結果、実現されたものだった。秩禄処分は、封建身分を金禄公債で有償撤廃するという画期的政策であったが、さらに創造的であったのは、発行された公債と、国立銀行条例と士族授産を組み合わせることによって公債を近代化資本に転化しようとしたことだった。

イノベーションとはまさに新しい組合せである。ただし、こうした創造的施策も、それらにさらに創造的に対応する企業家がいなければ、後発国における近代化などは実現しない。前章では、小野田セメントを事例に、サムライたちが企業家に変身し、明治の社会基盤を支える近代企業を築いていった経緯を見てきた。

本章では、明治維新の経営史上最大の創造的対応である財閥の形成過程を見ることとしよう。

1　組織イノベーションとしての財閥

後発資本主義国の日本が、欧米列強による植民地主義的国際環境下にあって、その独立と近代化を進めるためには、「富国強兵」を早急に推進すべきだと認識したことには十分な理由があった。

これまで見てきたように、隣国清王朝で勃発したアヘン戦争と、それに引き続く欧米列強の植民地化行為は決して正当化できない、まさに武力を用いた現状変更であった。特に、極東における列強の緊張関係は、ロシアの南下政策によって増幅されていた。二世紀半にも及ぶ鎖国を解いた日本が直面した課題は、こうした環境下でいかに欧米の新しい技術や商慣行を導入して経済力をつけるかであり（富国）、列強に対峙しうる強大な軍事力を構築することであった（強兵）。

周知のように、イギリスに端を発した産業革命は、ヨーロッパとアメリカにおける社会、政治、経済構造を根本的に転換した。蒸気機関を基本とした動力革命は生産と流通に未曾有の拡大をもたらし、その拡大によって経済システムは封建主義から、商業主義、資本主義へと大転換した。このプロセスは順序立てて起こったわけでも、スムーズに行われたわけでもなく、一〇〇年以上もかけて起こった不安定で不均衡なプロセスであった。

日本の場合には、この社会経済変化は明治維新を契機に一挙に到来した。もちろん、江戸後期から始まった貨幣経済の浸透やアヘン戦争を契機とする外国通商の動きがなかったわけではない。しかし、日本社会の現実にとって、明治維新とはごく短期間のうちに封建制度から資本主義世界への突如たる編入であった。

したがって、明治政府も民間資本も、資本主義化・工業化を進めるための資源確保・資本蓄積を十分に行っておらず、その調達基盤も脆弱であった。また、二〇〇年以上にもわたる鎖国政策は、西洋諸国の科学的・技術的知識に対して大きな遅れをもたらしていた。さらに、当時の国際社会は新規参入者に対して友好的でないどころか、貪欲で独占的でさえあった。

ただし、いかなる困難にあっても新たな事業機会を見出す企業家（アントルプルヌア）たちにとって、明治維新がもたらした経済空間（エコノミックスペース）は前代未聞の巨大空間であった。「企業家精神＝アントルプルヌアシップ」とは「イノベーションを遂行する能力」であり、イノベーションとは技術革新にとどまらない組織や市場における新しい価値創造である。結論から言ってしまえば、明治期に出現した巨大なビジネスグループいわゆる財閥とは、先進諸国で開発された技術や商習慣を最も迅速かつ効率的に受容し、さらなる事業拡大につなげていく組織イノベーション、すなわち日本の創造的対応だったのである。

日本における財閥形成は一八七〇年代、封建システムの解体と近代化が進行し、明治政府が財政基盤を固める段階で起こった出来事である。日本の企業家たちが、この激動の時代にどう創造的に反応し、独自の組織的ブレークスルーを起こしていったのかについて、その代表例である三井と三菱の事例を見ることとしよう。

戦前日本における財閥の役割と重要性

ヨーロッパのアジアとの貿易関係は、一五世紀初頭の大航海時代にその歴史をさかのぼることができるが、直接的な交流は、ほとんど重要視されていなかった。日本との交易も、一七世紀初頭からの鎖国体制の下で、わずかにオランダと中国との間で細々とした貿易が継続されていたにすぎない。

それでも、徳川封建経済はかなり高度な発達を遂げ、一九世紀までには資本主義的な萌芽が出現していた。(1) とはいえ、産業革命を遂行するに必要な科学的・技術的知識は西洋に対して大きな後れをとっていた。

すでに見てきたように、イギリスのインド帝国建立とアヘン戦争は、アジアにおけるヨーロッパの覇権活動が開始されたことを意味していた。産業革命を通じたヨーロッパ工業の拡大は、エキゾチックな商品仕入れ地であったアジアを、工業製品の原材料生産地および最終消費地へと変貌させた。

特に、一八七〇年代に長期化した経済不況によって出先を失ったヨーロッパ工業製品は、貪欲にアジアに向かったのである。さらに、列強諸国の商業的覇権争いは、自由貿易・間接統治から不平等条約を梃にした直接的植民地支配へと剥き出しの変化を遂げていた。

こうした国際環境下で成立した明治政府にとって、日本の政治的独立を守り、西欧諸国と対等な関係を構築するためには、「富国強兵」すなわち急速な工業化と強大な軍事力構築が至上命題となった(2)。

しかし、日本には工業化や軍国化のために必要な資本、人材、科学技術知識などの集積が著しく遅れており、このボトルネックの解消が明治政府にとっては日本独立の道であり、企業家たちにとってはビジネスチャンスであった。

この目標と現実のギャップは、産業発展を推進する後発諸国の政府や企業家たちが克服しなければならない共通の問題である。近年には開発独裁という選択肢もあるが、明治政府と日本の企業家たちが出した回答は「財閥」という組織構築であった。財閥という組織イノベーションによって、政府と企業家たちは希少な経営資源を集積し、その多重利用を通じて、さまざまな事業機会に挑戦したのである。

解体直前の財閥

財閥の日本経済に対する影響力を理解するには、その財閥が解体される前の姿を見ておく必要がある。第二次世界大戦後、連合国軍最高司令部（ＧＨＱ）は軍国日本を社会的・経済的・政治的に二度と戦争を起こさないように再構築しようと試みた。彼らは徹底した民主政策を土地改革、労働改革、経済改革として進めた。

GHQに集められた経済学者たちは、戦前日本の経済分析を行い、財閥による独占的経済構造が社会的不公正やファシズムの温床になっていると結論づけた。特に、三菱、三井、住友、安田の四大財閥はすぐに資産を凍結し、徹底的に解体されるべき軍国基盤とされた(3)。

一九四六年にGHQは持株会社整理委員会を立ち上げ、翌年には独占禁止法を制定して財閥の解体に着手した。最大の財閥企業であった三井物産と三菱商事は、それぞれ約一七〇社と一二〇社へと徹底的に分割・細分化された。

同時に、GHQは政治的戦争責任者に加えて経済界の戦争責任者を認定して追放する「経済人パージ」にも着手した。軍需関係企業に加えて、財閥傘下企業約五〇〇社の上位四〜五名のトップ経営者二五〇〇人近くが第一線から追放されたのである。

今の日本で主要企業のトップ二五〇〇人が突然更迭されたことを想像してみれば、そのインパクトの大きさが理解されるだろう(4)。GHQは、戦前日本における財閥の経済支配をかなり大きなものと想定していたのである。

経営史家の森川英正は、財閥とは「一家族あるいは同族によって、排他的に所有された多角的事業グループ」と定義して、一九二八年における七大財閥(三井、三菱、安田、浅野、住友、大倉、古河)の払込資本総額は、戦前日本における全株式会社の払込資本総額の一六・五%を占めていたことを示している。(5) わずか七つの企業集団が日本の総資本の一六％を占有していたのだから、かなりの影響力を持っていたことは間違いない。

しかも、財閥は創業家族による所有を温存し、政治とも深いつながりを持っていた。そのため、ＧＨＱが封建的・独占的・政商的家族資本経営と理解してもおかしくはなかった。

過度な経済集中にそうした面があったことは否定できないが、こうした理解は初めから「財閥は非合理な社会悪」と決めつけたステレオタイプな解釈である。これに対して、日本経営史の研究蓄積が明らかにしたのは、戦前日本における財閥の成功の鍵は、むしろ初期の政商的側面を払拭しながら、経済合理性に基づいた企業戦略と組織の構築にあった事実である。(6)

後発国において特定の個人や家族に富が集中することはよくある。近代化するうえで必要な経営資源が希少なため、最初に政府や軍が近代化に乗り出し、そこにコネがあって優先的な事業機会を見出した個人・家族に事業集中が起こるからである。

また、早期に近代化を達成しなければならない後発国政府にとっても、こうした集中は合理的であった。限られた資源を自由な競争を通じて最適配分するには時間がかかり、植民地化の危機にある場合にはその余裕は存在しないからである。

「植民地化の危機」という言葉を「グローバリゼーションの危機」と置き換えれば、これは現在でも大きく変わらない経済環境である。中国、アジア、ロシアや南米の新興国で財閥的企業形態が出現し、大きな経済的影響力を持っている理由は、早急に巨大経済主体を築き上げないと、先進国のグローバル企業に主要経済分野を根こそぎ制圧されてしまうからである。ただし、こうした事業機会を捉えて持続的な事業体にできたのは限られた企業であり、すべての政商や縁故者が財閥として発展したわけではない。財閥とは結果であって、原因ではない。事実、日本で「財閥」という言葉が使われるようになったのは一九〇〇年頃で、それまでは存在しない概念だったのである。

官営工場払下げと財閥

同様に、官営工場払下げこそが財閥発展の契機であり、それも政府との癒着が可能としたという強い見解が存在してきた(7)。

日本において近代産業の初期リスクを担ったのは国家であった。明治政府は早急な資本主義確立のために近代産業を自ら移植した。民間には、それだけの資本も知識の蓄積もなかったからである。その後、明治政府の放漫財政や貿易赤字などのために官営工場の国庫負担は増大し、民間払下げを決断せざるをえなくなった。

明治一四年の政変は、兌換制度確立の重要性を認識しつつも放漫財政を続けた大隈重信の更迭であり、緊縮財政への大転換だった。大蔵卿に就任した松方正義は、進まなかった金本位制を強制導入し、負担の大きい官営事業の売却を開始した。銀行や輸送、綿紡績、鉱業などの官営事業が「比較的」安価に払い下げられた。

ここで比較的というのは、政府が初期負担した投資額や技術移転料を考慮すれば、払下げ価格は安価ともいえたが、一時金としてはやはり高額であった(8)。したがって、この機会を捉えるには、それだけの資本蓄積が必要であり、また、払下げ情報をいち早く察知したものが有利に参加できた。

ただし、払下げの機会は一部の人間に限定的に開放されていたわけではなく、そこにも入札という厳しい競争があった。三池炭鉱をめぐっては三井と三菱がわずか数千円の差で落札を競ったエピソードは有名であるし、地方の商人や士族結社も払下げに参加している。結果的には、意欲と資金のあったものが落札を得たのである。

さらに重要なことは、払下げ自体は単なる事業譲渡にすぎず、むしろ払下げ後に近代工場を経営し、経常的な利益をあげることが真の課題であった。官営工場の払下げを契機に近代化の一翼を担い、さらには多角的事業に展開を可能としたのは、その後の経営能力であり、人的資源の近代化であった。

その意味で、財閥の形成を単純に官営工場の払下げや政治力利用だけに帰するのは実態を見失う。情報の入手や初期の資本蓄積において、明治政府高官とのつながりや藩閥政治が有利に働いたことは事実である。しかし、同じ条件でビジネス機会を得ても、没落していった企業も多い。それは財閥経営者にとって、払下げとは一つの必要条件であり十分条件ではなかったからである。

以下では、財閥という組織的イノベーションの成立過程を、三井と三菱という二大財閥を検討することで明らかにしていく。三井のように江戸期から成功していた商人は、それなりの資産を蓄積し、伝統的な評判があった。これに対して、新興の三菱はそのような資源を持っていなかったため、物的資本・人的資本を一から手に入れなければならなかった。

三井と三菱という日本の二大財閥が明治初期において直面していた課題は、ある意味で全く異なるものであったが、二つの財閥の組織イノベーションの本質は、かなり類似したものであったことが理解されるだろう。

ここで強調したいことは、組織イノベーションといっても、それは無味乾燥の無機的プロセスではなかったことである。財閥は自然に生まれたわけではなかった。時代の変化に俊敏に対応しようとした個人が細心の注意と大胆な決断によって成し遂げた人間の顔をしたイノベーションだったのである。

2　三井財閥——人材登用と多角的事業体

三井の起源

三井の創業者・三井高利は、一六二二（元和八）年に伊勢国松坂の地方商人の四男として生まれたが、地方での商売に飽き足らず、一六七三（延宝元）年、五〇歳のときに江戸に出て越後屋と呼ばれる呉服店を開業した。実兄俊次が高利の野心を嫌ったため、関西商圏の拡大は実兄の死後となった。

高利は、一七世紀後半に幕藩体制が安定することによって出現した中間層を顧客ターゲットに、安心価格商法で大成功を収めた(9)。江戸の伝統的呉服屋は、基本的に定価を設定せず、馴染み客を店内に呼び込んで、個別交渉による掛け売りで行われていた。

そのため、顧客は信用のあるなじみの武士や豪商に限られていた。高利は、店内に呼び込む商売を廃止し、「店前売り」と「現金安売り掛け値なし」の定価販売によって中産階級の人気を博した。開業わずか一〇年後の一六八三年には呉服業と並んで大規模な両替業を営むまでに発展したのだった。

この呉服と両替を通じて、三井高利は徳川将軍家との間に密接な関係を取り結ぶこととなり、呉服店・両替商のいずれもが幕府御用達となった。高利は江戸の繁盛をベースに大坂と京都にも出店し、そこでも一定の地位を確立した。一六九四年、彼は七三歳でその生涯を閉じている。

三井高利の死後に三井家を継承した三井高平は、三井というファミリービジネスの経営に関して革新的な方策を模索した。まず、高利の残した膨大な遺産は分割せず、共有財産として相続管理することを決めたのである。一七一〇年に、彼らは無限責任の「三井大元方」（ある種のパートナーシップあるいは持株会社）を設置するという組織改革を遂行した(10)。三井大元方は、九つの家族(後に一一家族)から構成され、呉服店や両替商の経営を共同管理し、事業ばかりか家族のあり方も厳しく統制する組織であった。

そのあり方を厳しく規定した「三井家家憲」も制定された。大元方は事業からの収益を年に二度、各家の持分に応じて配当を行った。共同所有と厳しい家憲によって、三井家は江戸期を通じて最も強力な商家の一つに上り詰めていった。

明治維新と外部経営者の登用

一九世紀半ばに、江戸後期に進展した貨幣経済とそれまでの農業中心の封建システムとの間には深刻な齟齬が生まれ、武士や農民の超過債務や債務不履行は大きな社会問題となった。追い討ちをかけるように、天候不順や一八五五年の安政の大地震のために凶作が重なり、全国的な飢饉が政情不安をあおっていた。この頃から、幕府や大名家は三井呉服店に対する支払いが滞るようになり、当然の帰結として、彼らは三井の両替に頼るようになった。こうして呉服事業に替わって両替事業が三井家の重要な事業基盤となったのである。[11]

三井家の事業は、列強諸国の侵攻による幕末の社会変動にも大きく影響を受けることとなった。一八五〇年代に貿易港が次々に開港されると、徳川幕府は列強諸国への対抗策と西南雄藩の反乱に対応するため軍の近代化を進めざるをえず、有力商家に対して大規模な資金援助を要請した。五〇万両もの大金を要求された三井家は、すでに幕府に対してかなりの貸付けを行っており、満額を融資することは物理的に不可能であっただけでなく、政局次第ではすべてを失う結果になりかねなかった。

そこで、創業以来初めての大胆な人材登用を断行した。三野村利左衛門（一八二一～七七、当時は美野川利八）という新興商人を番頭に引き抜いたのである。

この外部からの人材登用こそが、幕府御用達商家であった三井をして幕末を生き延びさせ、明治を代表する財閥へ転換する契機となったといっても過言ではない。江戸時代にどんなに興隆を誇っていても、時代の変化に対応できなければ商家に生き延びる術はない。権力に近ければ近いほど、変化のリスクは高いのである。

三野村利左衛門の登用

三野村の幼年時代の詳細は明らかになっていないが、出羽庄内藩で一八二一年に生まれたとされている。(12) 諸般の事情より、父・関口松太郎は同藩を追われ流浪の身となり、九州で死去して、利左衛門とその姉は孤児となった。

一四歳のときに京都に上り、一九歳にして江戸に入り、深川の干鰯問屋・丸屋に住み込み奉公した。丸屋での仕事ぶりが評価され、利左衛門は駿河台旗本・小栗家の雇仲間《やといちゆうげん》になった。このとき、小栗忠順《ただまさ》（後の上野介）は、まだ一〇代の部屋住みで利左衛門の六歳年下であった。彼と面識を得たことが後々の利左衛門飛躍の契機となった。

ここでも勤勉な仕事ぶりを認められ、一八四五(弘化二)年に菜種油や砂糖を扱っていた商人紀ノ国屋・美野川利八の婿養子となり、紀ノ国屋美野川利八を襲名した。

紀ノ国屋と称していても、実は極貧の商人で、一〇年くらいの「艱難辛苦」の商いを続けて、利八は多少の蓄えを得たという。この蓄えでごく小規模な両替商の株を買い、両替商になったのが一八五二年、ペリー来航の前年であった。

この頃、昔の主家・小栗家の部屋住みであった忠順上野介は幕府勘定奉行へと出世し、利八は店も近いこともあって、両替商として小栗宅へよく出入りするようになった。

ここで利八は、勘定奉行からきわめて価値の高い情報を得る。第2章で述べた、幕府財政を圧迫した不平等条約における小判と洋銀の兌換比率についてである。具体的には、天保小判一両が洋銀との交換比率から万延小判三両一分二朱と交換できる布令が出ることを耳にしたのである。

利にさとい利八は天保小判を買い集め、これを万延小判に換金することで多額の利ざやを手にした。さらに手にした万延小判を江戸の大店であった三井両替店に売り込んだことから、今度は三井との縁が生まれたのである。

三井両替店の主席番頭であった斎藤専蔵は、利八のその優れた商才を見るうちに、三井両替店への出入りを許し、利八もその才覚から店主筋にまで顔を覚えられ、「紀の利、紀の利」と重宝がられたという(紀ノ国屋の利八という意味である)。事実、鋭く精悍な容姿を持つ利八は数字に強いだけでなく、機転が利く優れた商売勘と交渉能力を持ち合わせていた。

当時、江戸の大店《おおだな》という大看板の裏側で、三井は実に厳しい現実に直面していた。幕末期の貨幣改鋳による物価上昇と利子率の低下、不本意な大名貸しによる多額の不良債権、さらには開港景気を狙った生糸業者に対する浮き貸しから生じた大欠損と、巨額累積債務のために最大の経営危機を迎えていたのであった。

そこに、長州征伐の軍費、下関砲撃事件の賠償、軍備の近代化などに巨額の資金需要を必要とした幕府は、幕末の三年間に三井に二六六万両もの御用金を賦課していた。さらに、一八六四年には五〇万両の御用金要求があった。

破綻寸前のうえに、幕府の要求に困り果てた斎藤は、利八の手腕と勘定奉行・小栗上野介との深い関係を見込んで、彼に幕府との交渉を委ねる決断を下す。まさに、三井の大番頭がその矜持を捨て去った意思決定であった(13)。

利八は、幕府や諸藩高官との間に築いてきた人脈を通じて、巧みで粘り強い交渉を展開し、ついに幕府による三井家への資金要求五〇万両を一八万両へ減額することに成功した。この成功をもって、一八六五年に三井家は、彼を正式な番頭として雇い入れたのである。このとき利八は四五歳、三井の三、美野川の野、本家木村家の村を取って三野村という姓を起こし、利左衛門と名乗った。しかし、幕府の要求は、単に始まりにしかすぎなかった。

江戸期に進展した貨幣経済によって累積した諸大名・士族の不良債権、そのために改悪され続けた貨幣や不換紙幣の乱発、さらに西南雄藩に対する軍費増大によって、幕府の財政は激しく悪化していた。日米修好条約に準じて列強諸国と締結された不平等条約は、関税自主権を持たなかったため、幕府の対外資金需要も逼迫し続けた。その意味では、中国や他のアジア諸国と同様、日本は準植民地に陥る瀬戸際に追い詰められていたのである。

したがって、幕府からの御用金の賦課はいつ増額されてもおかしくない状況であった。事実、なんとか幕府財政を立て直そうと奔走した小栗上野介からその要請は繰り返された。三野村はこれまでの因縁から小栗改革を支えるべく努力を惜しまなかったが、一方で維新勢力の動向からも目を離さなかった。

幕府の対外交渉の不備につけ込んだ倒幕派の「尊王攘夷論」は勢いを増し、朝幕の激突は現実のものとなっていた。三井としては、三野村が江戸で小栗上野介・幕府との調整を行い、京都では三井大元方の高朗《たかあき》が維新勢力との接触を行うという両面作戦を取っていた。一八六七（慶応三）年、敗色の中で徳川慶喜は大政奉還を実行し、江戸幕府は消滅、明治政府が樹立された。この段階で三野村は維新政府への肩入れを鮮明にし、維新政府への財政支援を開始したのであった。

新政府が京都から江戸（東京）へ遷都することを決めたことを受け、三野村は新政府の東京での活動を支援することを実行した。まず、新政府の発行する太政官札の江戸における流通に対して建議を行い、その実行を三井として請け負ったのである。

新政府の信用は、いまだ関東では確立しておらず、まして新政府の太政官札は商人たちの信用を獲得できていなかった。三井のような信用と兌換力のある大店が新札を扱うことは、明治政府の信用確立と東京進出にとってきわめて重要なことだったのである。こうして三井は、新政府の財政運営に入り込むことに成功したのであった。

初期の明治政府は財政的にも政治的にもその基盤は弱く、一方で急速な工業化と強力な軍隊を構築する必要があった。三野村はこうした状況をよく見極め、明治維新の立役者の一人であった井上馨を中心に、新政府と密接な政治的関係を築き始めた。明治新政権の金融、両替、貿易における重要な仕事を次々請け負い、その数は、一八六七年から一八七一年までの五年間に一四件にものぼった(14)。

具体的には、大蔵省(会計官)の為替方御用、貿易商社代表、為替会社代表、造幣寮為替御用などの初期財政や通商業務の下請けに始まり、伊豆七島産物売捌き、北海道物産販売促進、開墾会社総頭取など、僻地・辺境の物産販売や産業振興まで請け負ったのである。

明治政府が頼ったのは、三井ばかりでなく、江戸時代から続く豪商・富商にも同様の御用が要請された。政情が安定してくるにつれ、新政府は御用業務を直轄統治に置き換えていった。この置き換えの過程は、封建体質を脱皮しきれない商人と、新時代に対応しようとする商人を選別するプロセスでもあった。

たとえば、明治初期に政府の財政業務を金穀出納所御用という形で代行した豪商は、三井に加えて小野組と島田組も同様であった。この三組は出納業務の傍らで預かった公金を貸付けや投資で運用していた。

明治政府が行政機構を整備するに従って、こうした依存関係に終止符が打たれ始めた。一八七四年に、新政府はこの三組に対して公金預かりの抵当の積み増しを要求し、同年一〇月には全額相当分の抵当差し出しを命じた。三野村の率いる三井は、三井家資産の売却さえも選択して、なんとか対応したが、小野・島田組は抵当を差し出すことができずに破綻したのだった(15)。繰り返しになるが、財閥とは結果であって原因ではない。新しい時代に適応し、変化を厭わなかった商人だけが厳しい選別に耐えたのである。

政府の信用を獲得した三野村の次なる目標は、銀行の設立だった。三井単独の銀行設立に関しては政府内の意見対立もあって、簡単には進まなかった。しかし、単独銀行設立を願い続けた三野村は、さらに大胆な組織改革を主導している。祖業・呉服店の分離独立である。

一八七二(明治五)年、大隈重信参議、井上馨大蔵大輔、渋沢栄一大蔵大丞は三井に対して、銀行を設立しようとするならば、江戸末期から不振を続けている呉服業の分離が必要だという勧告を行った。呉服業は幕末から不振を極め、三井家の財政を圧迫するようになっていた。もし、近代的な銀行業務に進出するならば、この負債が三井大元方に及ばないようにすることが重要だったのである。

この要請を受けて、三野村は新たに三越家という分家を創設し、そこに呉服業を譲渡する方策を考えた。そこでは、「大小の事務について三越はすべて大元方の監督・指揮を受ける。大元方は監督するが、負債について責任は負わない」とされた。財閥研究の大家である安岡重明は、「有限責任制度の確立していない明治前期には、所有と支配は無限責任とつながっていた。（中略）ここに三井大元方が企業の有限責任的所有への道を模索していた姿を見ることができる」と表記している。(16)

渋沢栄一（左）と三野村利左衛門（右）
（『三野村利左衛門伝』より）

二〇〇年以上続いた祖業を分離することと、三井家の所有権・経営権に対して大幅な制約を課すことに対して、一族からの抵抗も想像以上に厳しかった。(17)

しかし、三野村は一族の抵抗を押し切って一八七六（明治九）年に日本で最初の民間銀行となる三井銀行を設立し、同時に三井組を解散したのであった。三野村は組織改革によって事業のリスク連鎖を最小限にすると同時に、三井家における「資本と経営」の分離を促し、新たな事業展開を進めるうえでの高い自由度を手に入れたのである。

いずれにせよ、三井のこの桁外れな変身は、外部人材の三野村の決断と実行からしか生まれなかった。内部人材は過去の成功体験やしがらみにとらわれる。しかも、不動の権力を保持してきた徳川幕府の御用商の内部人材が過去のしがらみを切り捨て、未知なる新政府を支援するなど不可能であっただろう。

近代化に向けて一族の起源である祖業を分離し、リスクの高い銀行業に進出するという選択も、内部人材では到底できなかったことに違いない。この改革を通じて三野村は三井大元方総轄に任命され、三井家家政についての全権を託された。

益田孝と三井物産の設立

明治政府にとって独立を守るということは、近代資本主義経済の基礎をできる限り早く立ち上げ、強力な軍隊を構築することであった。資本主義の早期導入にとっては、安定した金融と国内流通システムを確立し、輸入防遏を図る国内産業の振興が推進されようとした。しかし、明治初期における政権運営は財政収入も関税収入も安定せず、資本蓄積のないままに列強に対峙するという厳しい状況にあった。

三野村は、政府の苦境を目の当たりにして、まさにそこに新たな事業機会が広がっていることを実感した。彼は、金融と通商の分野に大きな可能性を感じ、そこへ進出することを決断していく。

しかし、当時の三井家には三野村自身を含めて近代事業に必要な知識を持つ人材は育っていなかった。事業と同時に、優秀な企業家的能力を持つ外部人材を獲得する必要があった。三野村が、銀行と並んで事業機会を見出した貿易通商分野の事業はすぐに見つかった。一八七三(明治六)年、国立銀行などをめぐる政府内の意見対立で井上馨は、部下であった渋沢栄一や益田孝とともに大蔵大輔を辞職した。[18]

商機にさとい井上は、同年一〇月には新政府の租税米を換金流通させる石代米事業や、国内物産さらには高島炭鉱の石炭の流通売買や海外貿易を行う商社の岡田組(翌年三月からは先収社へと改名)を設立して、商社事業に乗り出している。先収社は井上を社長、益田孝と木村正幹を幹部に拡大する国内外市場で順調な滑り出しを見せたが、一八七五年、井上の政界復帰に伴って、わずか二年足らずで解散ということになった。

三野村は益田と協議して先収社を三井物産として引き継ぎ、三井国産方の業務を統合した。ここに三井銀行に続いて戦前三井事業の礎を築くことになる三井物産が誕生したのである。

三野村はここでも、新規事業分野進出と三井家の保守主義を両立させる組織デザインを実行した。呉服業と同じく三井物産を、三井家から戸籍分離した三井武之助(総領家七男)と養之助(六男家三男)を社主とし、三井銀行とは資本関係のない無資本企業として一八七六(明治九)年に設立したのであった。

三井物産の設立にあたってもう一つの重要な意志決定は、先収社だけでなくその経営を取り仕切っていた益田孝(一八四八〜一九三八)を社長として引き取ったことであった。益田は当時二

益田孝
（三井文庫所蔵）

八歳、まだ青年ともいえる年齢であった。三井に再び新たな血が流入されたのである。

益田は先収社を三井物産という三井財閥の一角を担う事業体にしたばかりか、三野村の跡を継いで三井の近代化を推進した。益田は気さくでユーモアがあり、実践・実務型（プラクティカルな）の経営者であったことが、『自叙益田孝翁伝』[19]からよく伝わってくる。後に「鈍翁」として希有な数寄者・茶人として名を馳せる益田だが、当時は実践的で好奇心あふれる青年であり、その稀有な人材を三井は手に入れたのである。

益田は一八四八年に佐渡の地役人の子として生まれたが、父の鷹之助はロシアの南下に備えて函館奉行支配調役下役を命ぜられる。地役人から幕府直属官への出世である。しばらくして孝も函館に移り住み、そこで教育を受けるとともに、英語の初歩（A、B、Cなど）を学んだという。函館開港に伴って父は江戸詰めとなったため、孝も江戸に戻ってアメリカ公使邸があった麻布の善福寺でさらに英語を学んだ。

そのときに一緒に英語を勉強していたのが、後に商法講習所（後の東京高等商業学校、現・一橋大学）を立ち上げる矢野二郎であった。孝は早く社会に出たいために、一五歳を待たずに一四歳で元服して外国方通弁御用に召し出された。こうした経緯から通説では、孝の早くからの「英語力」を過大に評価する向きもあるが、その点本人は至って謙虚である。彼の口述は楽しいので引用しておこう。

私は少し英語を知っておったものだから、ほどなく宿寺詰ということになって、麻布の善福寺に勤務することになった。（中略）

外国の軍艦や商船が羽田沖へ来ると、外国方から尋問に行けと言うて命令してくる。品川から小舟に乗っていった。尋問することを書いてもらっていく。What you come for なぞと書いてもらっていった。そして向こうの言うことの中に一つ二つわかることがあると、それで考えて、どうもこういうことらしいですと言う。実に危ないものだ。(20)

確かに、聞き覚え程度の英語を習ったくらいで、すべてが理解できるようにはならない。益田の場合は、その後の役人や商売人としての実践で英語を習得していくのである。一八六三（文久三）年、幕府は横浜開港阻止のための談判として、池田筑後守長発《ながおき》をヨーロッパ諸国に派遣した。孝の父・鷹之助が会計役として随行することになり、孝もこの絶好の機会を逃すまいと、病気と偽って外国方を辞職し、随行している。

しかも、当時は親子ともに海外渡航などはまかりならないことになっていたため、「別名益

幕府遣欧使節のスフィンクス見物。益田父子も写っている（1864年）、
（国立国会図書館所蔵）

田進と言うて父の家来になって」随行した[21]。まだ一五歳の少年で、仮病でも偽名でも何でも使うところがいかにも益田らしい。

一行は品川から上海にフランス軍の小さな砲艦（ガンボート）で渡り、上海から二四〇〇、五〇〇トンのフランス汽船に乗り換え、エジプト経由でフランスに向かった。エジプトで一行はギザにも立ち寄っている。羽織袴の侍たちがスフィンクスに登る姿は、実にユーモラスである。この旅の述懐には、まさに珍道中ともいうべき数々の愉快な話が載っている。本論には全く関係がないのだが、エピソードを一つ紹介しておきたい。

田中という人は一行のうちでもなかなかやかましい人であったが、いよいよマルセイユに上陸してホテルに着くと、どうぞこちらへと言うて案内するから入ってみると、実に狭い部屋である。いかに日本が小国だと言うて、われわれをこんな狭い部屋に通すというのは実に怪《け》しからぬと言うて、(田中が＝米倉註)ぷんぷん怒り出した。頻りに怒っていると、その部屋がスーと上へ上がっていった。エレベーターなんだ。(22)

ちょんまげを結った侍たちが、初めてエレベーターなるものに乗せられた驚きがうまく表現された逸話である。益田は同じく「マルセイユに着いて、同じ人間でこうも違うものかと言うて皆が泣いた」と述べている。幕府の横浜鎖港談判使節団は西欧と日本の経済力・技術力の差をまざまざと見せつけられたのである。

帰国後、益田は通詞が集まる横浜で英語の勉強を続けようと、イギリスの赤隊という小隊に入って訓練と称して英語を学んだりしていた。そこに、幕府が陸軍を新たに編成するということになり、彼は騎兵に志願したのである。一八六七年には旗本、翌六八年には騎兵頭並に昇進している。

そんな中、徳川幕府は江戸城を無血開城して倒壊した。益田は、「幕府はどうしてあんなに脆く倒れたかと言うに、内がまったく駄目になっておったのである」と述べ、そのことを「最もよく見抜いておったのは、おそらく慶喜公であったろう」と興味深い考察をしている。これも引用になるが、本質を突いているので掲げておきたい。

幕府には人物がなかった。たとえあっても、家の格式と言うようなことがやかましいから、働くことができぬ。あれではとても仕様がない。

これに反して薩長には人物がおった。革命をやろうと言う決心で藩中一致で始めたのだから、人物も出たわけだ。貧乏書生だろうが何だろうが、いやしくも一見識あり、一能一芸を有する者は、構わず飛び出してきて働くのだから、幕府と薩長とは、働いている人物の決心が違っておった。[23]

結局、格式などにこだわって人材登用ができない組織は、どんなに歴史や権威があろうとも、あっという間に崩壊するのである。

井上馨と先収会社

維新後、徳川慶喜が駿府に七〇万石で封ぜられたため、多くの幕臣は静岡に移り住んだ。しかし、益田は「卑官であった自分が、駿州まで行ってまたご厄介になるのもと思ったから、自分で商売をしようと決心」した。

彼は開港した横浜に事業機会があると考え、親類の家を借りて横浜に移り住み、「少し英語を知っておった」ので、商人たちと外商たちとの交渉役のようなことをやりながら、一年近く貿易の実践を見ていた。そのうちに貿易・商売のやり方を学び、当時主要な輸出品であった茶と海産物の輸出商（売込問屋）を自分で始めたのであった。

益田のすごいところは、「もうその頃には、ちょっと見てこの茶は伊勢、この茶はどこということがわかるようになっておった」ことである。その力を見込まれて、彼は当時横浜で亜米一《アメイチ》と呼ばれていた大手商館ウォルシュ・ホール商会に引き抜かれ、一年間ほど事務員（クラーク）として雇われている。

一八七一（明治四）年には、新政府も藩札や太政官札を本格的に整理し、独自の貨幣鋳造のために紙幣寮・造幣寮を大蔵省管轄として設置した。大阪に設置された造幣寮では貨幣鋳造のために、日本各地の金銀地金を買い入れる必要があった。

大阪を基盤とした明治期を代表する企業家の五代友厚とその友人である岡田平蔵は、この情報を一躍察知すると、日本の古金銀を買い集めて造幣寮へ納入することを思いついた。同時に、その含有量を分析する分析所を大阪に設置することとしたのである。造幣寮はお雇い外国人トーマス・キンドルというイギリス人がすべてを切り盛りしていた。事業を始めるにあたって、五代たちにはキンドルと英語で意思疎通できる人材が必要だった。そこで英語のできる益田に声がかかったのである。

分析所の監督を頼まれた益田は、横浜から汽船に乗ってときどき大阪へ通勤するようになった。そんなときに岡田が当時大蔵省を管轄していた井上馨を紹介したのである。井上は益田が貿易商社をやるという話を聞いて、商売をするにしても「政府をもっとしっかりしたものにしなければ駄目だ」といって益田を新政府に雇い入れた。

自叙の中で、益田は五代に相談すると、「君は幕府の人間であるが、薩長の天下になったのだから何をするにしても不便だ、井上がそう言うなら政府に入って資格を作ってくるのも面白い」とアドバイスされたと言っている。これが幕府の「卑官」にすぎなかった益田が、新政府、特に井上とつながりを持った経緯である。

一方、井上は井上で、「益田は横浜で外国人を相手にして商売をしておったのだから外国人の呼吸もわかっており、またオリエンタル・バンクのロベルトソンなぞもよく知っておるから、万事都合好くいく」と言って造幣権頭にしたという。[24] ロバートソン（Robertson）とはイギリスに本社を置くオリエンタル・バンクの横浜支配人であり、紙幣寮・造幣寮のお雇い外国人にトーマス・キンドルらを斡旋した人物でもあった。[25]

こうして益田は大蔵省に入り、造幣権頭として大阪に赴任したため、井上馨大蔵大輔、渋沢栄一大蔵大丞、益田孝造幣権頭という大蔵体制が揃うのであった。もちろん、当時の大蔵卿は大久保利通であったが、彼は岩倉使節団の一員として欧米視察をしていたため、「渋沢さんが大蔵次官で井上さんが大蔵大臣というところであった」[26]。

しかし、一八七三（明治六年）の征韓論をめぐる政府内対立が起こり、井上と渋沢は大蔵省を辞職し、井上に誘われた益田も辞職した。井上は貿易をすべく先収会社を起こし、渋沢は国立銀行創立に奔走することになる。先収会社を起こすにあたって、井上はもともと商売をしていた益田を副社長に据えたのであった。

以上が、益田と井上・先収会社のつながりの経緯だが、益田が当時の三井物産にとってきわめて重要な人材だったことが理解されるだろう。彼は実際の貿易業務を通じて実践的にビジネスと英語を理解しただけでなく、当時の外国商館や大阪の通商関係者とも多様なネットワークを有するキーパーソンだったのである。

通説では、こうした益田のプラクティカルな商業志向をもとに、後に述べる中上川《なかみがわ》彦次郎は工業化派で、益田は保守的な商業派で対立していたという見方があるが、事実としては二人の志向はそう異なってはいない(27)。

事実、三池炭鉱の買収を決断したのも益田である。一八八八（明治二一）年四月、政府は一八七三年から政府の官営事業であった日本最大の官営三池炭鉱の払下げを実施した。一八七九年から三池炭鉱の一手販売権契約を行っていた三井物産は、そのために上海、香港、シンガポールなどに大きく海外展開していた。

益田は三池炭鉱を失うことは三井物産の海外展開を大きく損なうことと確信していた。さらに、多少化学の知識があった益田は、三池炭の品質と貯蔵量を正確に知る立場にあった。彼はどんなに大枚を払っても三池炭鉱を獲得することの重要性を強調し、この入札に関して全権一任を要求した。

一方、海運事業で成功を収め、その後方統合戦略として炭鉱の重要性を認識していた三菱・岩崎弥太郎も、水面下で三池炭鉱入札を画策していた。入札の結果は、佐々木八郎四五五万五〇〇〇円、川崎儀三郎四五五万二七〇〇円、加藤総右衛門四二七万五〇〇〇円、そして三井武之助・養之助四一〇万円であった。佐々木も加藤も益田が名義を借りた三井系であり、二位の川崎が三菱系入札であり、その差はわずか二三〇〇円であった。益田のこの入札勘が功を奏した。彼は以下のように述懐する。

四〇〇万円が政府の台（最低入札価格＝米倉註）で、それを武之助養之助の名で入れ、四二七万五〇〇〇円というのを加藤の名で入れたが、それでも取れなくては困るから、四五〇万円というのを入れよう、ただし四五〇万円というのは他に誰かあるかもしれないから、もう五万円増し、それへ五〇〇〇円という葉を付けて、四五五万五〇〇〇円というのを佐々木八郎の名で入れたのであった。(28)

この最後の五〇〇〇円という「葉」がなければ、この入札は三菱のものだったわけであるから、益田の商売の勘所がわかる逸話である。

三井物産は三菱と比べて炭鉱事業経験がないため、物産が三池炭鉱そのものに大きな関心を持つとは政府も予測しておらず、益田が法外な入札価格を提示したことは大きな驚きであった。

しかし、三池炭鉱が物産の将来に対して決定的に重要であること、さらに経営人材が鍵だということを熟知していた益田にとって、三池はどうしても取らなければならない入札であった。

彼はこの価格には、当時三池炭鉱の技師長であった団琢磨（一八五八～一九三二）を含んだ価格だと公言していた。[29] 団は一八七一（明治四）年、一四歳のときに黒田藩藩主に随行渡米し、そのままアメリカにとどまり、マサチューセッツ工科大学（ＭＩＴ）の鉱山学科を卒業した俊英であった。

当時の鉱山経営はきわめて原始的で、機械化によって生産効率を改善しようというインセンティブはほとんどなかった。なぜなら、鉱夫のほとんどは囚人で、安価な労働力は十分すぎるほど存在したからである。益田は、優れた鉱業技術を導入すれば初期投資を回収するのに十分な生産性向上が期待でき、団がその近代化プロセスに重要な役割を果たすと確信していた。実際、三池炭鉱の技術に基づく発展によって、三井は多大な利益を手にすることとなる。

団琢磨（ボストン留学時代）
（『男爵團琢磨傳』より）

技術的貢献ばかりか、団は二〇世紀に入って、三井の持株会社の組織設計と経営に大きな貢献をすることとなった。ＭＩＴ出身のエンジニアということも含めて、団はゼネラルモーターズの中興の組アルフレッド・スローンを彷彿とさせる。ともにエンジニアでありながら、巨大組織の組織設計と運営に優れた才能を発揮したからである。[30]

中上川彦次郎・団琢磨の登用

幕末の三井の危機を救い、三井の近代化を推進してきた三野村利左衛門は一八七七(明治一〇)年一〇月に改革の道半ばで死去した。三井家の権限縮小を進めてきた三野村の死の前後から、不満を溜めていた三井家の復権活動が開始された。三野村の改革によって、「三井組大元方の資財は、三井一族の共有物にあらず」とされたものが「三井一族の共有物にして」と改められたのを代表事例に、三井家は家産や事業に再び直接関与するようになった。

三野村の後任には、養子となった利助が三井銀行の総長代理副長として継いでいたが、銀行には大きな試練が待ち受けていた。一八八一(明治一四)年に始まった松方デフレに加えて翌八二年には日本銀行が創設され、三井が扱ってきた官金取扱業務が日銀に移管されることになったからである。三井銀行は官金を扱う半官営事業体から、民間主体の商業銀行へ脱皮しなければならなくなった。

しかも、三野村利助は新設された日本銀行理事に任命されて三井銀行から離脱することとなり、大阪支店主任であった西邑虎四郎がその後を継いだ。三井銀行の公金依存脱却と民間商業銀行化という難事業に対して、西邑はそれだけの度量を持ち合わせていなかった。

松方デフレ期に抱えた三五〇万円の不良債権を抱えたまま、漫然と日銀業務代行の出張所を不採算地に多数開設したり、政府要人に対する放漫貸付けを続けて、三井銀行の財政危機はますます深まったのである。最後は三井銀行の信用不安を増大させ、一八九一年の取付け騒ぎにまで至ったのである。

事態を憂慮した三井銀行監事だった石川良平は、姻戚関係にあった山県有朋に実情を詳らかにしたうえで相談を持ちかけると、山県は三井と関係の深かった井上馨にその解決を委ねたのである。井上は渋沢、益田、三野村利助に相談し、慶應義塾出身で『時事新報』にいた洋行帰りの高橋義雄を推薦した。

高橋は当時の三井を「腐蝕した大木のごとく、ややもすれば崩壊せんとする状態であった」と述懐している[31]。それほど三井の窮状は甚だしかったのである。しかし高橋一人では、このピンチに大鉈を振るう改革者としては力が足りず、井上は一八九一（明治二四）年に当時、山陽鉄道社長であった中上川彦次郎（一八五四〜一九〇一）に白羽の矢を立てたのだった[32]。

中上川彦次郎
（1893年、三井銀行常務理事就任当時）
（三井文庫所蔵）

中上川彦次郎の改革

中上川は一八五四（嘉永七）年に、旧中津藩の勘定役であった才蔵を父に、福沢諭吉の姉を母として生まれた下級士族であった。[33] 叔父である福沢諭吉に憧れ、一八六九（明治二）年一六歳で上京して慶應義塾に入塾し、福沢の家に寄宿した。卒塾後は中津や宇和島の洋学校などで英語を教えていたが、福沢の推挙によって慶應義塾で教鞭をとることになった。

この間、中上川はずっと留学の希望を伝えていたが、福沢はなかなか首を縦に振らなかった。しかし、福沢の秘蔵っ子たる小泉信吉（小泉信三の父）が留学を希望すると、福沢は小泉と一緒ならばと、一八七四（明治七）年に二一歳になった中上川の留学も許可したのであった。中上川はロンドンのキングスカレッジなどに四年ほど滞在して帰国しているが、詳細は彼の日記が関東大震災で焼失したため、不明となっている。[34]

この留学中に、中上川は当時ヨーロッパに派遣されていた工部卿・井上馨と出会った。その縁もあって、中上川は帰国後に工部省に入省し、井上が外務卿に転じたのに従って外務省書記官に転籍した。

一八八一年、立憲後の政治体制をめぐってビスマルク派の伊藤博文・井上馨と、イギリスあるいはフランス的な立憲君主制を唱える大隈重信との間に政変が起こると、大隈の自由民権運動の理論的支柱であった福沢諭吉とその慶應義塾一派は政界から追放された。当然、福沢の甥であった中上川も慶應閥と見なされて外務省を辞めざるをえなかった。

この政変は国会のあり方をめぐる政争でもあったが、同時に薩長藩閥政治に対する不満や北海道官業払下げ不正をめぐる権力闘争でもあった。こうした背景とは直接関係がなかった中上川が辞任に追い込まれたのは不運でもあったが、これを契機に中上川は民間企業経営者に変身していくのである。

一八八二年、福沢諭吉が国会開設に備えて準備していた日刊紙『時事新報』を発行するにあたって、福沢は中上川を社長に据えて、民主主義思想の伝播に務めさせた。中上川は、日刊新聞の発行という難しい試みの中で、初期経営の辛苦を舐めたという[35]。

しかも、彼は経営ばかりか社説執筆や原稿校閲など実質的には編集長の仕事もしながら、営業にもあたっていた。彼の営業のセンスについては、風船を飛ばす広告を初めて行ったという面白い逸話が残っている。


明治一五年頃は、新聞はただ論説で売れ行くものとして、広告などに着目する者はなかった。このときにあたって、発刊当時より福沢先生の片腕となり、表面社長として『時事新報』を経営した中上川彦次郎氏は、英国滞留中に研究してきたものと覚しく、新聞経営には広告を取るのが最も必要であることを感じて種々新工夫を案出し、(中略)二階の窓より多数の風船玉に、「広告するならば日本一の時事新報に広告するに限る」という宣伝ビラを結びつけ、大空に向かってこれを放ったのが、非常に遠方まで蒔き散らされて、爾来東京の新聞中では時事新報が一番広告が多かった。(36)

中上川は弁論が立つだけではなく、経営や営業のセンスも実に実践的だった。したがって、一八八七(明治二〇)年に鉄道民設の流れの中で関西経済界による山陽鉄道設立が企画されると、三菱の荘田平五郎らは中上川を同社社長に就任要請したのであった。

関西経済界といっても、岩崎・荘田たちの三菱グループと藤田伝三郎率いる藤田組が対立を残したまま大同団結したもので、一枚岩の事業ではなかった。しかし、こうした状況下でも中上川は優れた経営手腕を発揮し、三年半の間に神戸—尾道間一三七マイル(約二二〇キロメートル)を完成させている。

アメリカの経営史家アルフレッド・チャンドラーが指摘するように、鉄道事業は当時最先端の技術知識を要求するだけでなく、巨額な初期投資が必要であり、それを長期的に回収するための運行計画や人員配置などを詳細に詰めるための高度な経営能力と組織設計能力を必要とする業種であった。その意味で、中上川は近代企業経営に関する高い経験と能力を積んでいたのである。

事実、彼は決してお飾りの経営者ではなく、資金調達をはじめとする経営管理ばかりでなく、路線の勾配設計や最新鋭ブレーキシステムの導入など、鉄道経営の技術面にも真摯に向き合っ

たことが証言されている。(37)

銀行の不良債権処理を断行

前述したように、三井銀行は多大なる不良債権を整理する一方で、その事業ドメインを政府公金の預かり運用から、民間融資主体の商業銀行業務へ転換する必要があった。三野村利助の後を継いだ西邑虎四郎や高橋義雄では、長く続いた古い関係やしがらみを抜本的に断ち切ることができなかった。そこで、井上馨は中上川の経営手腕を買って三井銀行に推挙したのだった。当時最大の民間企業であった三井銀行への誘いであり、中上川に断る理由はなかった。しかし、中上川の入行は三井銀行全体から歓迎されたものではなかった。高橋はそのときの寂しい様子を以下のように述べている。

山陽鉄道の引継ぎを終わって上京した中上川彦次郎氏を、新橋停車場に出迎えれば、三井銀行側のほうで、中上川氏に知り合いの人なく、かつ同氏の入行を歓迎するわけでもないから、私のほかに出迎人もなかった。(38)

銀行改革を断行するためには、多額の不良債権を整理するだけでなく、幕末以来続いてきた政府高官との因縁を絶つ必要があった。そうした荒療治には、むしろ銀行に知り合いなどいないほうがよかった。

当時、三井銀行が抱えていた悪質な不良債権には、回収困難と見られる六つの貸出先――東本願寺、第三十三銀行、角堅吉、堀田瑞松、田中重久、陸軍中将の桂太郎――が挙げられていた。(39)

しかし、天性の合理主義者である中上川に怖いものなどなかった。まず、真宗大谷派総本山東本願寺に対しては、中上川は豊臣秀吉が寄進した御影堂を抵当に取るという強談判に出た。慌てふためいた東本願寺側は、彼を「織田信長以来の天敵」と見なして全国キャンペーンを張り、あっという間に借金以上の寄進を集めて返済したという逸話が残っている。

第三十三銀行は、実は薩長閥と深いつながりのある銀行であり、その貸付先や債権の状況も複雑に絡み合ったものであった。これも後に述べる藤山雷太ら新規採用者の活躍によって回収に成功している。三番目の角堅吉とは横浜正金銀行の金庫課長で、競馬好きで積み重なった貸付けであった。しかし、角が横浜正金銀行社員であったため、貸し付けた資金をめぐっては三井銀行対横浜正金銀行という対立構図になり、回収が難しい債権となっていたのである。しかし、理は中上川にあった。これも交渉の末に落着となった。

さらに、堀田瑞松は漆画家として三井家に出入りしていた自称発明家であった。彼は漆の技術をベースに船底塗料を開発して海軍に売り込むと称して、三井銀行から多大な借り入れをなしていた。これも中上川の決断で関係断絶が成立している。田中重久は、日本初の電気工業

（芝浦製作所＝現在の東芝）を創業した発明家で、その初期から三井銀行が支援貸付けをしていたものである。田中への貸付けは回収不能として彼の製作所が抵当として接収されたが、中上川の工業化路線の端緒を開くものとなった。

いうまでもなく、桂太郎は長州出身の軍人で、後に内閣総理大臣にまでなった人物である。三井などからの返済要求などには歯牙にもかけぬ対応であったが、中上川の法的根拠を前面に押し出した本気度に、最後には、「チェ！　生意気な素町人奴！」という感じで矛を収めたという[40]。

人材登用と工業化路線

中上川の三井改革は、こうした不良債権整理にとどまらず、同行の人材一新にも及んだ。それまで各支店に委ねられていた管理職の採用を本社一括採用に統一し、母校・慶應義塾から大量の学卒者を採用して近代経営を強化した。また、多くの意思決定を才能ある若手管理者に権限委譲すると同時に、成果給制度を導入して彼らに大きなインセンティブを与えたのであった。

確かに中上川が慶應義塾から採用したキラ星のような人材は、その後の三井財閥や日本の経済界を牽引していく人物であった。代表的人材を挙げておこう（表も参照のこと）。

- 朝吹英二（一八九一年採用）……三井銀行・鐘淵紡績など三井事業の重責を歴任することと

中上川彦次郎によって抜擢された人物たち

氏名	採用年	主な職歴
朝吹英二	1891	鐘淵紡績専務取締役
津田興二	1892	時事新報、三井銀行、富岡製糸所所長
波多野承五郎	1894	天津領事、朝野新聞社長、三井銀行本店調査係長
村上 定	1892	熊本新聞主筆、山陽鉄道荷物係、三井銀行本店抵當係
平賀 敏	1896	宮内庁東宮職、三井銀行本店調査係、同名古屋支店長
日比翁助	1896	三井銀行本店整理係、同和歌山支店長
矢田 績	1895	山陽鉄道、三井銀行本店秘書課（秘書主任）
鈴木梅四郎	1894	横浜貿易新聞社長、三井銀行本店調査係
柳 荘太郎	1894	時事新報、三井工業部富岡製糸所勤務
藤山雷太	1892	三井銀行本店抵當係長、芝浦製作所所長、大日本製糖社長、貴族院勅選議員、東京商業会議所会頭など
林 健	1896	三井銀行本店勤務、同門司支店長（兼下関支店支配人）
和田豊治	1893	日本郵船、三井銀行横浜支店次席、鐘紡本店支配人
小野友次郎	1894	三井銀行堂島出張所主任
野口寅次郎	1894	横浜貿易新聞、三井銀行本店擔保係長、製糸工場－大嶹社工場長（宇都宮近郊石井村）
小出 收	1894	三井銀行本店勤務、富岡製糸所所長
西松 喬	1893	三井銀行青森支店長
伊澤良立	1896	三井銀行小樽支店支配人
武藤山治	1893	三井銀行本店調査係、鐘紡社長（日本の紡績王）
池田成彬	1895	三井銀行本店調査係、同筆頭乗務、三井合名会社筆頭理事、日本銀行総裁、大蔵大臣、商工大臣
藤原銀次郎	1895	三井銀行本店調査係、富岡製糸所所長、王子製紙社長、商工大臣、国務大臣、軍需大臣

出所：白柳秀湖『中上川彦次郎伝』175～185ページなどをもとに作成。

なる。中上川の妹を娶り、姻戚関係となっている。

- 津田興二（一八九二年採用）……三井銀行の後に富岡製糸所所長となる。
- 藤山雷太（同年採用）……若くして抵当係長となり、前述した桂太郎の債権回収などを主導した（藤山も中上川の妹を娶っている）。芝浦製作所所長、大日本製糖社長を歴任。
- 武藤山治（一八九三年採用）……後に鐘淵紡績社長として日本的経営の原型ともなる経営家族主義を追求した。
- 和田豊治（同年採用）……三井銀行を経て富士紡績や理化学研究所など数十社にのぼる会社設立に加わる。
- 池田成彬《しげあき》（一八九五年採用）……三井銀行から三井合名筆頭常務理事（事実上の三井財閥総帥）となる一方、日銀総裁、大蔵大臣、商工大臣を歴任。池田も中上川の長女を妻としている。

まさに中上川が採用した慶應出身者が後の三井財閥の基礎を創ったといってよいだろう。中上川は銀行改革と並んで、三井事業のさらなる近代化を推進しようと製造業への進出を積極的に進めていった。

「ヒトの三井」の形成

以上、初期三井財閥の歴史からは、日本における財閥形成の重要なポイントが見えてくる。第一に、伝統的な商家は方針転換あるいは新規事業に対してリスクを回避しようとする強い傾向がある。そのため、激動期を生き残り、新たな発展の契機を見出すためには、組織外部の経営者や企業家の経営行動に頼らざるをえなかったということである。

三井の場合は、三野村や益田という外部経営者を重要な場面で雇用し、彼らに決定を委ねたところにその発展の契機があった。三井財閥の転身に関しては三野村の役割が強調されるが、彼を選択した三井家の決断にも注目しなければならない。

ただし、三野村がいかにうまく決断しても、家族と雇われ経営者の間では経営方針をめぐってその後も争いは勃発した。三野村を雇用し、彼の再建策を擁護してきた三井高利でさえも、しばしば三野村の経営方針に反対することがあった。[41] 二〇〇年も続いた商家は、当然資産と家名を守るためにリスクを避ける傾向があり、有限責任が認められない状況下で、その傾向はいっそう強まっていた。

第二に、外部経営者が企業革新を発揮し続けるには、家族の保守的要求と自らの目的との間にあるコンフリクトを解消する仕組みの構築が重要だった事実である。新規事業に必要な原資を持っているのは伝統的商習慣を通じて巨額資金を蓄積した家族であり、彼らの許可なしに新事業を始めることは不可能である。

三野村の優れた点は、こうしたコンフリクトを解消するために所有と経営を分離する組織構造を考案したことであった。彼は明治に入って徐々に理解され始めた有限責任会社の概念を利用して、三井家の所有を認めつつ家族を経営から隔離した。

アメリカの経営学者バーリー＝ミーンズやチャンドラーが指摘したように、所有と経営の分離と専門経営者の登用は近代企業の確立にとってきわめて重要な要素であったが、それは三井にとっても同様であった(42)。分離によって、専門経営者たちは、家産所有者の保守的なリスク回避的態度を過度に気にすることなく、金融、貿易、鉱業などの新しい事業に進出できたからである。

第三に、人材が人材を呼ぶという好循環である。新たに雇用された外部経営者たちは、さらなる専門経営者を呼び込んでいった。彼らが新規事業推進にあたって、さらに若くて才能のある人材を継続的に雇用し続けただけでなく、彼らにも新たな事業機会の発見を積極的に求めさせた。こうして雇用された若い経営プロフェッショナルは、彼らの新しい知識や経験をベースに小売業（デパート）、製糸業、紡績業、海運業など三井の多角化を継続的に推進していったのであった。

三井が確立した持株会社の下に多くの子会社を独立的に抱える財閥という組織形態は、アメリカで発達した多角化組織、すなわち分権的複数事業部制とは異なるものであった。

取引理論の観点からいえば、財閥的な組織構造は各子会社が間接部門すなわち経営企画、人事、総務、経理財務機能などを重複して持つため、分権的な事業部制に比較するとコスト重複し、無駄が多いと考えられる(43)。

複数事業部制構造では各事業部の間接機能は中央本社で統一的に管理され、全社的な経営資源の調達・配分に関しては、大幅なコスト削減が達成されるようになっている。しかし、組織構造は常に経済合理性だけによって決定されているわけではなく、多くは歴史的経路依存によって決定され、それなりの合理性を持つことも近年明らかにされている(44)。

三井で採用された持株会社と多角的子会社構造には、三つの経路依存があり、経済根拠があった。

第一に、三井の事業が一事業の内部成長ではなく、江戸期の資本蓄積をベースに進められた買収や合併を通じた外部成長であったことである。その結果、資本蓄積を行ってきた商家的家族と新規事業を進める企業家的経営者との間には常にコンフリクトが存在した。三井家のリスクを回避しようとする傾向は二〇〇年間に及ぶ長い歴史の結果であり、彼らの抵抗をうまくヘッジするには、家族の利害と企業家的利害を調整するような組織が必要だったのである。

第二に、近代的事業や技術に関する知識が決定的に不足し偏在していたことも、財閥型組織形成の重要な要因であった。知識のない家族経営者にとっては、新規事業を推進するには新しい経営者に自由裁量を与えるしか方法がなく、事業の発展を望むならば所有と経営を分離してリスクを回避しつつ、彼らに企業経営を任せられるような組織を模索せざるをえなかったのである。

第三に、明治の初期に出現した事業機会は金融業、鉄道、貿易、鉱業、海運、造船、繊維などきわめて多種多様であったことである。これらの事業機会を機敏に捉えていくには、資金力にもまして知識や経験が必要であった。しかも、三池鉱山入札の場合に明らかであったように、事業機会をめぐる競争は新旧商人間で熾烈であった。したがって、三井が雇用した学卒者の知識や経験を多重利用して彼らに事業機会を捉えさせ、さらには運営させることが迅速な成長につながった。

結果として、そうした会社は、三井大元方はもちろん、三井銀行や三井物産の事業部にするよりは、独立した企業体として持株会社の下で管理されるようになった。それは管理コストという点では重複するものであったが、三井家にとってはリスクの分散であった。

ところが、この独立は企業の自主性や意思決定の迅速化、そして何よりも経営者育成に大きな成果をあげたのである。本社の出資を受けてはいても、単独子会社の社長として資本調達、人材育成、上場さえも視野に入れた企業成長を指揮するということは、巨大事業部制企業における事業部長とは比較にならないほどの経営力を実践するということであった。事業を通じた実践的経営者養成組織となっていたのである。

事実、この子会社群の社長の中から、三井全体を統轄する名経営者が続出している。三井が三菱と比べて「人の三井」といわれるゆえんである。

3　三菱の創造的対応——反骨精神と関連多角化

江戸時代から続いた三井が明治維新を契機に、社外からの人材を通じて多角的事業を展開したのに対して、土佐の下級武士・岩崎弥太郎が創設した三菱は、一八七〇（明治三）年まで存在すらしない企業体であった。それが三井と並ぶ日本最大の財閥になるまでにわずか一五年しか要しなかったという事実は、異例の高度成長ということができる。

したがって創業期の三菱は、三井とは異なる問題に直面していた。後発参入者であった三菱は、銀行、紡績、鉱業など重要な分野ですでに大きな地位を占めていた三井や住友とは、正面から競合しない新しい事業領域で成長の糸口をつかむ必要があったのである。

結論から言えば、三菱は紆余曲折を経て、最初に参入したコアビジネスである海運事業の補完事業を次々と内部化することで、多角的事業体として大きく成長した。その成長の原動力となったのは、土佐藩の最下層武士である地下浪人に生まれた創業者、岩崎弥太郎（一八三四〜八五）の反骨精神と知的論理武装と不屈の企業家精神、そして実践的なビジネス感覚だった。もちろん、創業者だけでこれだけの多角的事業体を創造することはできない。血縁を軸としながらも、優秀な外部人材を各所に登用した人事感覚も優れていたのである。

反骨の青年・岩崎弥太郎

三菱財閥の創業者である岩崎弥太郎は、一八三四年高知県（当時の土佐藩）に地下浪人の長男として生まれた。(45) かつては地方豪族の一員という家柄であったものが、幕末には正規の武士階級外となる地下浪人にまで没落していたため、弥太郎はいわれない差別や屈辱的体験を味わったという。

土佐藩は土着の安芸氏を長曽我部氏が滅ぼし、その長曽我部氏を徳川幕府が制圧し、山内家に配封したという歴史がある。そのため、山内配下の上士と旧長曽我部の下士・郷士、さらにその下に安芸氏の流れを汲む地下浪人がいた。これが土佐における激しい身分格差を生み、上士が下士・郷士、さらには地下浪人を必要以上に軽侮する傾向を生んだのである。

このいわれない差別が弥太郎の「不屈の闘志と強烈な指導力」を養成し、弥太郎のアニマルスピリットの原点となったといわれる。(46)

写真に残る岩崎弥太郎の面相はいつも強面《こわもて》で迫力満点だが、実は緻密な思考力と知性の持ち主であり、強い向学心もあった。そのため、若いときには身分に関係のない学問を梃に立身の道を選んだ。伯父婿であった岡本寧浦《ねいほ》から儒学を学び、岡本の死後は土佐で有名な儒学者の奥宮慥斎《ぞうさい》の下で修行を継続した。その奥宮が江戸に出府することとなり、弥太郎はその従者格で随行することとなった。学問の道に進みながらも、時代の息吹に接する大きな幸運をつかんだのである。

上京を小躍りして喜んだ弥太郎は、出府の前日「青春の血の躍るを禁ぜず」、真夜中に土佐霊山の妙見山の頂きに登り、将来における飛躍を誓ったという(47)。

しかし、期待に満ちた上京は、次第に失望に変わっていく。彼は幕藩体制の権威主義に辟易とし、その時代錯誤的現状認識を嫌悪していくのである。弥太郎の観察は、前述した三井物産の益田孝の幕末評と相通ずるものがある。益田は、「幕府には人物がなかった。たとえあっても、家の格式というようなことがやかましいから、働くことができぬ。あれではとても仕様がない」と述べていたが、弥太郎も憧れの江戸で同じような印象を持った。

事の発端は、諸藩の江戸城詣での見物にあった。当時江戸城へは、老中、若年寄り、寺社奉行などは毎日登城したが、無役の諸大名は毎月の一日、一五日、二八日の式日と五節句だけに登城し、徳川将軍に恭順の意を表する慣わしであった。この式日には諸大名が「ハイヨウ、ハイヨウ」の掛け声の下、槍を掲げ、金門挟箱を振りながら威厳を競うように江戸城に向かう。確かに華麗なる江戸錦絵の世界である。

奥宮慥斎は、「田舎者の弥太郎にとってはこの上もない国への土産話」になると考え、彼をその豪華絢爛なる行列見物に連れ出した。しかし、奥宮の配慮に対して弥太郎はいっこうに反応しない。反応しないどころか、徳川の末期を予言して師匠に言い返したのである。

一体政府の諸役人にしても、また諸大名にしても、今という時を何と心得ていますのやら、あんな下らぬ形ばかりのことに力瘤《こぶ》を入れ、何時までも太平の夢を見ているようでは、もう徳川の天下も末ではありますまいか。(48)

時は一八五四(安政元)年。ペリーの黒船来港と日米修好条約の締結、吉田松陰の渡米失敗、安政の大獄へ連なる弾圧政治の始まった年である。さらに、故郷の土佐藩では、アメリカで教育を受けて戻った中浜万次郎(ジョン万次郎)が、アメリカおよび世界の発展ぶりを詳細に伝えていた。そんな情勢下で繰り広げられる諸大名の登城行列に、弥太郎は威厳どころか大きな失望を覚えたのだった。

岩崎弥太郎
(三菱史料館所蔵)

しかも、弥太郎はそれを堂々と公言してはばからなかった。彼の態度は奥宮を激怒させたが、一方で見込みのある若者との印象をも与えた。奥宮は数カ月で帰郷したが、弥太郎を江戸で最も著名な儒学者の一人であった安積《あさか》艮斎《ごんさい》に預けたのである。艮斎はその容姿はともかく、江戸の昌平黌《しょうへいこう》で教鞭をとる日本最高の知識人の一人であり、儒学の第一人者であった。弥太郎が、土佐最高の儒学者から日本最高峰の儒学者にまで師事できる素養を持っていたことを証明する逸話である。

この江戸修養も父親・弥次郎の不始末とその投獄のために、一年足らずで終わってしまう。弥次郎の酒癖はかねてより悪名が高かったが、彼は名主の宴席で大酒に酔って、所構わず悪態をついたために、その場に居合わせたものたちによって袋叩きにされたのだった。これに怒った弥次郎は自分の酒癖は棚上げにして、名主らの蛮行を郡奉行に訴え出た。ところが、名主からその蛮行を逆に訴え返され、監禁投獄されてしまったのである。

それを聞いた弥太郎は急いで帰郷し、父の冤罪を晴らすべく奔走するが、ここは多勢に無勢。今度は弥太郎自身も、今でいう「法廷侮辱罪」で逮捕投獄されてしまったのであった。しかし、この投獄が先の徳川幕藩体制への失望に加えて、弥太郎の運命を大きく変えることになるのだから、歴史とは不思議なものである。

弥太郎は田野の獄中で、偶然にもきわめて算術に長けた樵夫《きこり》と同房することになった。この樵夫は算術だけでなく、一攫千金話を含むような営利商売の道にも詳しかった。彼の山師的だが何とも自由な話を聞くうちに、弥太郎は「今更のように因習と虚礼の末節に拘泥し、身分だの家柄だのと愚にもつかぬことに角突き合わせている武士の生活が馬鹿々々しく」なり、将来は商売を実践したいと思うようになった。(49)

弥太郎はこの樵夫から熱心に算盤算術を学び、わずか一カ月足らずで算術を習得してしまった。この修養が後の三菱財閥の基礎になったともいえるのだから、歴史は愉快だ。

さて、ここで浮かんでくる疑問は二つある。一つは、当時の水準からいって弥太郎は疑いなく高度な知識人であった。その弥太郎が算術を全く知らずに、樵夫風情からその手ほどきを受けた、ということの真偽である。評伝家の白柳秀湖《しゅうこ》が福沢諭吉の述懐を例に説明しているように、これは確かな真実であっただろう。福沢は自伝の中で、儒学者であった父親が諭吉の兄と姉の算術の手習いに対していかに侮蔑的であったか、以下のように述べている。

倉屋敷の中に手習いの師匠があって、そこには町家の子どもも来る。そこでイロハニホヘトを教えるのはよろしいが、大阪のことだから九九の声を教える。二二が四、二三が六。これは当然の話であるが、そのことを父が聞いて、「けしからぬことを教える。幼少の子どもに勘定のことを知らせるというのはもってのほかだ。こういうところには子どもはやっておかれぬ。何を教えるかしれぬ。早速取り返せ」といって取り返したことがある……。(50)

当時の武士階級は算術などを学ぶことを恥としており、町人の子弟だけが算盤などを手にした。したがって、儒学などの武士の教養をどんなに積んでいても、彼らは実業的な算術などには無縁だったのである。

これは、第2章の大隈重信の述懐にも共通している。大隈は葉隠や儒学を教える佐賀の藩校の非実践的な部分を軽侮した。大隈は、「漢学はすべて空理空論を第一とするもので、もちろん活動的な社会の人間を養成するに足りない。これを養成するに足りないばかりでなく、かえって有為の人物を無用の人に変えてしまうものである」と述べていた。

こうしてみると、大隈も益田孝も福沢諭吉も岩崎弥太郎も、既存の権威や学問体系に対して批判的であり懐疑的である。長期にわたって強固な体制が続いた後の変革期にあって、「ことを成す」人間は反体制的であることが多い。彼らは既存のフレームワークの延長線上でものを考えないため、新しい組合せ、すなわちイノベーションが起こせるのだろう。

さて、算術などの実践的な学問から遮断されていた武士の環境からすると、弥太郎はもちろん士族授産企業・小野田セメントを率いた笠井順八などの武士たちが、維新後にビジネスマンへ転身していった事実は、現在から想像する以上に困難な道だったことが推察される。「武士の商法」という言葉には、心理的にも物理的にもきわめて高いハードルを乗り越えなければならないという言外の暗喩があるのである。

さて、もう一つの疑問は、後に大富豪となった弥太郎がこの樵夫に対して篤く報いたか、何もしなかったかというものである。この結末については両説があって、残念ながら、その真相は今でも定かではない(51)。

吉田東洋と土佐藩海運業

出獄後、弥太郎は郷里からも追われ、高知の鴨田村に仮住まいし、近隣の子どもたちに学問を教えながら糊口をしのいでいた。そんなときに、今度は偶然にも土佐藩の偉才と呼ばれた吉田東洋に出会うこととなった。

東洋は一八一六年に土佐藩の馬廻役《うままわり》の家に生まれ、弥太郎よりも一八歳年上であった。東洋は学業優秀で、二六歳にして船奉行に抜擢され、翌年には郡奉行にまで昇進している。一八四九年、東洋三三歳のときの建言には、次のような開明思想が述べてある。

資格を破って人を用うるにあらざれば、何によって人才を鼓舞せん。法令を簡にしてよろしきに適せしむるにあらざれば、何によって信賞必罰ならん。歳の出入を覈《かく》して耗《もう》を防ぎ、費を省くにあらざれば、何によってか機械を繕い、物力を饒《ゆた》かにせん。よく人材を陶冶せんと欲せば、よろしく文館式場を建立して、これを勉励すべし。もって凶荒《きょうこう》を賑わし、緩急に備えんと欲すれば、よろしく地形を相して、食も設けて穀を蓄え、時を料《はか》ってこれを売買すべし。(52)

要するに東洋の進言は、格式などにとらわれず人材を登用し、簡素な法によって信賞必罰を貫き、経費節約によって機械を購入し、豊かな物産を振興する。そして、穀類を備蓄して商機を見ながら販売するという、開明的殖産興業策の奨励であり、弥太郎の不満にも通ずる人事刷新の考え方であった。

同時期、土佐では幕末名君の一人に挙げられる山内容堂が藩主に封ぜられ、容堂は東洋の才能を買って大目付に抜擢し、すぐに仕置家老に昇進させている。日米修好条約が締結された一八五三年、東洋三七歳のときであった。

しかし、東洋には困った癖があった。弥太郎の父・弥次郎と同じ酒乱の癖である。一八五四年には藩主に同行して上京し、容堂と水戸学の大家・藤田東湖との面会を画策するなど優れた活躍をしていた。ところが、江戸の宴席で容堂の親戚である旗本・松下嘉兵衛をこともあろうに容堂の面前で殴打してしまったのである。これは大きな問題となり、東洋はすぐに国許謹慎を命ぜられ、土佐藩に返され蟄居させられたのであった。

優れた思想家でありながら、きわめて短気で傍若無人な振る舞いを行う秀才東洋の失態である。国許に返された東洋は謹慎中と称しながらも、長濱村に自ら少林塾という私塾を主催し、後の大政奉還派となる後藤象二郎、福岡孝弟《たかちか》、福岡清馬、市原八左衛門など土佐の俊英を集めて後進の指導に努めた。

長濱村は、弥太郎が蟄居していた鴨田村から三キロ程度の場所にあり、かねてから東洋の開明的な考えに共感していた弥太郎は東洋に近づくことを決意した。互いに謹慎中ということもあって、弥太郎は身分差を超えて歩み寄る勇気を得たのである。こう書くと大げさに聞こえるかもしれないが、藩のエリートであった吉田東洋と地下浪人・岩崎弥太郎の間における身分差は想像以上に高く広く、弥太郎には相当の覚悟が必要であったのである。しかし、東洋は弥太郎に強い才気を感じ、地下浪人の身分でありながらその門下に列した。

ただし、東洋の備忘録には、弥太郎だけが名字なしで綴られている。弥太郎がまだ名字を購入していなかったためかもしれないが、無意識の差別的表記は随所に見受けられるのである。(53)

安政の大獄を受けて藩主・山内容堂が隠居謹慎となると、藩中に再び東洋に対する待望論が沸き起こった。この待望論を受けて、一八五九（安政六）年に東洋は五年間の雌伏の時を経て再び仕置家老に登用され、幕末の藩政改革を担うこととなったのである。

彼は人事を刷新するとともに、財政改善のために殖産興業政策に力を入れた。その一環として、弥太郎を藩職に推挙した。弥太郎が岩崎という名字を他の下級武士から買ったのは、ちょうどこの頃と推測されている。

一八五九年、弥太郎は同藩郷廻り役に推挙され、幸運なことに長崎出張などを命ぜられた。長崎は当時の最大の貿易港であり西洋文明との接点であった。ここで、弥太郎は最新技術や貿易状況を目の当たりにし、近代化を担う海運事業・貿易業務と出会ったのであった。

幕末明治に土佐藩志士として活躍した後藤象二郎は吉田東洋の甥であり、東洋の右腕として海運業・貿易業務を司った。弥太郎は後藤の知遇を得ることによって急速に頭角を現していった。

同じ土佐藩出身の坂本龍馬とは違って、弥太郎は明治維新の政治的表舞台に立つことはなかった。しかし一八六七年、後藤によって土佐藩の商務組織である土佐開成館主任に抜擢され、長崎において土佐藩の貿易・海運事業全般に携わることとなった。土佐開成館長崎商会の最高責任者は後藤であったが、大政奉還の政治運動に忙しく実質的な責任者は弥太郎であった。

弥太郎は土佐藩の貿易すべてを管理し、イギリスのグラバー商会を手始めに諸外国の貿易商との間で、汽船、帆船、砲艦大砲、小銃、火薬など大規模かつ複雑な貿易業務を取り仕切った。土佐だけでなく他藩の商談も含まれていたため、弥太郎はここで巨大な商取引を経験したのである。明治維新後に長崎商会が閉鎖され、大阪開成館幹事心得に昇進する頃には、彼は土佐藩を代表する経済官僚に成長していったのだった(54)。

その一方で、木戸孝允、伊藤博文、五代友厚などの政治家や商人たちとの知遇を得ながら自身の器と人脈を磨いたといわれる。

一八七〇(明治三)年、弥太郎は上京して大政奉還に奔走する後藤象二郎、板垣退助らと会談し、同年限りで土佐開成館を藩から分離し、私企業として存続させることを決定した。政府は各藩営商社の廃止命令を出しており、土佐開成社は九十九《つくも》商会と改名して藩所有の船舶を譲り受けて創業することとなった。弥太郎は当時、土佐藩大阪藩邸の責任者をしていたが、彼以外に商社経営を全うできる人材がいなかったため、彼が九十九商会の実質的経営を担うことになったのである。

九十九商会は藩所有の三隻の船を使って、大阪—東京、神戸—高知の海運業務を開始した。

一八七一年、廃藩置県が行われて土佐が高知県に改められると、弥太郎は藩船二隻を四万両で払い受け、神戸―博多間に新路線を開設し、大阪、神戸、博多にわたる諸物産の交易を拡大した。こうして海運業を中心に三菱財閥の基礎が始まったのである。

幕末という大変革期には、時代の流れに翻弄されるさまざまな人物が現れる。弥太郎は土佐藩という封建制的身分格差の激しい藩に生まれ、自らの出自を学問で補おうとした。しかし、その修業の中でも窮屈で体裁を繕う「武家社会＝幕藩体制」に限界を感じ、ビジネスで身を立てる方向に魅力を感じていったのである。その直接の契機となったのが、牢獄で出会った樵夫による算術指導であり、抜擢された長崎での国際交易であった。

大きな時代の変化を受け入れられず、その波に翻弄されていく人間もいれば、それを契機に創造的に反応する人間もいる。この創造的反応を起こせる人間をイノベーターという。岩崎弥太郎はまさにイノベーターであり、アントルプルヌアだったのである。

国際競争、士族の乱、政商

明治初期、海外の海運会社はすでに日本への定期船就航を開始し、日本界隈の航路寡占化を進めていた。

イギリス企業Ｐ＆Ｏ汽船会社は、一八五九年に長崎―上海間、一八六七年に横浜―上海―香港間に定期船を就航させていた。フランスのメッサジュリ・アンプリアーレ海運会社も同年、横浜―上海を開始して、アメリカのパシフィック・メイルは、一八六五年にサンフランシスコから上海経由で横浜への定期航路を、続いて神戸・長崎経由で横浜と上海をつなぐ航路を開設していた。

日本の独立・工業化・近代化にとって、海上大型輸送は必要不可欠の前提条件であったため、明治政府も蒸気船による定期海運事業の確立を急務と考えていた。一八七〇（明治三）年、通商司によって官営の回漕会社を立ち上げたが、海運事業の経営経験もないために、わずか一〇カ月で経営不振に陥り、営業停止に追い込まれていた。

続いて、明治政府は一八七一年に各藩の藩船を利用し、三井・小野組の商人資本をバックに日本国郵便蒸気船会社を立ち上げた。同社に対して政府は、さらに一〇隻の船舶二五万円相当を無利息一五年年賦で貸し付けるなど、手厚い保護を加えた。

この過剰な厚遇に最も腹を立てたのは岩崎弥太郎だった。すべての面で劣位に置かれた弥太郎は、「顧客第一主義」を前面に出して戦い、その競争優位を磨いたという[55]。

こうした苦しい状況の弥太郎に転機をもたらしたのは、明治政府の派兵事業を通じた政府との関係強化であった。第2章で検討したように、明治政府は下級武士を中心とした倒幕政権であったが、同時にその存続基盤である武士体制を打倒する反封建政権でもあった。財政事情が厳しくなるにつれて旧士族層への圧力は強まり、倒幕主体でありながら次第に政権から疎外されていく士族層、特に下級士族層に不満は蓄積していった。この不満は「士族反乱」という形で表出した。

一八七四（明治七）年、江藤新平が率いた約三〇〇〇人もの武士による「佐賀の乱」が勃発した。いまだ植民地化の危機という外患を脱し切っていない明治政府にとって、国内の内乱は何をおいても即刻鎮圧すべき内憂であった。

政府は、佐賀に鎮圧軍を急送するために多大な支援を続けてきた日本国郵便蒸気船の協力を要請した。意外にも彼らは協力に消極的であった。激怒した内務卿の大久保利通は三菱に商船徴用を依頼し、この反乱をきわめて迅速に鎮圧することができた。弥太郎に大きな運がめぐって来たのである。

佐賀の乱を受けて、政府は不平士族の矛先を海外に向ける必要性を痛感し、同年に台湾征討軍三〇〇〇人の派兵を決定した。政府は佐賀の乱鎮圧に協力した三菱商会にさらに一三隻の船舶を貸与し、再び派兵業務を担わせた。三菱は派兵後も借り受けた一三隻の継続使用を許可され、政府に厚遇されてきた日本国郵便蒸気船会社を一挙に抜き去り、同社を解散併合に追いやったのであった。

次に、外国汽船の拡大を憂慮した大蔵卿の大隈重信は、三菱に命じて横浜―上海間に国際定期航路を開設した。弥太郎は外国汽船会社との競争に持ち前の愛国心と闘争心を燃やした。まず、アメリカのパシフック・メールには上海航路で激しい運賃競争を仕掛け、同社の横浜―上海航路を廃止に追いやっただけでなく、政府から借り入れた八五万円で同社所有の四隻の船と港湾施設を買い取っている。

さらに、一八七六（明治九）年二月にイギリスのP＆O汽船が大阪の大手問屋業者と結託して、香港—上海—横浜および東京—阪神間に航路を開いて三菱の牙城に迫ると、弥太郎は強いナショナリズムと国益を背景に激しい対抗策に打って出た。自らの給料を半減するとともに、経営幹部の石川七財《しちざい》、川田小一郎らのそれは三分の二にして果敢な価格競争を挑んだのである。

これは弥太郎の猛々しい一面だが、後に述べるように、彼が政府からP＆Oに対抗できる荷為替金融の許可をもらったのは戦略性のある対応であった。荷物を運ぶだけでなく、為替業務という金融サービスができるようになったからである。その結果、P＆Oは早くも同年八月には路線からの撤退を余儀なくされた。弥太郎の負けん気にとって、仕掛けられた競争は絶対に勝たなければならないものだったのである。

三菱にさらなる巨大利益をもたらしたのは、一八七七年に勃発した西南戦争であった。前述したように、維新政権が近代化路線を進めるに従って、維新の功労者であった下級士族への冷遇は明らかになっていった。下級士族の代表ともいえる西郷隆盛にとって大久保利通の進める官僚政治は、幼なじみといえども、度を過ぎたものに映った。やむなく西郷は一八七七（明治一〇）年、西南の地に兵を挙げたのである。

これは維新政権最大の危機であり、この内乱は絶対に鎮圧しなければならないものであった。そのため、明治政府が西南戦争に使った戦費は約四二〇〇万円に達し、当時の税収四八〇〇万円のほとんどを使い果たすというものであった。しかもそのうちの三割、約一五〇〇万円は三菱が手にしたと大げさに言う向きもあるが、実際の支払いは約三四〇万円、純利益は一四〇万円程度と見積もられている(56)。

三菱は政府の兵員・軍備輸送に全力であたるとともに、民間貨客輸送を維持するために、政府から洋銀七一万ドルを借り入れて外国船七隻を買い入れ、民間輸送を継続した。結果として、三菱は西南戦争を契機に国内最大の海運業者の地位を不動のものとしたのであった。

岩崎弥太郎の人的資源投資

三菱の競争力は、藩や軍から無償あるいは長期低利息で借り受けた船舶利用による低価格運賃にあった。初期投資をほとんどしていない三菱は、自前で船舶を調達した企業とは比べものにならない低運賃設定が可能だった。

しかし、弥太郎は安価で手にした競争力に甘んじるだけでなく、三井の三野村や益田と同様に優秀な学卒者を積極的に採用し、事業展開に必要な優れた経営者を育てていったことを見逃してはならない。

また、台湾派兵で船舶運航技術の重要性を強く認識した明治政府は、三菱への船舶譲渡の条件として船員養成学校の設立を命じた。一八七五年一一月、隅田川河口の霊岸島に設立された三菱商船学校である。

当時、三菱の海運もその多くは外国人船員によって運行されていた。たとえば、三菱所有の一五隻に雇用されていた外国人は一〇六人にものぼっていた。幕府の海軍伝習所から大学南校（現在の東京大学）で教鞭をとっていた中村六三郎を校長に迎えた三菱商船学校は、一八八二（明治一五）年に官立東京商船学校に移管されるまでに明治初期の海運を担った人材育成を続け、一八八八年に東京商船学校として三菱から独立し、日本の海運を支える知識基盤となった。[57]

さらに、弥太郎は先端技術を学ぶためにイギリスやアメリカに数多くの自社エンジニアを留学させた。一七歳年下の弟・弥之助も一八七二年から一年半ニューヨークに送り出されている し、弥之助は彼の息子・小弥太もケンブリッジ大学に留学させている。

弥太郎は、慶應義塾、東京職工学校や工部大学校から学卒者を大量採用したが、彼は人材育成のために二つの学校を設立している。一つは、前述した三菱商船学校（一八七五年創立）である。もう一つは、一八七八年に設立された現代のビジネススクールともいえる三菱商業学校である。

弥太郎は眼前に広がる新しい事業機会を実感するたびに、これからの事業環境を理解し、新分野で事業展開ができる経営者層が決定的に不足していると考えていた。そこで、三菱に必要とされる人材を内部育成することを決断したのである。これも本業を補完するための多角化の一例である。弥太郎は福沢諭吉の推薦を受けて、慶應義塾で教鞭をとっていた森下岩楠を自ら自宅に訪ねて、「日本にはまだ実業に役立つ学校がない。欲しい人材は自分たちで養成するしかない。それをあなたにお願いしたい」と説得した。

森下が書いた設立趣意書には、三菱商業学校の理念が高らかにうたわれている。

同校では、一学年に約一〇〇人以上の学生が五年間、英語と日本語の他に、地理、歴史、数学、経済を教養として英語で学び、商法、金融、保険、簿記といった実学も徹底的に教育された。さらに、一年間の実務研修、今でいうインターンシップもあった。弥太郎の長男の岩崎久弥もその卒業生の一人であった。

優秀な学生を集めるために、優れた教師も慶應義塾から引き抜き、高度なビジネス教育を行うと同時に、優れた人材を多方面から採用した。ここで教育された学生が本業周辺に事業機会を見出し、新たな多角化を行うという好循環がめざされたのである。弥太郎は、福沢諭吉がうらやむほど、義塾の分校たる三菱商業学校に潤沢なる資金をつぎ込んだ。

しかし、三菱商業学校は一八八四年に閉校となってしまった。理由は二つある。一つは、慶應から移籍した商業学校教師の馬場辰猪《たつい》や大石正巳が自由民権運動の昂まりを受けて自由党結成に参加し、同校校舎を使って夜間学校「明治義塾」を勝手に開校したため、商学校が旧土佐藩の憲法制定・国会開設派たちの梁山泊と化してしまったことである。当然、薩長中心の明治政府は、三菱商業学校におけるこの動きを快く思わず、現政府と強いつながりを持つ弥太郎も賛意を表しなかった。弥太郎自身が過激な政治運動に嫌気が差したともいわれる。

もう一つの理由は、後述する共同運輸との激しい価格競争が佳境に入り、悠長なことをやっている場合でなくなったという現実もあった。こうして、ある種の理想的ビジネススクールであった三菱商業学校は、わずか六年間で閉鎖されてしまったのである。

一八八〇年代になると、外国船による日本市場展開に加えて、三井など他の多角的事業体も海運業参入を計画し始め、価格競争もますます熾烈なものとなった。さらに、三菱の独占的な体質と立憲改進党との強固な関係は、反三菱の機運を政界内部に高めることとなった。

一八八三年、明治最大の事業家の一人である渋沢栄一は、三井とともに共同運輸会社を立ち上げ、三菱の独占に挑戦した。二社による激しい価格競争は約二年間にも及び、両社ともに財務状況の激しい悪化を招くこととなったのである。

その結果、明治政府は二社の仲介に入り、両社合併による新企業創設を提案した。こうして一八八五年に日本郵船株式会社が設立され、岩崎弥太郎の長男・岩崎久弥が筆頭株主になった。厳しい価格競争の間でも、三菱は共同運輸会社に対して優位な競争を進めていたため、この合併によって三菱は自前の海運会社を失ったにもかかわらず、実際には新会社でも経営上のイニシアティブをとることができたのである。この激しい競争の最中、弥太郎は不運にも胃癌のために五一歳の生涯を閉じている。

アドホックな事業展開と学習

一八七〇年代の半ばから、岩崎弥太郎は海運業の周辺に事業の多角化を開始した。彼の多角化の基本は、本業である海運業を補完するための事業に進出し、それが独立できる事業体にまで成長すると社外に外部化するというものであったと、よく合理的に説明されているが、初めからそれほど戦略的であったわけではない。

初期の弥太郎の多角化を見ると、意外にアドホックに進めていたことがわかる。弥太郎は創業初期に高知で樟脳生産と製糸業を営んでいた。いずれも土佐藩から払い下げられたものであった。また、小規模の製茶業や薪炭業にも進出していた。一八七三（明治六）年には松山藩主から三菱初の金属鉱山である吉岡銅山を一万円で買っている。この買収は初期の三菱の資金繰りにとって、大きな現金収入をもたらすこととなった。しかし、初めから意図されたことではなかった。

一八八〇年には有限会社貿易商会に資本参加、一八八一年には明治生命保険会社と日本鉄道会社に出資している。また、東京一帯に水を供給する千川水道会社を弥太郎の全額出資で復興させている。これらは海運事業とは無関係で、三菱財閥の中核に残ったのは結局、明治生命だけであった。このように、弥太郎の初期多角化は試験的・趣味的なものであったり、友人・知人に誘われたりしただけのものだった。この非関連多角化の方向性を変えたのが、明治一四年の政変であった。

明治一四年政変と関連多角化

一八八一（明治一四）年頃になると、国会開設を求める自由民権運動や北海道開拓使庁官有物払下げをめぐる薩長藩閥政治への反感、さらに財政回復できない大隈財政に対する不満が、大久保利通暗殺後（一八七八年）の政府部内に大きな亀裂を生んでいった。穏健的な国会開設を目論む伊藤博文と井上馨は早期国会開設を唱える大隈を追放し、さらに自由思想の司令塔ともいうべき福沢諭吉と慶應グループにも排斥の手は及んだ。

政変自体は複雑な政治プロセスであり、それ自体で長文を要する研究対象である。したがって、ここでは詳細は省くことにするが、重要なことは弥太郎が築いてきた政府との強い絆、大隈や福沢に対する支援などが彼の事業展開に大きな障害になりうるということだった。

逆境の中で、弥太郎はビジネスに政治の力を利用することはきわめて重要だが、一方で大きなリスクを伴うことを痛感し、「政治不関与」を三菱の基本とした(58)。そして、事業に関する多角化も本業にかかわりのあるものに集中するようになったのである。

関連事業への第一の多角化は、石炭事業への後方統合であった。海運船舶の主要燃料は石炭であり、事業の競争力にとって安価で十分な石炭補給を確保することは必要条件であった。したがって、一八八一年四月に弥太郎は燃料確保のために自ら和歌山で炭鉱業を開始した。しかし、和歌山の炭鉱の生産量では、急拡大する三菱海運業の需要を満たすには不十分だったため、弥太郎は当初から長崎の高島炭鉱から石炭を原料として購入していた。

　高島炭鉱は、佐賀藩とトーマス・グラバーが共同出資によって採掘を本格化した鉱山であり、当時は佐賀藩から権利を譲り受けた後藤象二郎が経営にあたっていた。しかし、その操業は決してうまくいっていなかった。一八八一年、後藤の借金まみれの生活を見かねた福沢諭吉の仲介もあって、弥太郎は高島炭鉱を買い入れる準備をする。

　しかし、後藤側が経営状況に関して不都合なところを隠蔽していたため、交渉は難航し、当初六〇万円程度と見られていた買収額も九七万円に膨らんだ。弥太郎は交渉決裂を叫ぶが、それを抑えて買収をまとめたのは当時副社長であった弟の弥之助であった。

　岩崎弥之助（一八五一～一九〇八）は、弥太郎より一七歳若く、土佐藩校到道館にて優秀な成績を収め、藩の給費生となるほどの秀才であった。弥太郎は弥之助の才能を買って、一八七二（明治五）年にまだ二一歳の弥之助をアメリカ留学に送り出している。弥之助は大学に入る前の高等学校で勉強していたが、父・弥次郎の急逝と兄・弥太郎の懇願もあって、翌年一一月には帰国して、出来立ての三菱商会に入社した。

　弥之助は、「豪気で突進的な兄の弥太郎を助けて細部に配慮して、三菱の近代化を推進した」といわれる。(59) たとえば、彼は弥太郎の反対を押し切って高島炭鉱の買収を進めている。それは後藤の長女が嫁であったためではなく、高島炭鉱が三菱にとって安定した燃料供給源になり、その推定埋蔵量からして超過分は輸出できると考えていたからである。彼の予測は正しく、三

岩崎弥之助
（三菱史料館所蔵）

菱は余った石炭を上海、香港、シンガポールに自社の航路を通じて輸出し、本業の海運業の競争力を高めただけでなく、海運と炭鉱業の間に強固な相乗関係を作り上げたのであった。

一方、海運業の発展にとって欠かせないのは、船舶修繕施設であった。三菱の主要港横浜には修繕施設がなかったため、三菱商会は同社の船舶修理を上海かロンドンで行う必要があった。この無駄を避けるために、弥太郎は一八七五年に上海のボイド社と共同出資で三菱製鉄会社（実際に鉄はつくっていなかったので、英語では三菱エンジン・ワークスと表記されていた）を設立し、船舶修理に加えて部品製造事業も開始した。一八七九年にはボイド社の株を全額買い取って完全子会社としている。これも海運業の後方統合である。

海運業の関連多角化として、弥太郎は当然造船業の可能性についても調査を進めていた。徳川幕府は一八六三年には長崎に戦艦を造船する施設を建設し、それを引き継いだ明治政府は一八六八（明治元）年にイギリスから最新の修繕技術を導入して、長崎造船局を日本造船業の最重要拠点とした。

しかし、松方緊縮財政を受けた政府は、海運業の中心が長崎から大阪・神戸に移ったこともあって、長崎造船局を民間に払い下げることを決定した。一八八四年六月、当時、共同運輸会社と激しい価格競争をしていた三菱だが、長崎造船局は何をおいても確保しなければならない施設であり、必死で同局の落札に成功した。長崎造船所の買収とその経営にあたったのは、やはり弥之助と一八七五年に弥太郎が慶應義塾の教師から採用した荘田平五郎であった。

荘田についても簡単に述べておこう。荘田は一八四七年の豊後臼杵藩（大分県）生まれで、幕末にあって藩から抜擢されて英学を学んだ秀才であった。維新後は二三歳のときに慶應義塾に入学し、わずか四カ月でその才を福沢諭吉に認められて教師待遇となる。明治初期の「福沢諭吉＝慶應義塾」は三井よりも三菱の岩崎を尊重し、多くの人材を提供したのであった。

荘田は、長崎造船における施設改良のために大型投資を実施し、近代経営のために原価計算手法を導入しただけでなく、慶應義塾はもちろん、東京職工学校（現・東京工業大学）や東京帝国大学（現・東京大学）からの学卒者も積極的に採用した。彼らが長崎造船局に所属していた官営技師たちとともに、三菱長崎造船所を日本最強の造船所に築き上げたのである。

炭鉱業と造船業に続いて、岩崎弥太郎はさらなる周辺事業への多角化を開始した。金融業である。三菱商会は海外の海運企業とも激しい競争を繰り広げていたが、その最大のライバルがイギリスのＰ＆Ｏであった。Ｐ＆Ｏの競争優位は、荷為替手形保証など金融サービスを提供することであり、前述した大阪卸売業者協会との輸送契約はこのサービスを梃としたものであった。

弥太郎はP&Oに対抗するために、政府から荷為替金融の許可を得て一八七六年三月東京―大阪間にこのサービスを開始し、一八七九年には日本国内各支社でこのサービスを展開して金融業にも進出したのであった。一八八〇年、弥太郎は後の三菱銀行となる三菱為替店を設立し、金融事業を三菱の重要なコアビジネスに成長させたのであった。もちろん、一八八二年には海運事業の重要な補完産業である倉庫業にも進出した。

続いて進出すべきサービス分野は、論理的に海上保険であった。しかし、この分野は渋沢栄一が旧大名層や公家から集めた資本を利用して、一八七八年に東京海上保険会社を設立していたため、政府は三菱に許可を与えなかった。しかし、渋沢は三菱商会が最大の顧客になると考え、三菱の出資を求めたため、弥太郎は全資本の三分の一の出資を決定した。弥太郎の出資により、東京海上の信用力は一気に高まり、より多くの出資者が集まった。最終的に弥太郎の出資は一三・三%にあたる一万一〇〇〇円となり、彼は同社筆頭株主であったが、華族が五〇・八%を保有する構造は維持された。

岩崎弥之助の「海から陸へ」

一八八五年の共同運輸との激しい運賃競争の最中、弥太郎は胃癌に倒れ、非業の死を遂げる。弥太郎は、「岩崎家は古来嫡統を尚《たつと》ぶの家なれば、久弥を岩崎家の嫡統とし、弥之助はこれを補佐し、小早川隆景の毛利輝元を補佐するごとくせよ」という遺言を残したが、久弥がまだ幼

三菱の幹部（1877年頃）
後列左より淺田正文、本田政治郎、岩崎弥之助、荘田平五郎
前列左より石川七財、岩崎弥太郎、川田小一郎、クレプス
（三菱史料館所蔵）

かったため、副社長であった弥之助が社長を継いだ。この継承が三菱をさらに大きく飛躍させたことは間違いない。

弥之助は基本的に弥太郎の遺志を継ぎつつも、「海から陸へ」のスローガンを掲げて、三菱全体の多角化の軸を海運から工業化へと変更したからである。

弥之助の最初の仕事は、一八八四年に弥太郎が懇願して払い受けた長崎造船局の近代化であった。彼は長崎造船所に本格的な設備投資を開始した以降、造船と高島炭鉱を中心とした鉱工業に三菱商会の軸足を大胆に移行していった。

一八八七（明治二〇）年、高島炭鉱向けの貨客船・夕顔丸が三菱の手によって完成すると、明治政府は長崎の設備すべてを三菱に払い下げ、一八九三年には三菱合資会社三菱造船所と改称された。造船が三菱の主要事業となったときであった。

4 財閥という創造的対応

一八五三年、二〇〇年間以上続いた鎖国を経て、日本は開国した。明治新政府は富国強兵という「一九世紀植民地化」世界を生き抜くスローガンを打ち立てて、殖産興業と軍事力強化に全力を挙げた。西洋に追いつくためには、急速な工業化と強大な軍事力確保を達成することが必須だったのである。

しかし、そのために必要な産業的・社会的インフラはなく、科学的・技術的知識も先進国に大きく後れをとっていた。その中で、政府との関係を梃にビジネスチャンスをつかみ、多角化したビジネス集合体へと発展したのが財閥だった。ここでは、その代表的存在といえる三井と三菱の明治における変化への対応を概観してきた。

三井は江戸時代から続いた大商家であったが、三菱は土佐の下級士族が明治になって立ち上げた新興企業であった。政府からの信頼度においても、蓄積された財力においても三井と三菱には大きな差があった。しかし、維新後の両社の動きには相違点よりも類似点のほうが多い。

まず、「政府との密接なつながり」である。維新政府は未発達な初期金融システムを補完させるために三井の財力と信用力を大いに利用し、三井もそこに発展の契機を見出し、三井銀行の設立に奔走した。また、政府高官であった井上馨との強い結びつきも三井物産をはじめとするさまざまな事業機会への契機となった。

一方の、三菱における政府とのつながりは、土佐藩から続くもので、多数の官用船の貸下げ・払下げが三菱の事業創造の源泉であり、不平士族の乱や西南の役での明治政府への貢献が同社飛躍の鍵となった。

しかし、本章を読んできた読者諸氏はすでに気づいているように、この両社の発展にとって政府との強力な関係や「政商」と言われるような利権ビジネスは決してその本質ではなかった。もちろん、政府とのつながりが無意味だったということではない。ただ、政府は両社の多角的事業体への発展過程の本質ではなかったということは強調しておきたい。

明治維新のように封建体制から近代化に進む変革期には、当然のことながら、さまざまな事業機会が出現する。それらは、近代国家樹立に必要な金融システムであり、道路・海運・鉄道などの輸送インフラであり、外貨獲得や必要資材買い付けのための貿易業務、さらには殖産興業にかかわる諸産業創出など多種多様である。この事業機会に遭遇できるのは何も限られた階層や事業家だけではない。体制変動の中ですべての参加者にチャンスがめぐってくるのである。

一方、初期政府には潤沢な資本蓄積もなく、技術・科学知識も乏しいうえに、近代化に必要な人材も限定されている。そのため、すべてを自前でまかなうことはできない。当然のことながら、封建体制下で民間に蓄積された経営資源、あるいは変動期に乗じてのし上がってきた新興勢力のエネルギーを利用せざるをえないのである。

ところで、「ヒト、モノ、カネ、情報」といわれる経営資源の中で、変革期・動乱期においては「カネ」が最も比較優位が低い。というのも、「カネ」は近代化にとって必要なものだが、時代感覚に関係なく、どの層においても蓄積は可能であり、入手も可能である。したがって、幕末において豪商と呼ばれた裕福な商人たちでも、明治維新という近代化の本質を見誤れば、容赦なく切り捨てられていったのである。

一方、人材・能力を意味する「ヒト」、技術・設備を体現する「モノ」、そして先進諸国からの知識をはじめとするさまざまな「情報」は、誰もがどこでも入手できるものではない。この獲得にこそ、従来とは異なる「創造的対応」が必要となるのである。そして、この分野における創造的な対応こそが、カネよりも何よりも変革期政府の最も必要とするものだったのである。

その意味において、三井と三菱における類似点は「政府との強い絆」よりも、人材登用と新知識の獲得である。三井のケースでは新時代に対応するために、老舗のプライドを捨てて新興の三野村利左衛門を雇用しただけでなく、彼に難局の舵取りすべてを委託するという常識を超えた対応を示した。

しかも、三野村は唯々諾々と三井家の指示に従ったわけではなく、リスク回避的な三井家の権限を大幅に制限しつつ、金融や商社という新規事業に進出するというさらなる創造的対応を示した。さらに、自分の知識や経験では新時代に対応できないとなると、新しい人材を三井に注入することに躊躇はなかった。益田孝や中上川彦次郎さらには団琢磨がその人材であった。

三菱のケースでは、新たな時代における需給ギャップを埋めることに俊敏に対応した岩崎弥太郎のアニマルスピリットが発展の原動力だったが、ここでも政府とのつながりだけが三菱の発展の契機ではなかった。

すでに見てきたように、国際航路における民族資本育成という明治政府の方針は弥太郎だけに示されたものではなかった。しかし、弥太郎だけが新政府の意思に迅速に対応しただけでなく、欧米列強の海運業者に獰猛かつ戦略的に挑み、彼らを駆逐したのだった。これは政府の力でなく弥太郎の創造的対応であった。

同じく、士族の反乱に尻込みする日本国郵便蒸気船に対して果敢に政府軍派兵を請け負い、その後の発展契機につなげたのも創造的対応であった。さらに、明治一四年の政変を経て、政府との緊密な関係のもろさを体験すると、弥太郎は「政治不関与」を三菱の方針として、政府とは一定距離を置きながら本業に関連した多角化に専心した。

一方、関連多角化に新たな知識が必要と理解すると、その人材確保・育成に積極的に投資している。弟の弥之助をアメリカに留学させたのも、慶應から優秀な学卒者を大量雇用したのも人材投資であった。

二つの財閥の多角的事業拡大の側面に焦点を当てると、資金よりも人材・知識の多重利用の重要性が浮かび上がる。アルフレッド・チャンドラーやエディス・ペンローズの古典的作品で明らかにされたように、企業成長の本質は蓄積された経営資源の多重利用にある。

企業が成長すれば「カネ（資本）」はもちろん蓄積されるが、経営者・従業員には経験をはじめとして近代企業経営に必要な多様な知識も蓄積される。一企業体が近代化によってもたらされる多様なビジネス機会に多角化できるのは、資金力よりも、むしろ新しいビジネスを理解し必要な経営資源を糾合できる人材の力であり、その知識基盤なのである。[60]

二つの財閥の飛躍的発展を支えた創造的対応とは、結局近代ビジネスを担える人材への積極投資であり、その人材の経験と知識をベースにした多角化戦略だったのである。財閥とは、明治という近代化初期において、日本で採用された組織イノベーションであったが、これは日本特殊の現象ではない。韓国における「チェボル（財閥）」や中国やロシアの企業集団など、変革期に急速に拡大する多角的事業体の多くは、この種の創造的対応を実行したアントルプルヌアに率いられているのである。

第6章 科学者たちの創造的対応
――知識ベースの産業立国

財閥とは、近代化初期に生じる経営資源（特に人材）の希少性に俊敏に対応し、その多重利用を通じて事業の多角化を達成した組織的イノベーションの結果であった。したがって、その中心業務は政府の財政機能を補完するような金融・通商・海上運輸業務、あるいは資源関連の鉱工業や官営工場によって移植された事業の払下げ分野に集中した。

しかし、日本の近代化は、いわゆる財閥が担った金融・海運産業、鉱工業部門や移植産業に続いて、輸入代替を目標に国産化された産業あるいは知識ベースで創出された新産業が出現することでさらに進展した。旧財閥の経済活動の限界を埋め、重化学工業部門における新産業創出を担ったのが、いわゆる新興財閥であった。

新興財閥とは明治末年・大正期にスタートし、満州事変前後から日中戦争前半期にかけて形成された企業集団である。具体的には、日産、日窒、森、日曹、理研など、主として重化学工業分野に簇生《ぞくせい》した企業グループのことである。

新興財閥は、三井、三菱、住友をはじめとする旧財閥と、戦後型企業集団の過渡期に位置し、第一次大戦と第二次大戦の戦間期に軽工業から重化学工業中心へと日本の産業構造を転換させる役割を担ったといわれる(1)。

知識をベースに新産業を構築した新興財閥の形成史は、本書が考察する「時代の変化を機敏に感じ取り、その変化に機械的に反応するのではなく、新たな価値を付加する形で創造的反応を実現する企業家」研究にとって、うってつけの事例である。なかでも、外すことのできないのが高峰譲吉と大河内正敏が創業・発展させた理研コンツェルンである。

高峰は、現在でも使われているタカジアスターゼとアドレナリンという大発見をした科学者・研究者であった。その一方で、工部大学校第一期生として農商務省に勤務しながら日本酒腐敗防止装置の製造・販売、渋沢栄一らと日本初の人造肥料会社の設立、さらにはアメリカに渡って創薬研究開発ベンチャーを創業して巨万の富を築く、という稀有な企業家(アントルプルヌア)でもあった。

残念なことに、彼のダイナミックな経歴と、アントルプルヌアとしての生き様は現代日本ではしっかりと語り継がれていない。同時代を生きた野口英世に与えられた栄光と名声に比較して、高峰の評価は決して高くない。しかし、彼が与えた社会的インパクトや医学界への貢献は野口に勝るとも劣らないほどのものであった。タカジアスターゼは現在でも消化剤として用いられ、アドレナリンに至っては心停止時に世界で使用される第一選択肢薬であり、全身アレルギーショック（アナフィラキシーショック）や敗血症・気管支喘息発作時の救急薬としても用いられる重要医薬品である。

高峰譲吉を再評価することは、近代日本の創造的対応プロセスを知るうえでも、近代日本を知識ベースの企業家が創出したことを理解するうえでも重要なことである。さらに、科学的企業家に対して純粋科学者よりもずっと低い評価しか与えてこなかった日本史研究の再考にとっても重要なことである。

大河内正敏も東京帝国大学教授というアカデミック・バックグラウンドを持ちながら、理科学研究所の成果を大型ビジネスにまで昇華し、新興財閥の一角に理研コンツェルンをねじ込んだ傑物である。その後半生は、残念ながら第二次世界大戦の軍需・軍備に巻き込まれて、戦争犯罪人としての影が強くなり、科学的企業家としての評価が薄れている。

しかし、理研という日本で最もアカデミックな研究所を率いながら、科学立国を推進した実績は、今こそしっかりと歴史にとどめられるべきである。また、キラ星のような第一線研究者を一堂に会し、自由に研究させた経営管理体制から学ぶべき点も多い。

以下では、財閥と並んで、戦前の創造的対応のもう一つのハイライトともいえる新興財閥の台頭、なかでも高峰譲吉、大河内正敏、そして理研の血湧き肉躍る歴史的展開を見ることとしよう。

1　世界的科学者・企業家としての高峰譲吉

理研コンツェルンのもとになった理化学研究所は、高峰譲吉（一八五四〜一九二二）というきわめて突出した科学的企業家（scientific entrepreneur）によって設立が提唱された。高峰は明治という時代にあって、優れて国際的で科学的、しかも企業家的野心を持った傑物であった。いま一度、日本近代史において再評価されるべき創造的対応者として、ここではその生涯を詳しく追ってみよう。

譲吉は一八五四（嘉永七）年、越中高岡（今の富山県高岡市）に町医者の長男として生まれた(2)。父の精一は京都や江戸でオランダ医学を学び、高岡では名声のある医者であった。その名声から、金沢の蘭方医・黒川良安から招きを受けて金沢に転居し、加賀藩お抱えの藩医にまで昇進している。

さらに、ペリー来航という幕末の混乱が精一に新たなチャンスを与えることとなる。米艦隊の突然の来襲に驚いたのは徳川幕府だけではなかった、日本海に面する加賀藩も海防の守りを厚くし、藩軍事力の近代化に取り組んだのである。西洋式の軍事体制を導入訓練するために、「壮猶館《そうゆうかん》」が創設され、能登半島を中心とした沿岸警備強化が進められた。

この沿岸に設置された大砲に使用する火薬製造が必要となり、蘭学に通じた藩医の精一に白羽の矢が当たった。彼は壮猶館の「火術方化学教授」として登用されたのである。このため譲吉は、蘭学、医学そして化学的実験器具が身近にあふれる環境の中に育つこととなった。

譲吉は精一が妻の幸子との間に授かった男五人、女七人の長男として生まれている。飯沼和正と菅野富夫による評伝『高峰譲吉の生涯』では、精一が二〇年の間に一二人の子をもうけ、生涯に五回も引越しをしている点を、以下のように指摘している。(3)

これすべて精一が自分の甲斐性で、屋敷と家を新たにしている。しかも転居の度にそれが立派になってゆく。乱世の幕末、世襲原則の武士たちはおおむね落魄《らくはく》の途をたどるのである。そんな時勢の中にあって、精一は身代を築く。商才で、ではない。軍人としての才でもない。学才でもって、であった。

精一の学才を財に転換する力が譲吉にも継がれた可能性はある。

譲吉は七歳にして藩士の英才教育を施す明倫堂に入学し、その聡明さで頭角を現した。一八六五(慶応元)年には、加賀藩が選抜した一五、六人の長崎留学生に一〇歳で抜擢されている。鎖国下の当時、長崎は公的に海外学問を学ぶ唯一の場であった。一八六五年に日米修好通商条約に勅許が下されると、オランダ人だけでなくイギリス人、アメリカ人など諸国の商人が流入し、まさに近代の夜明けの様相を呈する場になっていた。

しかし、当時はまだ体系的な洋学を教える場所が整備されておらず、譲吉たちは日本人通訳官の家、ポルトガル領事館、あるいはイギリス商館などに住み込み、近習・小姓のような扱いで英語を学んだ。幕府の要請で宣教師グイド・フルベッキは英語学校「済美館」を開設しており、譲吉たちはここでも英語や数学や科学を習ったとされている。

一八六八年、この長崎の地で譲吉たちは、幕府崩壊と明治維新を迎えることとなった。第2章で見てきたように、長崎奉行たちは幕府崩壊とともに職場を放棄し、長崎は混乱を極めていた。譲吉たちはまず京都に戻り、加賀出身の安達幸之助が開いていた「兵学塾」に入り、英語の勉強を続けた。

しかし、譲吉は一年足らずで大阪に移り、有名な緒方洪庵が設立した「適塾」に入塾している。緒方はすでに病死していたので、適塾は次男の惟準《これよし》が主宰しており、譲吉がここで医学を勉強した形跡はない。

次いで、彼は大阪に設立される「大阪舎密局《せいみきょく》」が舎密学校や医学校を併設することを知り、一八六九(明治二)年に大阪医学校に入学したのであった。医学校では、医学よりもドイツ人化学者ヘルマン・リッテルの指導によって、さまざまな化学実験・化学分析に魅了された。残念ながら、大阪舎密局は一八七二(明治五)年に閉鎖されたため、譲吉は新設工部省の修技生に選ばれ、翌年に開設された工部省工学寮(後の東京大学工学部)に第一期生として入学することになった。

工部省とは、農業社会から工業社会への転換を担うために新設された明治期最初の中央省庁であり、工学寮（後に工部大学校）は殖産興業政策の実施を担う高等教育・訓練機関であった。明治政府は早急なる近代国家樹立のために工学の振興に力を入れ、多くの外国人学者や技師を雇い入れるとともに、先進諸国に留学生を送り出している。

工学寮は六年制で、最初の二年間が予科の教養課程、次の二年間が専門知識を学ぶ専門課程、最後の二年間が実学を重視する実地研修であった。科目としては、土木、電信、鉱山・地質、数学、物理、化学さらには英文学などが英語で教えられた。教師陣は、イギリスから招聘されたヘンリー・ダイアー（当時二五歳）をはじめとする多くのお雇い外国人によって占められた。また、学生は全員給費生で全寮制、制服、制帽などはすべて支給され、トイレも洋式であった。まさに、俊英を集めた英才学校だったのである。

高峰譲吉は、応用化学と寮生活を十分楽しんだ。西南の役を契機とした空中連絡手段として日本初の気球の製造をしたり、初代学長の大鳥圭介が起こした出版社で月刊誌『工業新報』の編集や執筆も担当している。創造的対応者に特徴的な、「限りない好奇心」にあふれた青春時代を過ごしている。しかも、譲吉は応用化学科を首席で卒業し、翌年からの海外留学を命ぜられた一一名にも選ばれているのである。

イギリス留学、役人、ベンチャー

一八八〇年（明治一三）年、譲吉は留学先にイギリスを選び、グラスゴー大学に出発する。グラスゴーは指導教官ヘンリー・ダイアーの出身校であるだけでなく、蒸気機関発明者であるジェームズ・ワットがその着想を得た場所である。まさに、進行する産業革命の中心地であった。彼はイギリスで、もうもうと煙る煙突群や、平均すると四階建ての建物や馬車鉄道・地下鉄・上下水道などを目の当たりにし、工業化社会の到来に衝撃を受ける。

いやはや鉄だらけに御座候。

譲吉が当時、日本に書き送った手紙の一文である。(4) 当時最も進んでいたイギリス社会を目撃した譲吉の興奮が伝わる。譲吉は初めの一年半をグラスゴーで、残りの一年半をロンドンやマンチェスターで過ごした。ここでも、工部大学校時代に学んだ理論と実学の両立をめざした。勉強と同時にさまざまな工場に出入りしてイギリスの工業化を体感したのである。

譲吉が本格的に興味を示したのは、化学を実社会に応用することの重要性であった。彼は冬学期にあっては工業化学と電気応用化学の勉強をし、夏学期にはニューキャッスル、リバプールやマンチェスターなどの大工場に出入りし、ソーダや人工肥料の製造を実地見学して、冬学期に習得した知識を実学として理解した。

この体験を通じて、彼は化学の知識を実業化する手立てを体験的に学んだ。科学知識がビジネスになるということを、最初に学んだ日本人といっても過言ではないだろう。帰国後、産業革命を実感した彼は、単なる西洋技術の移植ではなく、日本固有の原料を工業に応用することの重要性を政府当局に力説した。一八八三（明治一六）年には、自ら農商務省御用掛として工務局勧工課勤務を決断している。

譲吉の帰国にあって、工部大技長であった宇都宮三郎（第4章の小野田セメント設立初期に技術指導を行った人物）は、印刷局やソーダ製造などイギリスで習得した技術を生かせる職場を斡旋したが、彼は以下のように応えている。(5)

西洋で発達したる工業を企画しようとすれば、その技術に熟練したる西洋人を雇用するのが最も適当である。私はあえて自ら高しとして、先人の後を追うのをいさぎよしとしないのではないが、技術者としては、その習得したる学術を最も多く意義あることに応用したい、願わくば日本固有の工業にこれを応用したい。もし幸いにしてそれで先人未到の地を拓くことを得ればわが望みすなわち足るのである。

留学したからこそ、日本固有の産業を興したかったのである。そこで譲吉は、日本固有の工業であるべき和紙の製造、清酒の醸造、そして藍の研究・製造など、日本各地の伝統技術を見て歩いた。当時学問としての科学は輸入されても、実用されることなく放置される傾向にあった。譲吉の「科学を生かせ！」のスローガンは、日本における「科学知識の実用化」の第一歩であった。譲吉はこうしたことを口で唱えるだけでなく、自ら実行しているところが並みの科学者ではない。

譲吉は母の実家が酒造業者であったこともあって、日本酒の保存に興味を示し、新たな防腐装置を考案した。当時は防腐剤も発明されておらず、防腐剤を添付するという発想もなかった。譲吉は空気中の雑菌が日本酒の腐敗を促進すると考え、空気清浄装置を考えたのである。

しかも、考案しただけではなく、ともに留学をした友人たちから出資を募ってこの装置を製造・販売する会社を設立している。「ヒウドロ社」である。飯沼・菅野はこの社名を英語の「hydro-（水の）」の語源であるギリシャ語の「hudro」と推察しているが、定かではない。(6) ヒウドロ社は『時事新報』などに新聞広告も打ったといわれているから、かなり本気だったことは間違いない。

しかし、ヒウドロ社は開業間もなく解散となってしまう。譲吉が一八八四年から八五年にかけてアメリカ・ニューオリンズで開催される博覧会へ長期派遣されることとなったためである。出資をした黒崎雄二は会社の顛末を、「首謀者に去られたヒウドロ社は、結局〝ヒウドロ〟とならざるをえなかった」と駄洒落で結んでいる。(7)

アメリカ出張での三つの成果

一八八四年九月、譲吉はサンフランシスコに向けて横浜港を発ち、サンフランシスコからニューオリンズまでは開通間もないサザン・パシフィック鉄道を利用している。アメリカ南部のニューオリンズは南部綿花生産の中心地であり、この地での国際博覧会は、南部綿花がイギリスへ輸出されてちょうど一〇〇年を祝すると同時に、南北戦争後のアメリカの工業発展を世界に誇示するために開催されたものであった。

しかし、一八七八年パリで開催された万国博覧会に比べると日本政府の力の入れようは小さく、派遣されたのは譲吉をはじめとする三人で、この三人がすべての業務をこなしたという。ニューオリンズ滞在は一年程度であったが、ここでも譲吉は並みの政府要員としては考えられないほどの精力的な活動を行っている。

第一の成果は燐鉱石と人造肥料との出合いである。譲吉は、この万国博においてサウス・カロライナ州から出品されたリン系肥料の原材料である燐鉱石に出合う。イギリス留学中にニューカッスルの人造肥料工場で実習経験をしていたため、譲吉は展示場の片隅に積まれていた燐鉱石に商業化の可能性を見出したのである。

ただ見ただけではない。譲吉は、博覧会後にワシントン経由でサウス・カロライナに自ら赴き、約一〇トンもの原鉱石や燐肥を自費で買い付けて日本に送っている。将来の事業に備えてのこととはいえ、スケールが大きい。飯沼・菅野は当時の譲吉の月給である八〇円を、警察官の初任給八円と比較してかなり高給取りとしているが、それにしても公務員による一〇トンもの原鉱石の自費購入とは桁外れの行動力である。譲吉がきわめて企業家的行動力の持ち主であったことを物語っている。(8)

第二の成果は、特許制度の研究である。科学を実業として活かすには特許制度の充実が欠かせない。譲吉はニューオリンズ滞在中にもワシントンの特許局に何度か出向き、自ら特許制度を精査している。彼は帰国後、農商務省に設置されていた専売特許所と商標登録所を兼務することを命ぜられている。両所は譲吉と同期であった高橋是清が発議し、所長を務めていた部署であった。一八八六(明治一九)年に両所が合併されて「専売特許局」となると、譲吉は高橋に次ぐ次長に任ぜられ、高橋が海外出張中は譲吉が所長代理を務め、特許制度整備にも大きな貢献をしたのである。(9)

第三の成果が、キャロライン・ヒッチとの恋である。譲吉はニューオリンズで招かれたアメリカ人家庭エーベン・ヒッチ家のパーティーで、その娘キャロラインと出会い、恋に落ちた。しかも、短期日の間に婚約までしているのである。これも当時の日本人としてはかなりスケールの大きな話である。譲吉は三〇歳、キャロラインは一八歳で「碧眼の南部娘らしい美少女」であった。確かに残っている写真は、栗毛の可愛らしい少女である。

しかも、この結婚は単なる恋愛劇ではなかった。彼はヒッチ家の人々に米麹を使ったウイスキー製造や日本における人造肥料製造の可能性の話を熱く語り、その話に惚れ込んだのが他ならぬキャロラインの母メアリーだったのである。どうも、娘のキャロラインが譲吉に惚れたというよりは、母親のメアリーが譲吉の企業家マインドに惚れたともいえるのである。

この母親のメアリーがまた女傑であった。彼女は没落するヒッチ家を助けるべく株式投資に挑むなど、ニューオリンズ証券取引所で女性として初めて会員と認められた商魂たくましき女性である。ヒッチ家は南部の裕福な家庭であったが、当時の生活は逼迫していた。博覧会が開催されるのを知って、彼女は海外からの要人を対象とした高級下宿を思い立った。そして、派遣される日本人を「誘拐してでも連れてこよう」と心に決めていたというのだから、恐るべき商魂である。[10]

高峰譲吉と妻・キャロライン、2人の息子と（1890年）
（高峰譲吉博士研究会所蔵）

一説では、譲吉と恋に落ちたのはキャロラインではなくメアリーであったのではないかという見方がある。この点に関しては、飯沼・菅野が、さまざまな著作を丹念に調べて両者の間にこの種の関係があったとは考えにくいと結論している。[11]

キャロラインはその後、譲吉とともに日本に渡り、日本の質素な暮らしに三年間も耐えている。さらに、その間に二人の子どもを出産し、研究一筋の夫の生活を支えていた。また、アメリカに帰っても、数々の困難に遭遇する譲吉の企業家的行動を見守り、その最期を看取っている。そのキャロラインの覚悟を、三井物産の益田孝は以下のように聞いている(12)。

高峰の細君(キャロライン＝米倉註)は、陶器の絵を描くことを稽古した。そんなことをしてどうなさるのかといって尋ねると、発明家などというものはなかなか容易に成功するものではない。何ごとでも専心研究に従事しなければならぬ。生活のことなどは少しも考えなくてよいようにしなければならぬ。私がこれを稽古して仕事ができるようになれば、職工になって生活費には困らぬから、稽古しているのですという。

泣かせる話ではないか。極東の地で陶器の絵描きまでして研究者譲吉を支えるという覚悟を決めて、キャロラインは結婚したのである。

譲吉はメアリーの思惑どおりヒッチ家の下宿人となり、万国博覧会の準備を整える一方で、首都ワシントンやサウス・カロライナに出張するなど、多忙な日々を過ごした。そんな中で、キャロラインとの婚約も成就させたのだった。

東京人造肥料会社の設立

一八八五（明治一八）年九月、譲吉はニューオリンズから帰国し、農商務省工務局勧工課に復帰した。また、アメリカで習得した特許制度の知識を活かすべく、特許所と商標登録所を兼務させられ、高橋が外遊中は所長も兼任している。

しかし、譲吉の頭にあったのは特許ではなく、すでに「人造肥料」の製造販売であった。翌八六年暮れに、譲吉は日本資本主義の父とも呼ばれることになる渋沢栄一に人造肥料製造の重要性を訴えた。灘の酒造業調査のために神戸に出張した譲吉が、同じく神戸出張中の第一銀行頭取であった渋沢と神戸の宿で偶然顔を合わせ、譲吉は人造肥料の有用性について熱く語ったという。渋沢側の資料は以下のように述べている。[13]

高峰は人造肥料の必要性につきて、その専攻せる理化学より詳細なる説明を加え、欧米の実例を挙げ、わが国の肥料の改良すべきを力説せり。（中略）過燐酸製造の事業を起こさんことを思える折から、熱心に先生の賛同を求めたるなり。先生の意すこぶる動き、帰京の後、益田孝、大倉喜八郎、浅野総一郎らを共謀し、高峰をも招きてついに会社創立のことを決したり。

渋沢が譲吉の話に大きく賛同したのは、やはり「専攻せる理化学」をベースとした科学的な説明によるものであった。同じく賛同していた益田も、「高峰は大学出の科学者であるから」とその学識を踏まえたうえで、「実に立派な人物で、十年の知己のような感じがして、というほとんど親戚付き合いをする程の関係になった」と高く評価をしている。[14]

しかし、益田の回想は渋沢側資料とは順序が逆になっている。益田は『中外商業新報』(日本経済新聞の前身)に「日本農界の恩人――早く燐素肥料に手をつけた高峰博士の卓見」という一文を寄稿し、以下のように述べている。[15]

ある日どういう縁であったか高峰譲吉氏が自分のところに面談に来られた。高峰氏はニューオリヤンズ博覧会へ日本の委員として政府から出張を命ぜられて帰ってきた篤学の士で、その時自分に言われるには、「日本の農業についてあなたは心配されているそうだが、日本の農業で一番大切なのは燐素肥料を使用することである」。(中略)高峰氏は大学の化学科出身で学者としても指折りの人であった。この話は自分たちにも、うなずかれた私は「それでは一つ会社を作るなりして大いに国益をはかろうではないか」と言うので、同伴して渋沢さんを訪れた。渋沢さんも非常に喜ばれたので大いに力を添えられて、深川の釜屋堀にその人造肥料の会社を興すことになった。

ここでは、益田が譲吉を渋沢に紹介したことになっているが、どうも渋沢側の記述が正しそうだ。いずれにせよ、譲吉の人造肥料に対する想いは、当時財界人の錚々たる顔ぶれからの賛同を得て、実現へと動き出した。

一八八七年二月二八日、国立第一銀行にて設立準備会が開かれ、社名は「東京人造肥料会社」、設立委員には、渋沢と益田が就任し、技術師に内定したのは、もちろん高峰譲吉であった。この構想を実現すべく、譲吉は益田とともに欧米へ出張し、人造肥料製造の機械類を買い付けることになった。原料に関してはアメリカにおいて自費で購入していたが、製造機械が必要だったのである。

この渡航は、すでに欧米出張が決まっていた益田の日程に合わせたものであったが、譲吉にはどうしてもこのチャンスを逃せない理由があった。キャロラインである。

ヨーロッパにおける機械の買い付けは順調に進んだが、譲吉はパリで益田と別れて一足先にアメリカに出発した。この別れ際に譲吉からキャロラインの話を聞いた益田はさぞ驚いたことだろう。そのときの様子を益田は自伝の中でこう語っている(16)。

それでニューヨークで会おうということになると、高峰が声を一段低くして、それはそれでまあ良いが、それについてあなたに折り入ってお話しなければならぬことがあると言う。いったいどんなことかというと、実はニューオリンズにいるときに、ある若い婦人と結婚の約束がしてある。今度あちらへ行けばその婦人とぜひ結婚しなければならぬ、どうかそれを承知してもらいたいと言う。おや、この奴、何だ、燐礦だの肥料だのと言って、こんなところまで人を引っ張り出して、これは担がれたな、いったいどうしてくれるのだ。

益田は「担がれた」と冗談交じりに言ったというが、パリまでやってきて、生真面目そうな譲吉の口から出た告白には、「このペテン師が」という思いがよぎったに違いない。

譲吉はニューオリンズで結婚式を挙げ、人造肥料製造の手はずも整えて、益田とニューヨークで再会している。

譲吉たちの帰国後の一八八七（明治二〇）年一二月、東京人造肥料会社は正式に設立され、製造工場が深川に設立された。敷地面積七〇〇〇平方メートル、肥料工場二棟、試験室・納屋各一棟に煉瓦造りの倉庫が一棟という本格工場であった。ヨーロッパで買い付けた機械は翌年三月までには到着し、製造が開始された。

譲吉はこの段階で農商務省を退官し、キャラインとともに工場近くに居を構えて、人造肥料の製造に勤しんだ。海外ではすでに確立された製造工程なので、製造自体に大きな問題はなかったが、量産には苦戦した。益田は述べる。「人造肥料会社は最初はなかなかうまくいかなかった。ただし、高峰が嘘を言うたのでも何でもない。日本にはまだ化学工業というものがなかったのだから、技師も職工も出来ていなかった」と。

さらなる問題は、化学肥料に対する認知が農家に全くなかったことである。益田はその状況を、「日本ではまだ使ったことがないのだから珍しい。会社の人などもわざわざ私のところの農場に見に来るという有様だった。そういうふうであるから、会社が出来て五年くらいは駄目であった」と述べている。[17]

譲吉にとって、こうした状況は織り込み済みだった。「初年度は全損を覚悟、第二年度はわずかに欠損なきを得、第三年度の売上げでもって初年度の損失を補う。第四年度からは黒字とする」と目論んでいたし、結果もほぼそのように進展した。[18]

一方で、譲吉はこの工場内に独自の研究室を設置し、米麹を使ったアルコール醸造の研究を並行して進めている。ニューオリンズ滞在中にメアリーたちに話していた人造ウイスキーを実現するためである。

渋沢栄一の非難と再渡米

一八九〇年春、譲吉の下に長文の電報がキャロラインの母メアリーから届く。アメリカの独占企業ウイスキー・トラスト社との人造ウイスキー製造交渉開始の知らせである。メアリーは譲吉の話を真剣に受け止め、ニューオリンズからシカゴに転居してウイスキー会社との交渉を続けていたのである。トラストという名のとおり、ウイスキー・トラスト社は中西部のウイスキー業者がトラスト証券を交換して出来上がった独占企業体であった。メアリーはこのトラストに娘婿譲吉のアイディアを売り込んだのである。

メアリーは交渉に手応えを感じ、譲吉による直接交渉の必要性を感じ、「至急渡米」の要請を打電したのだった。一方、譲吉も人造肥料工場の隣に研究室を設けて、米麹によるアルコール発酵の実験を続けていた。そんな研究の中で、後の大発見となるタカジアスターゼの存在に薄々気づき始めていたのである。

ただし問題は、創業してまだ三年も経たない人造肥料会社を辞めることができるかにあった。初年度・第二年度が約四〇〇〇円の赤字、三年度に七六八円の営業益を出すには至っていたが、譲吉が言い出してできた会社である。まだ安定操業も達成していない事業を途中で投げ出せるのか。渡米の申し出を受けて怒り心頭に発したのは、会社設立発起人となった渋沢栄一だった。当時の状況を、後年帝国ホテルで行われた譲吉の追悼演説の中で渋沢は次のように述べている。[19]

（創業当初は＝米倉註）不慣れなところからそういうような種々な欠点もございました。しかし、博士の丹精とわれわれどももも力を尽くして経営いたしましたために、おいおいその歩みを進めるようになりましたが、その中に博士は従来の蘊蓄（研究蓄積＝米倉註）をアメリカにおいて発展するために、ぜひ行かなければならぬという必要を生じたのでございます。私はその時に大いに博士に不平を言いました。この新しい事業を企てて、さように大きな資本ではないけれども、しかし日本に一つの新事業を起こしたのは、君の勧めによって私が会社を造ってここに至ったのである。この成功を見る前に去るということは、はなはだ信義を欠いたわけではないかと申して、あるいは抑留せんと欲したことが縷《るる》あります。

譲吉の追悼集会での演説にもかかわらず、渋沢は当時を振り返って譲吉の渡米を「信義を欠く」と非難したことを追想しているから、当時は腹に据えかねたのだろう。確かに、この事業を持ちかけたのは譲吉であったし、渋沢にとっては、欧米にまで機械類の買い付けに送り出し、やっと製造が軌道に乗り始めたそのときに、譲吉からの渡米退職願いであった。

しかし、益田孝の仲介もあって渋沢もしぶしぶ矛を収め、一八九一年一一月、譲吉とキャロラインそしてこの間に授かった二人の息子はアメリカに旅立ったのである。益田も発起人の一人であったにもかかわらず、譲吉一家の渡米に仲介の労をとったのは、益田が譲吉の将来性を信じていた側面もあるが、キャロラインの窮状を目にしていたこともあるだろう。

キャロラインが日本に滞在したのは三年と一四日だという。その間、彼女は二人の子どもを出産し、日本の慣れない生活と苦闘していた。しかも、譲吉が選んだ工場近くの住居も益田に言わせれば、えらく「汚い」場所であった。また、ニューオリンズという比較的温暖な場所から東京にやってきたキャロラインにとって、冬は寒く、夏は蒸し暑く蚊に悩まされるという生活環境は決して良好とはいえなかった。一八八〇年代の明治ジャパンである。その不便さはアメリカから来たまだ少女ともいえるキャロラインにとっていかなるものであったのかは、想像に難くない。彼女の回想は以下のようなものだった。(20)

キャロラインは東洋の絢爛たる魅力が満喫できるものと期待して日本にやってきました。さて、現実に目にしたものは、それとは大違い。とりわけ耐えられなかったのは、譲吉の意思で住まいの近くに建てられた肥料工場から漂ってくるひどい悪臭でした。故郷ニューオリンズの古色蒼然とした実家で体験した匂いはまだなんとか我慢できましたが、こればかりは本当に閉口しました。この桜花美しく、雅やかな茶道の国が、これほどまでに住み心地が悪いとは。冬の寒さといったら、また身を切るようでした。（中略）夏になると、暑さで息が詰まりそうで、おまけに蚊の襲来です。上下水道の設備は、ほんの原始的なものにすぎません。そのうえ個人のプライバシーなどは無きに等しい状況でした。

当時の住環境や肥料工場の悪臭、こうした状況を鑑みて、益田は渋沢を説得したのであろう。結局、渋沢も譲吉の渡米を認め、肥料会社は高峰の助手たちに引き継がれた。会社はその後、大日本人造肥料製造会社と名を改め、資本金も一〇〇倍規模の日本最大の肥料会社となった。渋沢は一九〇二（明治三五）年、初めてヨーロッパとアメリカに旅に出ている。アメリカでは譲吉も合流同行し、彼の研究所などを案内している。当時譲吉はタカジアスターゼとアドレナリンの発見後の絶頂期であり、その活躍を見聞きする中で、渋沢は、「私どもが同意してアメリカへ寄越したのはむしろ良かった。人造肥料会社に引き留めなかったのは大いに良かった」

と譲吉と和解している。

ウイスキー製造とタカジアスターゼ発見

譲吉とキャロライン、そして二人の息子が日本を発ったのは一八九〇年一一月だった。

一九世紀末のアメリカでは、ロックフェラーたちが石油精製企業を統合するために考案したトラスト組織が一世を風靡していた。トラスト証券を持ち合って緩やかな企業連合を作り上げ、生産量や販売価格を協調し合う独占組織である。メアリーが交渉した相手は、まさにそのうちの一社ウイスキー・トラスト社だった。同社はイリノイ州ピオリアに本拠を置き、ウイスキー原液の八〇％を全米に製造販売する独占組織であった。彼らは譲吉の米麹を利用した度数の高いアルコール発酵に興味を示したのだった。

メアリーのセールストークも素晴らしかったのだろうが、日本の米麹からウイスキー用アルコール製造を試みようという奇想天外な話に乗ったウイスキー・トラスト社も大らかであった。同社は、譲吉に実験場所を提供することを条件に、その成果を早く見せることを要求した。このため、メアリーは譲吉の渡米を強く促していたのである。譲吉はこの渡米に際して、京都の日本酒の醸造職人、すなわち杜氏《とうじ》を助手に採用して渡米している。譲吉の野望は本気だったのである。

実験場所はシカゴ近郊に用意され、譲吉と酒杜氏によるアルコール製造実験の結果は良好であった。この結果を踏まえ、譲吉は一八九一年にイギリス、フランス、ベルギー、そしてアメリカにおいて特許出願を行っている。

ウイスキー・トラスト社はさらに本格的実験をその本拠地イリノイ州ピオリアで進めることを決定し、譲吉一家もピオリアに移住した。ピオリアでの実験は、それまで利用していた麦芽（モルト）から米麹に切り替えて全米への供給を行うことを前提としていたため、きわめて大規模なものとなった。最終的には日産一五〇〇ブッシェル（約五万三〇〇〇リットル）をめざすこととなり、大がかりな機械化が必要となるものであった。

結論から言えば、この大量生産に向けての実験は生産量を徐々に上げながら順調に進んだが、一八九三年の実験場全焼によって結果的には失敗に終わった。

譲吉のアルコール製造に対しては、古くからの製造者たちが職を失うことを恐れて大反対していた。したがって、工場の全焼は放火という説もあったほどである。(21) ウイスキー・トラストはすぐに再建を決定し、実験の継続を明確にするが、一八九〇年に成立したシャーマン反トラスト法によってウイスキー・トラスト社自体が解散に追い込まれてしまったのである。

本書にとって、このウイスキー製造よりも重要なことは、高峰譲吉がアルコール発酵プロセス研究の過程で新しいジアスターゼ（酵素＝アミラーゼとも呼ばれる）を発見したことである。蒸留酒であるウイスキーも醸造酒である日本酒も、その最初の工程はアルコール発酵である。米、麦、さつま芋、トウモロコシなど穀類のでんぷん質をジアスターゼによって消化・発酵させてアルコールを発生させる。ウイスキー製造では、麦芽（モルト）に含まれるジアスターゼを利用してアルコールを発生させるが、日本酒では麹菌のジアスターゼを使う。譲吉はモルトの代わりに麹菌の酵素を使ってより強力なアルコール発生を制御可能な空間で行うことを思いついたのである。

消化酵素ジアスターゼは、人間では膵液や唾液に含まれ、植物ではモルト、大根、山芋などに含まれている。譲吉はより濃度の高いアルコール発生を研究するうちに、でんぷん消化を劇的に早めるジアスターゼを発見したのだった。(22) まだ酵素に関する科学的知識が発達していなかった中で、譲吉はジアスターゼに新たな種類があることを発見したのである。後にジアスターゼには多数の種類があることが明らかになっていくが、当時としては画期的なことであった。

彼はギリシャ語の強いという意味である「タカ」を付けて「タカジアスターゼ」と名づけたというが、高峰のタカであったことも間違いあるまい。タカジアスターゼはでんぷんの消化を促進し、胃もたれを改善する医薬品として有望な発見であった。

研究開発ベンチャー「タカミネ・ファーメント・カンパニー」

さらに譲吉は、ウイスキー・トラスト社との契約でもタカジアスターゼの商品化でも、およそ研究者ならぬ発想で組織的なイノベーションを採用している。それは、研究開発に特化した

「タカミネ・ファーメント・カンパニー」の設立であった。

彼はパートナーである事業会社には籍を置かずに、研究開発や実験に特化した独自会社を設けて、最終商品の生産は事業企業に任せ、そこから特許料あるいは歩合収入を得るという先進的な契約方法を採用したのである。飯沼・菅野は、この会社を「今の言葉でいえば、まさに研究開発型ベンチャー企業である」と表現しているが、譲吉の事業思想を端的に指摘している。(23) すなわち、譲吉のコア技術である発酵(ファーメント)を事業の中核に据え、その応用技術としてできたものを実際の生産企業に提供して応分な成果報酬を得るという事業観である。

ウイスキー・トラスト社との契約では、実験機械や材料はトラスト社の負担であったが、実験や分析、それにかかわる人件費はタカミネ・ファーメント社の負担であった。したがって、ファーメント社もリスクがないわけではなく、応分の経費負担が必要であった。譲吉はこのファーメント社の株式を発行して、当座の資金調達にも充てていた。この株式がどのように流通し、どの程度の資金調達が可能であったのかについてはよくわかっていないが、こうした発想を一九世紀終わりの時点で譲吉が抱いていたことが先進的である。(24)

ウイスキー製造が火災で頓挫する中、一八九四(明治二七)年に譲吉はタカジアスターゼの特許申請をアメリカで行い、タカミネ・ファーメントを通じて製薬会社と消化薬の共同開発に乗り出している。交渉相手は、デトロイトに本社を置く当時全米最大の製薬会社パーク・デイビス社(現ファイザー社の前身)であった。譲吉は抽出したタカジアスターゼの実験成果を示したうえで、彼らと交渉し、一八九七年に同社と月額三〇〇ドルでコンサルタント・エンジニア契約を結ぶに至っている。これは大学教授並みの高額報酬であったといわれる(25)。

タカジアスターゼは高性能消化薬として商品化され、パーク・デイビス社が日本以外での一手販売権を手にした。

上中啓三とアドレナリンの結晶化

続いてパーク・デイビス社は、当時の医薬業界で切望されていた副腎抽出液の純結晶製造を譲吉に委託した。一八九〇年代、世界の医学会では、副腎抽出液が持つ強い止血作用に関心が集まっていた。しかし、豚、牛、羊、犬などの副腎をすりつぶして得られる抽出液には不純物が含まれ、安定的な医薬品として使用することができなかった。欧米の医薬品メーカーは手術に際して必要な止血剤の商品化にしのぎを削っていたのである。パーク・デイビス社は譲吉のジアスターゼ抽出の実績を評価して、彼に純結晶の抽出を託したのであった。

譲吉はこの段階ですでにニューヨーク・マンハッタンに拠点を移し、研究開発活動を本格化していた。しかし、発酵系の研究を得意分野としていた譲吉にとって、動物の副腎から純結晶を抽出することは決して簡単なことではなかった。試行錯誤のうちにあっという間に二年が過ぎてしまった。譲吉は一九〇〇年に研究助手として抽出技術に優れた上中啓三を日本から呼び寄せたのであった。

上中は、東大医学部薬学科の専科（三年コース）の出身で、東大や東京衛生試験所で助手を務めた後に、「一つアメリカあたりに行って勉強しよう」と、譲吉の下にやって来た当時二四歳の若手研究者だった。若いとはいえ、上中は日本薬学研究の嚆矢ともいわれる長井長義教授の下で薬学の研究指導を受け、卒業後二年間は薬物や化学物質抽出の経験を積んだ青年であった。

上中がニューヨークにやってきたのは二月で、副腎抽出液からの純粋結晶を確認したのは一一月であるから、一年にも満たない期間でこのミッションを達成したことになる。彼の残した「実験ノート」によれば、上中のニューヨークにおける副腎抽出液の構造解析は意外に順調に進んだことがわかる。

実験の開始は、七月に譲吉がパーク・デイビス社から持ち帰った副腎の「主成分分離の予備実験を」命ぜられたことから始まった。上中は一一月七日に「新結晶体には、高峰博士の友人ドクトル・ウィルソンの提案により『アドレナリン』と名す」と記し、一五日には「その材料をもって最後とし、次にはパークデヴィス（ママ＝米倉註）にて工業的に製造するはずなり」と結んでいる。上中は四カ月足らずで、結晶分離に成功していたのである。

譲吉はその年、一九〇〇年一一月五日にアメリカで特許出願し、翌年一月にはイギリスにも出願を果たしている。出願は高峰譲吉の単独名でなされ、上中啓三の名前はない。ただし、一九〇一年九月にセントルイスで開催された全米薬業協会総会においての講演では、「この興味深い研究の達成においては、評価の大きな部分を同僚（アソシエイト）の上中氏の精力的で有能な協力によっていることに感謝を送りたい」と熱い謝辞を述べていた[26]。

その後、アドレナリン発見における上中啓三の役割は消えていくことになる。このことについて飯沼・菅野らは、譲吉に非があるような書き方をしている。しかし石田三雄は、この間の事情をさらに精査したうえで、アドレナリンの結晶化はパーク・デイビス社と高峰との間で交わされた契約研究の成果であり、高峰の単独業績と見なすのが当時の常識であったと結論づけている[27]。

この経緯はともかく、タカジアスターゼに続くアドレナリン結晶の抽出は、高峰譲吉の世界的名声を確かなものにした。譲吉は翌年からアメリカの医学会、大学などで巡回講演を始め、一九〇一年一二月には、かつて自身が学んだ地スコットランドのエジンバラでも講演をし、大きな反響と賞賛を呼んでいる。

一方、パーク・デイビス社はアドレナリンのサンプルを全米の臨床医に配布し、その効用に対する意見を広く求めた。アドレナリンの止血効果はきわめて高く、フィラデルフィア医学雑誌は「この新薬の出現は世紀を画す大発見と称すべき」とまで賞賛し、譲吉とアドレナリンの名声は世界に広まっていった。

凱旋帰国と三共株式会社、そして理化学研究所

一九〇二年、渋沢栄一の非難を浴びるようにアメリカに発ってから一二年。譲吉は世界的名声とともに日本に帰国した。米麹からウイスキー製造をするという当初の目的とは全く違ったタカジアスターゼとアドレナリンという世紀の発見を手にした凱旋であった。妻キャロラインと二人の息子、さらにはキャロラインの妹を伴った五人による凱旋であった。

神戸港に出向いた人たちに混ざって、当時二五歳の若者が譲吉一家の帰国を熱心に見守っていた。横浜で二人の仲間とともに三共商店を営んでいた塩原又策であった。もともと絹の輸出商であった実家を継いだ彼は、輸出事業で傾いた家業を立て直すために、新しい事業を探していた。たまたま友人で茶の輸出業を営んでいた西村庄太郎が毎年アメリカに出張することを知り、出張のたびに何か新しいビジネスのタネを探し出すことを頼んでいた。その中で一八九八年、西村はシカゴの日本領事館で「タカジアスターゼ」にめぐり逢った。領事がジアスターゼを日本人の大発明として紹介していたのである。

西村の報告を聞いて、塩原と西村そしてもう一人の友人、福井源次郎は一〇〇〇円ずつ出資して「三共商店」(後の三共製薬)を設立し、タカジアスターゼの輸入代理販売を日本で手がけることとなったのである。その後、西村も福井も三共の経営から手を引いてしまったので、塩原が三共の実質的経営者であった。

塩原は神戸で高峰一家を出迎え、そのまま横浜まで船旅を共にしてタカジアスターゼの一手販売権と日本における国産化を交渉したのだった。譲吉は塩原の熱意に打たれ、代理店契約を快諾した。こうして三共商店はパーク・デイビス社の代理店となり、一九一三年には、これまた渋沢や益田らの出資を仰いで資本金二〇〇万円の三共株式会社（現在の第一三共株式会社の前身）を設立し、タカジアスターゼの製造をめざしたのである。新会社では高峰が在米のまま社長に、塩原は専務取締役にそれぞれ就任し、一九一四年には品川に工場建設をしてタカジアスターゼの国産化を開始している。周知のように、三共のジアスターゼは現代でも愛用されている常備薬である。

1917年、ニュージャージー州クリフトンに設立されたタカミネ・ラボラトリー
（金沢ふるさと偉人館所蔵）

譲吉はタカジアスターゼとアドレナリンの成功によって学界の寵児となる一方で、ニューヨーク郊外に豪邸を建てて日米関係改善の民間外交を主導した。欧米諸国では、日清戦争・日露戦争の日本勝利以後いわゆる「日本排斥・黄禍論」が台頭していたため、譲吉は和風別荘「松風殿」にアメリカの政治家・財界人を招待して日本理解を進めていたのである。日米関係がぎくしゃくしていく初期にあって、譲吉は陰の外交官としても一役を担った。「高峰博士は学者であり、企

業家であり、しかも無冠の外交官である」という表現は決して大げさなものではなかった[28]。

そんな絶頂期に譲吉は帝国学士院会員に推挙されることになり、一九一三(大正二)年三月に再び来日した。そのときに渋沢栄一を訪ねて、一〇〇〇万円の募金による「国民的化学研究所の創設」を提唱したのであった。

当時渋沢は、農商務大臣管轄下に設置された「生産調査会」にあって、会長農商務大臣に次ぐ副会長を務め、日本の工業力再検討の実質的リーダーとなっていた。生産調査会は、日露戦争勝利後に本格化した関税自主権の回復や戦後反動不況に見舞われた日本経済にとって、いかなる産業の高度化が可能なのかを調査するために一九一〇年に設立された委員会であった。委員会は一九一二年一二月に答申を出し、工業発達・助長に対する必要性を提言していた[29]。

そんなときの譲吉の帰国であったため、渋沢は東京商工会議所で高峰の講演会を開催することを決めた。この講演会には実業家や学者が数十人出席したといわれているが、これが後の理化学研究所の基礎となった。

譲吉はその必要性を以下のように述べていた。やや長い引用となるが、譲吉の想いが伝わる演説である[30]。

明治年間におけるわが帝国の進歩は、その長足なることとけだし絶倫なり。かつては東洋の小島国、今や世界一等国の班に入り、隆々として国威ここに揚がる、ああそれ壮ならず

や。こうして、内に国富を扶殖増進し、外に欧米諸国と並び馳駆し、もって明治における
この発展を保維することは、実に大正国民の任務なり。
われらはその何によりて、この大任務を遂行し得べきや。
そもそも国富の増進は、ひとつに殖産興業の発達に待つべし。ゆえに大正国民の任務は
この殖産興業を発達せしむるにあるなり。
顧みれば、本邦産業の進歩の著大なることは、これまたその偉を見ず。なかんずく、こ
れまでの工業の発達はすこぶる人目を惹くものあり。（中略）かくのごとき工業の進歩は本
邦の富力に利あること素より大なりといえども、その多くは欧米に模倣したる工業をもっ
て、これが最良の成績としても輸入の一部を防止するにすぎず。そうであれば、われらは
模倣的工業の進歩を重要となすと同時に、ことさら大いに奨励すべきは独創的工業の勃興
発達にありとなすなり。
国民発明力の多少は、もってその国の文明を判つものなり。思うに、発明は科学的知識
普及の産物にして、したがって独創的工業は有益なる発明によって興る。最近の調査によ
れば、本邦の化学者の数は大学卒業者一九六一人、専門学校程度の卒業者一三八八人にな
る。この人員はあえて多いとはいえないまでも、これ発明的能力を備えるものにして、に
もかかわらず専売特許の人口比例数を見るに、本邦は欧米先進国に比して約七分の一以下
なのは何の理由なのか。私が嘆くのは、これは業務に忙しく発明的考慮に暇なきものが多

いことである。また思うに、有益なる考案ある者もこれを研究し実験する時と場所と費用とを有せざるがため、虚しく志を抱えた者が少なくないのである。

また、世の中の企業者などにして、特殊事情の研究を必要としながらも、これを託すべき研究所がなきために、止めてしまう者も少なくはない。


当時の日本には、すでに三〇〇〇人を超える大卒研究者・専門学校修了者が存在するにもかかわらず、欧米諸国と比較して特許出願は七分の一にすぎないと譲吉は嘆く。明治を終えて大正の時代に入った日本には、独創的工業樹立の基礎となる発明を奨励するために研究所設立が必要であると提唱したのである。

もちろん、その裏には彼自身が公務員としての仕事の合間に、あるいは人造肥料会社経営の傍らで続けた発酵実験、さらにはアメリカにおいてたった一人で継続した研究開発経験を振り返っていたことは間違いない。また、ヨーロッパに遅れてスタートしたアメリカでは潤沢な資金と設備を誇る研究機関が続々と設立されていた。こうした世界の情勢を前に、譲吉は「国民的科学研究所の設立を切望」したのであった。

その規模は、年間約五〇万～一〇〇万円の研究を生み出すことを想定して、一〇〇〇万～二〇〇〇万円の基金を想定した。譲吉は言う、「二〇〇〇万円というと大金のように思えるが、最新型の鋼鉄艦・ドレッドノート一隻の値にすぎない。軍艦は建造すると一〇年一五年後には廃艦となるが、建造費相当額を基金に研究所を設立すれば、一〇年一五年後必ず二、三の世界的大発明が成立して富を起こす基盤ができる」と。まさに研究所とはこういうことなのである。しかも、譲吉は分権的な研究支援を標榜する。「中央の一カ所に研究所を限るべきではない、在所在所で研究をする、あるいは助手を与え、あるいは資金を給与して、彼の研究に便宜を与えなければならない」と主張した。在米で孤独に研究を重ねてきた譲吉だからこそ発想し得たアイディアである。

彼の提案は、翌年に勃発した第一次世界大戦による輸入途絶という大きな追い風を受けた。一九一七年に資金規模は一〇〇〇万円から八〇〇万円程度に縮小されたとはいえ、「理化学研究所」の設立として実現したのである。財界からの寄付金約二二〇万円、政府からの出資四一五万円、その他に加えて、皇室からの「御下賜金」一〇〇万円が与えられたため、「理研」は単なる財団ではなく「恩賜財団」となった。

譲吉は理事に就任しているが、寄付金を呼びかけた形跡もなく、その寄付額は塩原又策と連名で五万円とそれほど多くはない。しかし、渋沢栄一が後年「高峰の唱導で、理研は創られた」と述べているように、この構想はまさに譲吉のものであった。

理研創設期の日本の人材

前述したように、高峰譲吉は、欧米の基礎研究の上に日本工業が形成されているにすぎないという問題意識を持っていた。いずれ日本の工業が発展し、欧米のそれを圧迫するようなことになれば、欧米側が基礎研究を提供することを拒むと考えていたのである。また、譲吉の研究助手となった上中啓三、清水鉄吉らが大変優秀だったため、彼らのように優秀な日本人の若者に対してより多くの研究機会と研究資金を提供する必要性を痛感していたのである。譲吉はこの点について、渋沢栄一に以下のように語っている[31]。

いったい、日本人に創造性はないか。自分はアメリカの研究所で、日米両国の助手を多数雇った。研究と発明に有能な若い日本人を知っている。天賦の才能があるのに、機会と資力がないために彼らは潜在能力が発揮できないのである。しかし、自分の研究所だけでは、これら日本人研究者をみな収容できない。日本の発明的天才はその必要に応ずるだけの規模の研究所を必要としている。

譲吉は、たくさんいる優秀な日本人研究者のために一大研究所の必要性を説き、さらに日本人の通弊である、「成功を急ぎすぎ、応用研究に走りがちな点」を諌めたうえで、純正理化学の研究所設立を説いている。その一方で、彼は現実的で、渋沢を大いに持ち上げた。

しかし、これは金のかかる事業で、容易なことでなく、普通の人に話してもわかってもらえまい。貴君は道理のわかる人だから、国家のために尽力してもらいたいものだ。

こう来られれば、渋沢も賛同するしかなかった。理化学研究所設立のために並々ならぬ尽力を惜しまず、当時内閣総理大臣となっていた大隈重信公にまで陳情に行っているのである。大隈は、「困った人に頼まれたなあ」とつぶやきながらも、政府五〇〇万円、民間五〇〇万円の構想を承諾している。[32] 前述したように、一〇〇〇万円といえば当時の最新鋭軍艦一隻が購入できるほどの金額であった。

さて、当時の日本人研究者の学問水準を知るために、日本の教育環境を概観しよう。結論を先取りすれば、当時の日本にはすでに海外研究者に比肩する知識水準の研究者が養成されていた。それは明治政府の教育に対する積極的な取組みの結果であった。

明治政府は一八七五（明治八）年、「文部省貸費留学生規則」を定め、鉱山・工・法の各学科の優等生を海外大学に派遣した。日本の大学や政府機関で教鞭をとり実務支援も行っていたお雇い外国人を将来的には代替するための育成計画であった。すでに見たように、譲吉もこうした目的で派遣された学生の一人であった。

一八七五年から明治政府に選抜され、派遣された学生たちが一八八〇年頃から帰国し始め、当初の目論見どおり、お雇い外国人に代替するようになった。これらの日本人教師たちのおかげで、より多くの日本人学生が西洋の進んだ知識を身につけることが可能となった。

さらに一八八二（明治一五）年には、官費留学生に関して定められた「官費海外留学生規則」が発布され、各分野の基礎を修めた学生たちが専門分野を学ぶために海外派遣されることとなる。つまり、一八八二年に派遣された学生たちが卒業を迎える一八八五〜八八年にはすでに、海外研究者と同等水準の教育を受けた日本人は数千の単位で存在していた[33]。譲吉自身も理研創設を提唱した当時、大学や高等工業学校などで化学を学んだ研究員候補は三千余人はいるはずだと指摘していた。

このように高水準の知識を持つ日本人研究者がいるにもかかわらず、基礎研究を欧米に依存している状況を打破するため、「基金一千万円規模の国民的化学研究所」の創設を譲吉は熱心に提唱したのであった。非常に遠大な構想ではあったが、渋沢を筆頭に、多くの財界人らがこの提案に共鳴し、国民的化学研究所たる財団法人理化学研究所が設立されたのであった。

ラスト・サムライとしての高峰譲吉

理研理事となったといえども、譲吉にはまだアメリカでやらなければならない仕事が残っていた。医薬開発の仕事に加えて、黄禍論によって悪化しつつあった日米関係の修復であった。譲吉は無冠の外交官としてニューヨーク郊外の広大な別荘松風殿に日米政財界の要人を招待して、両国の相互理解を促進することに務めた。また、特に、第一次世界大戦後の一九二一年から二二年にかけてアメリカ大統領ハーディングの提唱で開催されたワシントン軍縮会議出席者の歓送迎会などで、譲吉は大役を果たしたのであった。このときの活躍が心臓に疾患を抱えていた譲吉の大きな負担となった。

一九二二年七月、第三代所長・大河内正敏が理研財政で四苦八苦しているときに、残念ながら譲吉はニューヨークで帰らぬ人となっている。享年六七歳。ニューヨーク大学総長フィンレー博士は、日米両国人が参加した盛大な葬儀にあたって、一篇の詩を贈っている。[34]

極東の騎士、サムライに生まれた彼は
人類のまことの仇敵と戦うために
大小二本の刀を科学という武器に変えた
人生の齢を延し、苦しみを除くために

日本にこんなサムライがいたことを私たちは忘れてはいけないのである。

2　大河内正敏と理研コンツェルンの形成

世界的な医薬品開発で名声を博した高峰譲吉が、理化学研究所設立を提言したことには大きな意味があった。知識ベースの産業立国の可能性に現実味があったからである。しかも、第一次世界大戦の勃発とヨーロッパからの輸入途絶は、同研究所設立にとって大きな追い風となった。当時の日本において、日本由来の研究は軽んじられることが多く、重化学工業の国産化や研究開発などといっても信頼性は薄かった。

二〇世紀初頭の国産技術に対する信用が低かったことを証明するエピソードがある。当時、人工肥料を作るために必要だったアンモニア合成技術の先発企業である日本窒素肥料、第一窒素工業、大日本人造肥料の各社はそれぞれ、ヨーロッパで開発されたカザレー法、クロード法、ファウザー法を導入していた。さらに、同工業に進出した昭和肥料や住友、三井、三菱の財閥系企業も、すでに実用化されている外国技術を使用しようとしていた。

しかし、外国技術は特許使用料が高かったため、東京工業試験所は独自にアンモニア合成技術を開発し、商工省を通じてこの技術採用を三井、三菱両財閥に打診した。両社は「日本人の研究した特許なんかでは……」と採用を見送ったとされている。(35)

こうした状況を一変させたのは、第一次世界大戦を契機にしたヨーロッパからの製品・技術の輸入途絶であった。ドイツからはもちろんのこと、ドイツ潜水艦隊がヨーロッパ海域を支配していたため、他のヨーロッパ諸国からの輸入も困難となった。清酒の防腐用薬品サリチル酸や梅毒の特効薬サルバルサンなど、それまで海外供給に依存していた製品分野において、日本製あるいは日本の研究成果を利用せざるをえなかったのである。

大方の予想に反して、日本製品やその研究水準は欧米と比べて大きな遜色はなく、一度利用されると安価であったことから広く普及することとなった。その意味で、一九一七年の理研の設立決定は、滑り出しとしては最良のタイミングではあった。しかし、戦争の後には必ず反動不況がやって来る。

理化学研究所の苦難のスタート

日本の国産技術を奨励するための理化学研究所は、とりあえず研究費だけが支給され、研究所建設自体は形のないままのスタートということとなった。提唱者の高峰譲吉は在米ということで理事にとどまり、所長には菊池大麓《だいろく》が就任した。菊池は理化学研究とはあまり縁のない数学者であったが、皇室から御下賜金を受けるため、帝国学士院長・元東京帝国大学総長であり、男爵の菊池が選任されたのである。

ところが、菊池は就任わずか五カ月で急逝してしまい、理研は後任人事で悩まされることになる。難航の末に、同じく貴族院議員で土木学会の長老の古市公威《こうい》がその任にあたることになったが、古市所長には財政難が待ち受けていた。

当初は財界からの寄付金五〇〇万円を予定し、皇室・政府からの下賜金・補助金を合わせて八〇〇万円が集められるつもりであったが、この寄付金が思うように集まらなくなった。大戦が終わってみると、国産品による急造マーケットは欧米勢によって巻き返され、好況に湧いていた日本経済を反動不況が襲ったからである。予想された寄付金も、半ば強制的なものも多く、反動不況の中で未払者も続出した。

理研の設立時の組織と財政について述べておくと、渋沢栄一の努力によって三井・三菱からの一〇〇万円を手始めに財界から二一八万円余が集められ、二〇〇万円を超えた段階で設立に移行するという設立委員会決議に従って、一九一七年四月に設立申請がなされ、第一回設立者総会が開催された。(36) 一九一七年の発足当時の財団法人理化学研究所役員は、以下のとおりである。

総裁　伏見宮貞愛《さだなる》親王
副総裁　菊池大麓(所長)、渋沢栄一
顧問　山川健次郎
理事　大橋新太郎、和田豊治、団琢磨、高松豊吉、高峰譲吉、中野武営、桜井錠二、荘清

次郎、田所美治、上山満之進
監事　岩崎小弥太、原六郎、安田善三郎、古河虎之助、三井八郎右衛門

総裁は皇族と決められていたが、その他は当時の財界人や研究者の錚々たるメンバーで構成されていた。しかし、五〇〇万円と見積もられていた寄付金は三一〇万円余りしか集まらず、戦後インフレによる資材高騰によって、研究所の建築費も一〇〇万円から三〇〇万円超に膨張してしまった。

東京・駒込の理化学研究所１号館
（理化学研究所所蔵）

さらなる問題は、理研内部における化学部と物理部の内部対立であった。もともと、高峰譲吉が提唱したのは化学研究を中心にした国民的研究所であったが、より多様な研究ということで化学部に加えて物理部も設置された。物理部の部長は天才物理学者の誉れ高い東京帝国大学教授であり、後に初代大阪帝国大学総長を務めることになる長岡半太郎であった。一方、化学部長はうま味調味料（グルタミン酸ナトリウム）の発見

者であり、東京帝国大学教授で日本化学学会会長であった池田菊苗である。

この二人の間で研究のあり方や理研の主導権をめぐって激しい対立があった。また、施設建設の予算取りや仕様に関しても、豪華施設を指向した菊池と、機能的な簡素さを主張した長岡との間での意見対立があった。[37] この結果、両部長が相次いで辞表を提出するという最悪の事態にまで至ったのである。

こうした対立の中で、古市所長自身も健康が悪化して、ついに辞意を表明する事態に陥った。理化学研究財団の副総裁であった渋沢栄一は新所長指名に奔走し、東京帝国大学の総長経験者であり、日本初の物理学博士であった山川健次郎男爵を選出しようとした。山川はすでに理研の顧問であり、長岡半太郎の指導教官でもあったため、最も適任と目されていた。

しかし、山川は渋沢直々の要請であっても、固辞して受けつけなかった。そのとき、山川が「自分の代理に」と推薦したのが大河内正敏（一八七八～一九五二）であった。[38]

推薦された大河内正敏は子爵で貴族院議員、東京帝国大学工学部造兵学科教授（工学博士）であり、このとき四二歳。辞表を出した古市が六七歳、化学部長の池田が五七歳、物理部長の長岡は五六歳であったことからすると、圧倒的に若い。

当時の理研にいた多くの著名なる研究者や重鎮を横目に、若い大河内が推挙された理由については、研究者能力に加えて子爵という血筋と政治的手腕が評価されたといわれる。特に、政府補助金が重要な役割を占めていた理研にとって、貴族院議員として政府内で発言力があることは重要だった。

しかも、大河内の弁舌はきわめて論理的で説得力があった。第一次世界大戦後のヨーロッパを視察した彼の報告を外務省で聞いた当時の外務次官・幣原喜重郎（後の内閣総理大臣）が、「大河内さんは政治家だと思ったら、大砲のほうもいろいろと詳しいので驚きのほかだ」と述べると、同席していた大河内の親友・武者小路公共《きんとも》は、「元来大砲のほうが専門で、政治は余技です」と応えたというエピソードが残っている。(39)

大河内所長案に対して、物理部長であった長岡半太郎も、年来の主張である年功序列によらない「人材登用」として、彼を積極的に推進した。(40)長岡は一九一八年頃より「教授の黜陟《ちゆつちよく》」（功のないものを退け、あるものを登用すること）なる文章を著し、帝大の年功序列を批判していた。

さらに、帝大の卒業写真にもただ一人勲章を付けない写真を掲載し、帝大の「金モール主義」を批判していた。(41)その長岡が大河内を支持していたということは、大河内が単に子爵で貴族院議員であったために所長に推挙されたわけではないことを物語っている。では、大河内とは、どのような人物だったのだろう。

第三代所長　大河内正敏の人物像

大河内正敏は、旧上総《かずさ》大多喜《おおたき》藩藩主で子爵の大河内正質《まさただ》の長男として、一八七八（明治一一）年に東京に生まれた。上総大多喜藩は明治維新にあたって徳川側に与したため、維新後は没落し、大河内家は貧乏華族となってしまった。

一方、三河吉田の本家である大河内家は、維新政府側について裕福だったが、跡継ぎに恵まれなかった。そのために、正敏は本家に養嫡子に出され、第一高等学校在籍中に本家当主である大河内信好《のぶよし》の妹一子と結婚している。

こうして何不自由のない生活を手に入れた正敏は学習院初等科に入学し、その利発さもあって、大正天皇の御学友に選ばれている。宮中に出入りする正敏は、明治天皇にも寵愛されたという(42)。

正敏は、一九〇〇年に東京帝国大学工学部造兵学科に入学するが、その志望動機には後に述べる狩猟好きもあったが、日清戦争後の三国干渉による屈辱感が根底にあったという。愛国心は人一倍強かったのである。一九〇三年の帝国大学卒業から同校の造兵学講師となり、その後ヨーロッパに私費留学し、帰国後の一九一一(明治四四)年、三四歳で帝大教授に就任した。学者である一方で、一九一五(大正四)年には貴族院議員に初当選し、一九一八年には初の本格的政党内閣である原敬内閣において、海軍政務次官も経験した人物であった。

大河内は身長一八〇センチの偉丈夫で、東大首席卒業の銀時計組であった。一九一一年東大造兵学第一講座教授就任後には子爵を襲爵し、一九一四年、三六歳で工学博士号を授与された。翌年には貴族院議員に選出と、毛並みが良いうえに頭脳明晰であった。大河内の学問的貢献について、理研研究の大家である齋藤憲は、以下の三点を挙げている(43)。

第一に、火薬学と造兵学を統合した火兵学会を設立し、学会誌『火兵学会誌』を発刊したことである。造兵学は火薬化学と不可分であり、この統合は両者の学問的進化に大きな影響を与えた。

第二は、工学への物理学の導入であったという。大河内はドイツ留学を通じて、工学実験における理論物理学の重要性を痛感し、帰国後すぐに造兵学科生に物理学の履修を促し、物理を必修とした。現在では当たり前のことであるが、大河内が提唱するまで物理学が造兵学の必須科目でなかったことは驚きでもある。

第三は、立法府である国会に対して「工業助長策を反映させる目的」で一九一八年四月に工政会を設立したことである。大河内は工政会を通じて「科学技術軽視の是正＝工業力の育成」を国政に働きかけると同時に、全国工業家大会を毎年行い工業の近代化、品質の向上に関していくつもの建議を行った。大河内は帝大教授を務めながら、造兵学の統合と早期工業化の促進をきわめて学際的な立場から進めていたのである。

大河内正敏
（理化学研究所所蔵）

一方で、大河内の愛国心は明治人一般の水準を考えても、さらに抜きん出て熾烈であったといわれる[44]。愛国者で造兵学者であった大河内は一連の活動を通じて、「工業を常に銃後の問題と捉え、その発展を国防という視点から把握」していた。それが、「工業およびその根本をなす理化学というものをいかにして隆盛にするか、いかにしてこれを研究するかということは、実に一国の存亡に関する大問題」(一九一六年の日本文明協会第三回学術講演)だという強い認識につながっていたのである。

このことが理研コンツェルンの軍需請負化につながり、戦後、大河内自身が戦犯として投獄されるに至ったのである。

学問的貢献に加えて、大河内の教養文化への造詣は、専門とした科学技術に劣らず広く深く、まさに「大名芸」の域に達していたといわれる。大河内の一番身近にいた二人の息子が父の趣味を語っているが、彼の第一の趣味は豪快にも庭園づくりだったという[45]。江戸時代の大名屋敷風だった本宅の庭も自ら改造し、格式張ったものから深山幽谷の趣に変えてしまった。さらに、大正期に建てた一ノ宮の別荘の庭も、自ら手がけた自然派の趣であった。

また、釣りも大好きで、浅草橋に専用のモーター付きの釣舟を所有していた。その船で隅田川、中川、江戸川などで釣りをし、高価な釣り竿も多数所有していたというから、これもきわめて本格的な趣味であった。

そして、晩年まで変わらず続けていたのが狩猟であった。さすがに砲術・弾道学の大家だけあって、別荘のあった上総一ノ宮の近くで兎やキジを撃っただけでなく、鴨や猪を撃ちに水郷、福島、三重、さらには朝鮮半島にまで足を延ばしている。彼が造兵学に進んだ理由の一つは、少年時代に遊んだ空気銃に始まって、狩猟に使う鉄砲に興味を持ったことによるという。

さらに、「ケタはずれのグルメ」であり、「東京中のうまい物の店はたいてい足を運んだ」といわれる。(46) 細かい味付けや調理法にもさまざまなこだわりがあり、肉食、しかも内臓系が好物で、すべてを無駄にすることがなかった。ただし、その味付けには独特の嗜好があり、強烈な生姜による味付けには、お付きの者が閉口したという話もある。戦後A級戦犯として巣鴨拘置所に拘留されたときに、有り余る時間を使って『味覚』(有情社、一九四七年)というグルメ本も著している。いかなる料理にも一家言があったという。

加えて、芸術にも強い関心を示し、日本画では若い頃から狩野派の師について本格的な作画を習っていた。後年には大津絵を習って、ますます絵に夢中になったといわれる。そもそもは光琳、宗達が好きで、前田青邨の画会には数年間入会し、号を清美庵と名乗っていた。

芸術の中で、大河内が最も愛したのは陶磁器の鑑賞・収集であり、それこそ第一級の審美眼と情熱を有していたという。東京帝大時代から学内の愛陶家を集めて陶磁器研究会を組織化し、自ら道具屋を訪ねるだけでなく、江戸時代の窯跡を発掘するなど本格的研鑽を重ねていた。

彼の陶磁器鑑賞は芸術的鑑賞だけにとどまらず、陶磁器の進化を科学的・合理的に系統立てるアプローチであった。この研究会は全国に拡大された「彩壺会」という団体になり、近代的陶磁器鑑賞の世界を確立したといわれる。(47) エピソード的に感心なのは、大河内には陶磁器に関する著作が理研所長就任まで一三冊あったが、所長就任後から戦後に至るまで一冊の執筆もな

い。それだけ、理研所長の大役に集中していたのであろう。(48)

組織イノベーションとしての研究室制度

学術的にも人間的にも魅力的であり、かつスケールの大きな才能を持つ大河内正敏が理研の所長に就任したことは、日本の科学技術の発展にとって幸運なことだった。まさに、「科学者たちの自由な楽園」の建設が始まったからである。

一九二一年九月に大河内は所長就任にあたって、理事会で「学術研究と実際とを結びつける方法を考え、産業基盤を確立すること。したがって、実業界との接触頻繁となり、自然経費が増加することの了承」を要請した。したがって、大河内の第一の仕事は理研の財政基盤の確立であった。その一歩として、大河内は一〇年間総額二〇〇万円であった国庫補助金の増額を政府に提案した。

貴族院議員であった政治力がモノを言ったかどうかの確証はないが、一九二三年に一七年間で四一五万円と若干の増額があった。もちろん、この程度の増額では潤沢な予算による研究体制の充実は難しかった。手持ちの研究基金に合わせて研究計画を縮小するか、さもなければ、新たな資金入手方法を考えるか、大河内には二つに一つの選択肢しかなかった。大河内は後者を選び、研究費に制限を設けずに理化学研究の拡大に努力したのであった。(49)

理研の運営にあたっては、大河内には大きな裁量権を与えられていたが、移転してきた研究

理研設立当時の主任研究員

長岡半太郎	1887年 帝大物理学科卒
池田菊苗	1889年 帝大化学科卒
鈴木梅太郎	1896年 帝大農芸化学科卒
本多光太郎	1897年 東京帝大物理学科卒
真島利行	1897年 東京帝大化学科卒
和田猪三郎	1898年 東京高等師範理科卒 1901年 カリフォルニア大分析化学科修了
片山正夫	1900年 東京帝大造兵学科卒
大河内正敏	**1903年 東京帝大造兵学科卒**
田丸節郎	1904年 東京帝大化学科卒
喜多源逸	1906年 東京帝大応用化学科卒
鯨井恒太郎	1907年 東京帝大電気工学科卒
高峰俊夫	1909年 東京帝大物理学科卒
飯盛里安	1910年 東京帝大化学科卒
西川正治	1910年 東京帝大物理学科卒

出所：板倉聖宣『科学と社会』282～283ページより作成。

者たちの多くが大河内より年上であり、しかも、当時の日本を代表する大物たちだった。

そこで、彼はきわめて先進的かつ分権的システムである研究室制度を導入した。選抜した主任研究員たちの研究室を独立させ、研究課題はもちろん予算や人事の一切を主任研究員に任せるという方式を採用したのである。予算は研究室ごとに割り当てられ、主任が予算内で研究室員の給与と研究費をまかなう仕組みである。

表に示すように、当初の個人名の研究室を持った主任研究員は一四人、その半分が大河内よりも年上で大物だった。これでは、分権的な自主性に任せるほかなかったともいえる。また、研究室制度の導入によって、化学部・物理部、そしてその部長職も廃止された。

一九二二年一月から施行された分権的研究室制度は大成功だった。物理・化学部間の不毛な議論は沙汰止みとなり、自由な分権化体制によるテーマ設定や予算配分で、理化学研究所は活性化した。

さて、単なる歴史の偶然といえばそうかもしれないのだが、全く同じ時期に分権的なシステムがアメリカで採用され、大きな成果をあげ始めていた。一九一九年から二一年にかけて火薬・化学品メーカーのデュポンや自動車企業ゼネラルモーターズ（GM）で採用された分権的複数事業部制である。

この時代に科学技術やその商品化は大きな発展を遂げた。ただし、科学技術が商品化され、効果的に販売されていくためには、技術的な進歩だけではなく組織のイノベーションが必要だったのである。(50)

技術やマーケットの異なる製品を一つの組織で扱うには、当然分権的でありながら統合的な組織デザインが必要となる。火薬製造から種々化学品に多角化したデュポンや、複数の車種を異なるセグメンテーションに販売する必要のあったGMは、分権的複数事業部制の採用に踏み切ったのであった。

大河内が導入した分権的研究室制度は、製品事業部制とは目的が違うが、蓄積された経営資源を多重利用して多角化を実現する事業部制とは同じコンセプトであり、既存の大物研究者の知識を最大限に多重利用して成果をあげようとする組織デザインだったといえる。全く違う国で、全く違う背景であったにもかかわらず、ほぼ同時期に同じような発想が生まれたことに歴史の不思議を感じるのである。

もっとも、当時の大河内には各研究員の個性を生かす分権的なシステム以外の選択肢はなかったともいえる。理研には長岡半太郎、池田菊苗、鈴木梅太郎、本多光太郎など日本の科学学会を代表する大御所たち、しかも個性派揃いの大スターたちが集まっていたのである。

長岡は、原子構造を中央に正電荷を帯びた原子核が存在し、その周りを負電荷を帯びた電子がリング状に回っている土星型の原子モデルを発表し、電流における誘導係数を求めるいわゆる「長岡係数」を発表した世界的物理学者である。池田は、「日本の十大発明」の一つ、グルタミン酸ナトリウムの発見者。本多は、磁性鋼ＫＳ鋼や新ＫＳ鋼を発明した金属工学者であり、一九三二年には日本人初のノーベル賞候補者にもなった。さらに、鈴木は脚気の治療を通じて、後に述べる数多くのビタミンを発見した大学者である。

こうしたスター研究者を若輩の大河内が取りまとめるには、各リーダーに自由裁量を与え、自己組織化された運営形態から果実を得る方法が最適だったのである。

他に方法がなかったという意味では、分権的事業部制を採用したＧＭにも同じような事情があった。創業者であるウィリアム・デュラントが無計画に買い集めた自動車企業キャデラック、ビュイック、オールズ（ポンティアック）、シボレーや多数の部品会社を、一つの傘の下に収めたのがまさにゼネラルモーターズ（GM）であった。

この巨大帝国GMも、理研と同様に第一次世界大戦後の反動不況で、資金難で経営危機に陥った。この危機に一番驚愕したのは、GMに巨額投資をしていたデュポン家だった。デュポン家はGM再建にあたって、傘下でボールベアリング製造会社を経営していたアルフレッド・スローンを探し出し、デュラント後のGM経営を託したのであった。

スローンに与えられた命題は、各社バラバラに存在していた自動車ブランドを統合して機能的な企業体にすることであった。そして、スローンの探求が行き着いた先が分権的な複数事業部制だったのである。スローンはMIT（マサチューセッツ工科大学）出身のエンジニアであったが、この事業部制の成功によって「組織の男（the Organizational Man）」と呼ばれることとなる。[51]大河内も科学者・技術者であることが評価されてきているが、後のコンツェルン構築の事実から見ても、「組織の男」とも評価できるのかもしれない。

こうした独立した研究室への権限委譲は、往々にして組織の分断、細分化、タコツボ化を産む。しかし、理研に至ってはそうした心配はなかったようだ。その点について、理研の仁科研究室に在籍し、後にノーベル賞を受賞することになった朝永振一郎は、以下のように述べている。[52]

研究室が独立しているといっても、研究室相互の間で、いろいろな話し合いができる。藤岡由夫さん（現・埼玉大学学長＝原文ママ）などは分光学の高嶺研究室にいる。研究室間の話合いといっても、なにも頭株の人だけの四角ばった会議ばかりではなく、われわれ下っ端でも高嶺研究室の同じ下っ端の藤岡さんらとしばしば一緒に飯を食ったり旅行をしたりして、接触が深く、その間に研究についての相談をし合ったのである。ある研究室で、こういう専門家が足りないといえば、他の研究室から喜んで手伝いに行く、というふうである。風通しの良い組織だったのである。

自由が持つパワー

理化学研究所が直面している財政的危機を本質的に救うのは「発明」による収入以外にないというのは、大河内が一番よく知っていた。しかし、彼は一言も「発明しろ」とは言わず、「基礎科学の研究が主、発明は従」と語っていたという。

理研の正面玄関脇に建てられたバラック小屋の所長室に、早朝から愛車フィアットで通勤し、各研究室を回っては「どうですか」と訪ね歩いた。この「どうですか」というのが口癖であったようだ。フィアットから黒紋付に白足袋で降りてくる大河内の伊達者振りが眼に浮かぶようである。大河内が若い研究員の自主性と育成に懸けた情熱と資金に関する逸話は数多く残っている。(53)

「研究テーマは自由です」

「物理が化学をやっても、化学が物理をやっても一向に構いません」

「研究者が何か買ってくれと申し出たときはできるだけ早く買ってやってくれ。気の乗ったときにすぐやらせることが研究能率に影響する」

「(役に立ちそうにもありませんという若手研究者の言葉に)いや、君たちはそんな心配はする必要はない。面白いと思ったことをやりなさい」

「(実験機材に対して)買うなら、日本で今買える一番良いものを買いなさい」

「しっかりやりなさい。応用はそのうちに生まれるだろう」

「あまり文献を読みあさると独創力が鈍る。何でもやってみることだ」

こんな言葉を聞いて奮え上がらない若手研究者はいまい。事実、自由で分権的組織からはイノベーションが次々と生まれることとなった。朝永振一郎は、以下のように回想している。(54)

私が理研、つまり財団法人理化学研究所の仁科研究室に入ったのは、昭和七年のことである。大学を卒業したのが昭和四年だから、まだ学校を出ていくばくも経たないときであった。

入ってみて驚いたのは、誠に自由な雰囲気である。これは必ずしも一人仁科研究室ばかりでなく、理研全体がそうなのだが、実に何もかものびのびしている。
たとえば、金の面ではこうである。身近な問題についていえば、私たちが研究室で必要な資材を買うときにも、大きいものは別だが、ちょっとしたものならば、理研内に専属の倉庫があって、真空管にせよ、化学薬品にせよ、簡単に伝票を書けば、それだけで買って来られる。（中略）
もちろん、研究室の予算というものはある。ところが、私のいた仁科研究室などは、しょっちゅう大赤字を出すので有名なところだった。といって、別段無茶苦茶に無駄遣いをするわけもないのだが、新しい研究というものはどっちに進んでいくか予定することがそもそも無理なのだ、相当な赤字の出ることは当然なのだ。そういうときには、いつの間にか後で研究所がきちんと面倒をみてくれるという具合なのである。
また、研究室によっては予算を余すものもある。余したからといって次の年度の予算を減らされることもないから、年度末に慌てていらないものを買い込むなどという無駄なことも起こらない。

朝永は理研を「科学者の自由な楽園」と表現したが、この自由な精神こそ創造性の源だったのである。

予算の研究室への配分額は、研究員が一堂に会した研究員総会で諮られ、それぞれ決定される仕組みであった。しかし、研究室の成果によって増額を決めたのは、研究所長の大河内だった。彼は普段から各研究室を注意深く見回り、どの研究室がどのような研究成果をあげているのかを詳細に見聞していたからである。増額自体はそれほど大きくはなかったというが、確実に研究成果に応じた増額があったといわれる。

さらに、朝永が驚いたように、使い残した予算は翌年度に繰り越され、赤字は単年度で帳消しにしていた。これは大河内所長在籍の二五年間変わることはなかった。「研究に使う金は大体知れたものである。また使い過ぎたとしても、そのくらいの費用はなんとかしてやろう」というのが大河内の腹づもりだった。

彼は毎年の研究員総会で、「研究費は充分用意があるから、研究者はそういうことを心配せずに存分に研究を進めていただきたい」と述べ、長老の長岡半太郎や鈴木梅太郎が「経理上の心配を一身に引き受けられる所長のご苦労に対して研究者一同深く感謝する」と返礼するのが恒例だったという。(55)

自由で潤沢な予算を立てた理研からの研究成果は目覚ましかった。大河内記念会によると、大河内の所長在任中(一九二一~四五年)の二五年間に、研究所員はおよそ一〇〇名から一五〇〇名にのぼり、刊行された和文論文二〇〇四本、欧文一〇六四本。研究において学位を得たものは一二六名。帝国学士院、日本学術協会、日本化学会、日本農学会、帝国発明協会などからの

大河内と理研所属の科学者たち
左より仁科芳雄、片山正夫、大河内、ハイゼンベルク、
長岡半太郎、ディラック、本多光太郎、杉浦義勝（理化学研究所所蔵）

褒賞授与者は約七〇名、主任研究員の文化勲章受章者は三人にものぼっている。

一方の応用研究では、国内特許約八〇〇件、外国特許約二〇〇件、実用新案約二五〇件もの数に達している。さらに、五四五万円でスタートした理研の財源は、一九四四年には一〇四七万九五〇円に倍増され、総資産では四二九四万円にまで拡大したのである。(56) これは一研究所があげた成果としては群を抜くものといって構わないだろう。

大河内の自由研究主義は、言葉を変えれば放漫財政ということでもあった。一九二三年には予算は当初の三倍である九〇万円に膨張し、六〇〇万円足らずの基金の理研にとっては深刻な数字となった。理研は最高幹部会を開催し、今後の財政方針について議論を進めると、予算縮小の消極論と拡大堅持の積極論が拮抗するに至った。

結局最後は大河内の、「基金のなくなるまで思い切って、積極的にやる。いよいよお手上げになっても、研究成果さえあがっていれば、政府も放ってはおくまい」との一言で、基金を食い尽くすまでの拡大路線が決定された。

しかし、理研を救ったのは政府ではなく、まさに研究成果であった。

危機を救った発明とビジネス

救いの手は、まず鈴木梅太郎研究室から誕生した。大河内が所長就任した一九二一年、鈴木梅太郎研究室に東大農学部助手の高橋克己がやってきて、タラの肝油からビタミンAを抽出することに成功したのである。

ビタミンAは鈴木たちの発明ではない。一九一四年にアメリカのマッカラムが「バター中に存在する成長促進物質の分離」として発表したのが最初であった。また、この物質は魚類のタラ肝油の中にバターの数十倍も含まれていることを発見したのは、ロンドンのリスター研究所に留学していた三浦政太郎であった。彼はもともと内科医だったがロンドンでは生化学者として成長物質の研究をしており、帰国して鈴木研究室の農芸化学集団に所属した。鈴木研究室は「ごった煮的」学際的研究を実践する集団で、研究者の出自などは一切問わないのが特徴であった。

しかし帰国後、三浦はこの研究に興味を失い、緑茶中のビタミンCの抽出研究に向かってしまった。成長物質ビタミンAの研究を継承したのが高橋で、彼は既存の文献や通説にはとらわれない実験実践者であった。ビタミンAは不安定で破壊されやすいなどとの通説に構わず、高熱でも高アルカリでも実験利用して、わずか一カ月で「ビタミンAは肝油の不齢化物の一成分」であることを突き止め、分離に成功してしまったのである。(57)

鈴木研究室はこの分離したビタミンAをカプセルに入れて、試作品として所内で販売したところ、噂を伝え聞いた肺結核患者の家族たちが理研に殺到する事態となった。

抗生物質がまだ登場しない当時にあって、肺結核唯一の治療法は豊富な栄養を摂って安静にしていることであった。この栄養摂取にはタラ肝油が有効であることが経験的に知られていたが、その味は想像を絶するほど不味い。したがって、タラ肝油から栄養素であるビタミンAが分離されたと知った患者家族たちは、まさに特効薬を手に入れるために理研に大挙して押しかけたのであった。

大河内はその様子を見て、これを工業化することを決断し、鈴木梅太郎研究室を急き立てて四カ月で工業化にこぎ着けた。独自生産は難しいとの憶測があり、既存医薬品企業との提携を無難とする声もあったが、大河内は理化学研究所の自主生産で「ビタミンA」を販売した。

これは作れば売れるという大成功で、一九二四年には理化学研究所の作業収入の八割をビタミンAが稼ぎ出している。ビタミンAの一カプセル当たりの製造原価は二銭程度だったが、理化学研究所はこれを九銭で直接販売したために利益幅は大きく、膨れ上がった理研予算の赤字分の過半を帳消ししたといわれる。この値付けは高すぎるという批判が出たが、大河内は「理化学研究所は研究費が不足するから自らの発明によって収益を挙げて研究費に回さねばならないので、値下げはしない」と言ったという(58)。

構内巡視をしていた大河内はビタミン製造の機械運転を見ながら、「薬というのはなんと儲かるものですね」と漏らしたという(59)。資金難の中で、まさに発明が研究資金に変わることを実感したのだろう。

大河内が偉大なのは、この感覚をビジネス構想にまで思い描けたことである。後に執筆した本のタイトル『化学工業の芋蔓式経営法と理研コンツェルン』が端的に示すように、化学工業では生成プロセスで多くの副産物や知識が創成・蓄積される、それを「芋蔓式」に利用することで多角的事業体(ドイツ留学をしていた大河内は、ドイツ語のコンツェルンという用語を用いた)を構想したのである(60)。

さて余談だが、ビタミンAが普及した頃に、警視庁から「ビタミンA」は学名そのものだから、商品名とするには問題があるとクレームがついた。やっかみ通報だと思われるが、真相は不明である。大河内は「それでは」と、「理研ビタミン」に改名して販売を継続した。このネーミングはよりわかりやすく語呂が良いので、その売れ行きを一層加速したという。

理研コンツェルンの形成と範囲の経済

一九二七(昭和二)年に、大河内は研究成果の事業化を目的に理化学興業株式会社を設立し、大河内本人が会長に就任した。発明の垂直統合である。

そもそも「理研は元来純正科学の研究が主眼である。その研究の資金を得るために、一部で産業方面の発明をし、特許を取ってはそれを譲渡して、研究の資金を得よう」として設立された。

しかし、既存企業に権利を譲渡する形で事業化に失敗したアドソールや理研酒の事例を受け、大河内は「理研の発明を工業化するには、理研以外にない、もし理研の発明を買い手があるからという簡単な理由で売っていたのでは、結局事業の失敗者を製造するばかりで、世の産業に貢献するどころか、かえって産業を委縮せしめる結果となるのである。理研の発明は理研自身が工業化し、事業化し、しかもその後も絶えずその工業の生産費低下の研究、発明を指導しなければ、新興産業として世界を相手に雄飛することはできないのである。ただしそれには資本がいる。しかも、その資本は理研の制御下に置きうるものでなければならぬ[61]」という考えに変わっていった。

基礎研究から得られる知見を踏まえて事業設計を行えたこともあり、理研興業の下からはビタミンA、合成酒、感光紙、研磨材料コランダムなどの有力な製品が続々と生まれ、それぞれの製品を取り扱う企業が独立し、理研興業の傘下企業となった。

こうした傘下企業には、理研栄養薬品、理研酒工業、理研光学工業（後のリコー）などが挙げられる。製品を別個に取り扱う企業が複数独立していった結果、理研興業は持株会社としての役割を果たすようになった。これが後に理研コンツェルンと称される企業集団であった。

理研コンツェルンは大河内主導の下、芋蔓式経営を行ったことが特徴といえる。芋蔓式経営とは大河内がドイツのアルコール製造業者のビジネスモデルをもとに考案した経営手法である。ドイツのアルコール製造業者のビジネスモデルとは、本業のアルコール製造と補完関係にある農業、養豚業、さらには食品加工業といった具合に多角化していくビジネスモデルである。ドイツのアルコールは芋を原料にしている。したがって、アルコール業者が芋農家を後方統合する。この芋の副産物として蔓や葉が生じるため、これらを飼料として養豚業を営むのである。さらにこの豚を加工して、酒のつまみとなるソーセージを作ってしまうのだから、全く無駄がない。大河内はこれを化学工業にも応用した。

具体例としては、金属マグネシウムの精製が挙げられる。一九二〇年代当時、日本は金属マグネシウムを輸入に依存していた。金属マグネシウムは航空機や各種機械製造のためには不可欠な素材で、大河内は国産化の必要性を痛感していた。当時の日本の金属マグネシウム国内需要量は一〇トン程度で、この規模では理研が開発した海水を原料とする精製法では輸入品に太刀打ちできなかった。規模の経済性が働かないからである。

しかし、大河内は同一プロセスから生まれる副産物の二クロム酸ナトリウム、石灰、ソーダ灰、炭酸マグネシウムなどを同時販売することで、範囲の経済性の中で金属マグネシウム製造を競争力のあるものにすることに成功したのである。(62) マグネシウム単品では赤字でも、全体像の中では黒字化できる構想だったのである。

大河内が芋蔓式経営を体系的に世間に紹介したのは、一九三五（昭和一〇）年五月に出版された『化学工業の芋蔓式経営法と理研コンツェルン』が初めてである。この中で大河内が芋蔓式経営法における衆知を集める重要性を以下のように紹介している。(63)

理研から離れていった工業が、なぜいつまでも発展しえずにいるか、それを今日まで私は仔細に吟味してみて、全く衆知を集めて工業化しないのがその大原因であることを知った。芋蔓式経営法もやれず、発明者以外の知能によって生産原価引き下げが十分にできないためであると思う。一つの発明を工業化するのには、その発明をした人だけの知識と経験では足りない。それよりも全く違った方面の多くの知能を集めて、それらを巧みに組み合わせなければ、決して新しい発明が工業となって一つの産業を形作るまでにはならない。発明の工業化は、むしろその発明をした人よりも外の人が工業化するほうが、はるかにより少ない資金と、より短い時間とで成功するものだということを、十数年来しみじみと体験したのである。

前述のように大河内は長年にわたる発明の工業化経験を通して、芋蔓式経営法すなわち、範囲の経済性の達成には多様な人材の参加が必須だと思い至っていた。今でいう、オープンイノベーションの実践である。製品に加えてその副産物も利用するビジネスモデル、すなわち「範囲の経済性」の追求と多様なプレーヤーによる統合生産の組合せこそが理研コンツェルンのビジネスモデルであったといえるだろう。

ただし、大河内は規模の経済性に注意を配らなかったわけではない。大河内は、一製品当たりの生産規模を上げるために「一工場一品生産主義」と「農村女子の労働力化」を構想し、実現した。

「一工場一品主義」とは一工場当たりの生産品目を一つあるいは、ごく少数に絞り込んで、生産量を極大化する小ロット大量生産によるコストダウンの手法であった。さらに、理研興業が新潟に開設したピストンリング工場では、アメリカ量産品の低価格に対抗するため、生産工程を単純労働に分解したうえで単能工作機械を導入し、その単純作業工程に農村の女子を雇用して、大きな生産性をあげている。

当時、新潟の女子労賃は一日二五銭で、東京界隈の男子賃金の八分の一であった。さらに、作業工程の単純化と専門化によって男子の二・五倍の能率をあげたといわれる。齋藤憲は、大河内のこうした考え方はまさに、「ヘンリー・フォードなどアメリカ量産システムの応用であった。それを農村過剰労働力と結合して、コストダウンにも成功したところに新味があると評価できよう」と述べている[64]。

ただし、大河内が目をつけたのは、農村における低賃金女子労働だけではなかった。理研は当時としては珍しい女性科学者たちにとっても「自由な世界」だったのである。その当時の様子を『理化学研究所六十年の歩み』の中で、理研に在籍した六人の女性科学者たちが生き生きと語っている。和田研究室に北海道帝国大学から移籍した加藤セチは当時を回想する[65]。

大正一一（一九二二）年九月に理研に入りました。北大にいて、ビールなんて飲もうものなら、大きな字で書き出されてしまうんです。ああいうところは封建的で、もう街も歩けなかったです。それが、理研に来たら、隣の実験室の男女が喋々喃々としても、誰も文句を言わないでしょう。私、初めて世の中の違いがわかりました。北大では実験室で一切男性と口なんかきいたことありませんの。男性と話していると、仲が良いなどと言われるしね（笑）。理研では研究以外の噂なんて全然出ない。そういう点では格段の違いですね。理研は本当に研究ただ一筋だと思いました。

大河内は民本主義を唱えた大正デモクラシーの理論的支柱であった吉野作造とも親交があり、理研の中に精神的な自由、男女格差のない自由も持ち込んだのだった。ただし、俸給に関して男女差はあったらしい。同じく加藤は、「私は五〇円、男の方は七〇円。それくらいの違いでした」と述べている。

理化学興業は、工作機械、マグネシウム、ゴム、飛行機用部品、合成酒など多数の発明品の生産会社を擁す理研コンツェルンを形成していく。最盛期には会社数六三、工場数一二一の大コンツェルンとなった。

一九三九年の理化学研究所の総収入三七〇万五〇〇〇円のうち、特許料や配当などの形で理研産業団各社が納めた額は三〇三万三〇〇〇円（総収入の八一・九％）を占めた。その年の理研の研究費が二三一万一〇〇〇円だったことからすれば、理化学研究所の資金は潤沢で、何の束縛もない「科学者の楽園」が築き上げられたのであった。

理研コンツェルンの崩壊と戦後への遺産

一九四一年の第二次世界大戦の参戦とともに、理研コンツェルンの経営状態は極度に悪化することとなった。これは軍部から干渉を受け、戦争関連製品の開発生産を優先させられたため事業バランスが乱れたことと、資源統制により実験が大幅に規制されたため、といわれている。

確かに、芋蔓式経営は多様な副産物の製品化を組み合わせることによって全体的な収支を均衡させていた。したがって、一部の製品のみを生産したのでは、ビジネスバランスが保てない。国から軍事関係の特定製品のみの製造を強制されたり、資源統制のために多角化に必要な資源が調達できなくなると、多角化された製品ポートフォリオの一部しか製造できなくなり、芋蔓式の中で完結していた理研コンツェルンのビジネスモデルは破綻していったのである。[66]

一九三八年から四一年までの収入の内訳は、特許収入が五五％、利息および配当収入が二一％、委託研究収入が七％で、支出のうち八〇％が研究費に使われていた。しかし、一九四一年以降、軍部委託による研究費収入と軍需生産のための工業試験費がウエイトを増し、研究テーマも国家、特に軍部の干渉が加わるようになった。

戦時体制の中で「科学者の自由な楽園」は失われようとしていた。大河内が作り上げた産学共同体は、次第に産学軍複合体にその性格を変えていったのだった。[67]

事実、一九三七年に理研の仁科芳雄研究室は日本で最初のサイクロトロン（原子核の基礎実験装置）を完成させ、一九四三年には大型サイクロトロンを完成させていた。陸軍の要請を受け、一九四一年から仁科研究室では原子爆弾開発の極秘研究（二号研究）を開始していたのである。

こうした軍事研究を支えるために、一九三九（昭和一四）年には、すでに日本興業銀行を中心とした三井、第一、安田、第百、住友、三和、野村の八行からなる融資シンジケートが結成され、四一年には理化学興業をはじめとする六社は合併させられ、「理研工業」が成立した。それとともに日銀、興銀からの経営者が送られてきて、大河内は次第に理研の実権を奪われていった。

そして一九四六年、太平洋戦争終結とともに連合軍司令部の指令により、理化学研究所、理研工業（理化学興業の後身）、理研産業団は解体され、仁科研究室のサイクロトロンも進駐軍に接収され、海中投棄された。

ただし、理研コンツェルンの破綻を軍部からの要求のみに帰することはできない。理研とコンツェルン各社の制度設計に根本問題があったのである。前述したように、理研コンツェルンは理研の研究費を捻出するための手段であった。したがって、理研はコンツェルン傘下の各社にきわめて高額な特許使用料や配当を課すように制度設計されていた。このため、理研コンツェルン各社の財務体質は企業成長を重ねても財務的には弱体化するようになっており、銀行からの借入金依存体質になっていたのである。

一九四〇年になると戦時体制下で会社経理統制令が発令され、企業の配当率が八％以下に制限されると、コンツェルン各社の株価は暴落し、前述したように、融資シンジケートが結成され、理研の経営にも関与するようになっていった。この段階でコンツェルンの構想はすでに瓦解していたともいえるのである。(68)

大河内は戦犯容疑者に指名され、一九四五年一二月に巣鴨拘置所に収監された。一大産業団を率いて軍需生産に奔走し、内閣顧問として戦争内閣に協力し、しかも傘下の研究所で原爆製造計画も行っていたということで、東条英機ら戦争指導勢力のブレーン・トラストの一員であると疑われたのである。(69)その後の取調べで、大河内は開戦謀議には全く参加していないことが明らかになり、一九四六年四月に釈放された。

大河内は釈放翌日には理研所長室に出勤したというが、進駐軍による身辺調査は執拗に続き、所長辞任への圧力は強化された。当時外相となっていた吉田茂からも大河内留任には懸念が告げられ、同年一〇月大河内は手塩にかけた理研を辞任し、二五年間にわたった所長生活にピリオドを打った。

辞任後の彼は厚遇されたとはいえない。理研の片隅に小さな部屋を与えられて出勤はできたというが、決して歓迎される客ではなかった。また、研究費に糸目をつけない豊かな研究所と産業コンツェルンを築いた大河内だが、私財を築いたわけではなかった。持っていた株券類は紙くずになり、先祖伝来の刀剣・美術品、さらには愛蔵の陶器類を売って糊口をしのぐ生活となった。

「それなのに、優れた研究を行っている研究者があると、『研究費が乏しいだろう?』とポケットマネーを与え、研究者を感泣させることがあった」と宮田は書いている。また、執筆活動も再開し、封印していた『古九谷』『楽ちゃわん』などの陶器に関する著作を二五年ぶりに執筆して高い評価を受け、再軍備には科学者的根拠を持って反対していた。(70) 拘置所生活に対してほとんど文句を言わなかった大河内だが、収監の身体的負担は大きかった。一九四六年の釈放後には脳卒中を発症し、歩行も困難になっていった。

一九四七年八月二九日、大河内は脳軟化症のために死去した。棺の前には「勲一等」と数字だけが空けられた位牌が置かれていた。門弟たちは勲一等を期待したが、政府が与えたのは「勲二等」であった。勲一等には吉田茂が反対したという。(71)

理研の歴史的意義

近代日本にはこれだけ破天荒で型破り、そして世界に通用する企業家的科学者が存在し、大きな成果をあげていたのである。彼らは一貫して日本が独創的な科学知識の上に立国されることを願って活躍した。

高峰譲吉は明治初期から、公務員の枠を超え、日本実業界の枠を超え、発酵技術者の枠を超え、日本外交の枠を超えて、縦横無尽に連鎖する化学反応のように新たな世界を求め、新たなビジネスを創造していった。「明治＝近代化」という外的刺激に対して、まさに二重、三重に創造的に対応したアントルプルヌアだったのである。

教科書的認識では同時期の野口英世が明治を代表する科学者として語られることが多い。しかし、明治という時代が直面した政治経済にわたる大変革、特に植民地化の危機と早急な富国強兵という課題に対して、知識を商業化するという実践で高峰ほど日本を世界に印象づけた科学者はいないだろう。

アメリカ出張の傍で人造肥料のビジネスを準備し、その過程でアメリカ婦人と結婚し、さらにその家族とともにウイスキー発酵ビジネスを手がけ、さらには創薬研究開発型ベンチャーをニューヨークに設立して「タカジアスターゼ」と「アドレナリン」を発見・抽出した。この時期の日本人研究者がこの世界的な医薬品をほぼ独力で開発したという偉業は、日本近代史にあってしっかりと書き留められなければならない。彼の科学的知識に基づいた破天荒さは、明治日本の創造性と創造的対応の体現者として強く語り継がなければならない。

もう一方の大河内正敏は、高峰譲吉の提唱した理化学研究所を「科学者の楽園」にまで築き上げた傑物である。わずか四二歳の若さで国民的研究所である理化学研究所所長に就任したこの人物の面白さはその多様性にある。

東大銀時計組の造兵学者としての学識に加えて貴族院議員として国の工業化に一家言があり、さらに大名芸の域に達した多才な趣味人であったことはよく指摘される。加えて本書で強調したいことは、彼の組織に対する鋭い洞察力と制度設計能力である。その意味で、ＧＭ中興の祖アルフレッド・スローンを彷彿とさせる。

スローンはＭＩＴ出身のエンジニアでありながら、一九二〇年代に分権的複数事業部制を創り上げたことから、「組織の男」と称される。同様に、大河内も科学者にして「組織の男」であったといってよい。一九二一年、彼は理研の三代目所長に急遽就任するが、そこにはすでにキラ星のような研究者がひしめいていた。彼らに最大限の研究成果を出してもらうために、大河内が選択したのは研究員に「自由」を付与することであった。

そして、研究員が自由かつ学際的に好きなテーマを研究できるように組織設計したのが、「分権的な研究室制度」であった。選ばれた主任研究員にテーマの設定、研究員の採用、予算執行の自由を与え、好きなように研究させたのである。しかも、割り当てられる研究資金を可能な限り豊富にしようとした。
この豊富な資金を確保するために考え出されたのが、彼の言葉でいう「芋蔓式経営」に基づいた多角的企業体「コンツェルン」であった。芋蔓式とは蓄積された経営資源の多重利用のことであり、コンツェルンとは事業部制以上に分権的な企業集団のことであった。そうした組織を活用しながら、規模と範囲の経済性を同時追求し、なおかつ研究者には最大限の自由を保証した。後にノーベル物理学賞を受賞する朝永振一郎は理研時代を振り返って、以下のように書いている。(72)

(理研が=米倉註)何より良かったことは、そこには研究者の自由があったという事実である。研究テーマや方法の選択は研究員の自主性にまかされており、研究が役に立たないからといって文句をいわれることもなかった。長い間かかって会議や討論を重ね、全く無駄のないように作り上げ、絶対必要のぎりぎりの予算を要求しても、その要求額をお役所の都合で六〇%に削られて落胆するのが今の大学の姿だが、大学へ籍を置いてみれば、かつての姿はいっそう良かったものに思える。

この朝永の指摘は一九六〇年になされたものである。
科学とビジネス、基礎研究と応用研究を融合し世界的なスケールで活躍できる人材が求められている二一世紀日本において、高峰譲吉と大河内正敏ほど再評価が求められるべき人物はいない。

理研からは、まさにノーベル賞級の成果が出ているだけではなく、のちの電子工業立国を主導するソニーの基礎技術やさまざまな応用研究成果も、戦後になって実を結んでいる。しかし、高峰や大河内が夢見たような独創的科学知識に基づいた立国が達成されたかというとまだ道半ばである。二一世紀の日本では、国家財政の逼迫に加えてビジョンなき政治家や官僚からは、基礎研究やわけのわからないものに投資することを控えて、すぐに成果の出る応用研究の重要性が喧伝されている。しかし、人間以外に資源のない日本がわけのわからないものに投資することを止めたならば、この国に未来はない。

明治・大正・昭和というまだ途上国ともいえる段階であった日本で、とてつもない未来を描いた先人がいたことに果てしない勇気を覚える。これだけ豊かになった今こそ、この王道を歩み続けなければならないのである。

終章　近代日本の創造的対応を振り返る

さて、近代日本の創造的対応を探求する旅を楽しんでいただけただろうか。改めて、日本に繰り広げられた創造的対応は、感心するほど独創的だったと思う。しかも、そのすべてが、無味乾燥な「幕末」「明治」「下級士族」「志士」、「財閥」「科学者」といった普通名詞によって成し遂げられたものではなく、高島秋帆、大隈重信、笠井順八、三野村利左衛門、岩崎弥太郎、高峰譲吉、大河内正敏など、顔の見える固有名詞が生き生きと成し遂げたものだったのである。

第1章「近代の覚醒と高島秋帆」が明らかにしていることは、高島秋帆という今では名前すらも忘れ去られた男の、開明的で実践的な知識と「身を捨てて」まで列強との開戦を阻止しようという行動力がなければ、日本の近代は違った形になっていたかもしれないということである。

旧来型のリーダーシップ論では、即断即決・全面対決のような捨て身の英雄談が好まれる。

幕末の志士たちにとっても、高島の「欧米列強の顔色を伺いながら漸次開国を進め、通商和平をのらりくらりと模索すること」という進言などは、敗北主義の典型に映ったに違いない。しかし、ただ単に血気にはやって列強との開戦を決断すれば、日本を待ち受けた運命はいかなるものだっただろうか。国を守るということで一番大事なものは武力でも精神力でもない。世界の情報を受け止める高い情報感受性と、そこで得られた情報から構築される長期的な世界観なのである。

幕末に、高島という企業家的戦略家が存在していたことは、日本が植民地化されずに生き残った重要な要因だったのである。

第2章「維新官僚の創造的対応」で描きたかったことは、「尊王攘夷」だけをうたって明治維新を勝ち取った若き志士たちを、対外的責任を担う国家官僚に変身させたのは、まさに列強諸国と正面から対峙しなければならない外交問題だったことである。破壊をうたうことは易しい。しかし、破壊の後の創造が描けなければ、それは単なる無政府状況にすぎない。往々にして創造の道は対外的な責任によって喚起される。

維新に関して何の実績もなかった佐賀藩士・大隈重信が、維新政権の中心に躍り出たきっかけは、キリスト教というやっかいな外交問題であった。長崎の隠れキリシタン弾圧に激怒した欧米諸国との対外折衝の矢面に起用されたことが、大隈が志士から官僚に変身していく契機であった。宗教をめぐる対立は現在でも続く、いわば文明の衝突である。大隈は独自の三段論法でイギリス人公使パークスを煙に巻いて、政権の中枢に躍り出た。

この大隈にさらなる独立国家官僚の自覚をもたらしたのは、横浜の外国商人たちとの折衝で明らかになった日本の財政破綻であった。幕末の貨幣改悪、藩札・太政官札の濫発による日本通貨への彼らたちの不信感は、財政構造の抜本的改善なくしては、いかんともし難いことを大隈は悟る。信頼ある対外関係を築くためには、国家財政の確立が最も重要なことだったのである。

大隈が自ら出身母体である士族層の解体に進むのは、内政問題ではなく、むしろ国家の対外的信用樹立の問題だったのである。信なくば立たず。財政規律を放棄しつつあるどこかの政府に聞かせたい話である。

第3章「明治政府の創造的対応」は、本書のハイライトとでもいうべき政府と民間の二重の創造的対応を扱ったものである。財政規律なくして真の独立を果たしえないと悟った大隈たちは、自分たちの出身母体である士族階級を廃絶することを決意する。そのために、彼らは利付き公債を発行して封建身分を買い取るというきわめて創造的な対応を示したのであった。

しかし、創造的対応は政府の秩禄処分に留まらなかった。発行された公債を担保に殖産興業政策の一翼を担おうとした旧士族階層の出現によって、さらなる創造性を増したのである。

第4章「士族たちの創造的対応」では、士族たちの創造的対応の典型例として長州藩下級士族・笠井順八と小野田セメント製造会社を中心に分析した。笠井は、同じ下級士族たちの公債を集めて株式会社を組織化し、輸入防遏の一助になろうとセメント事業を起こしたのであった。その熱情の背景には、明治になって突然に無為徒食な輩と決めつけられた士族層としての激しい屈辱と怒りがあった。彼らは、維新政府の身分を公債に転化するという創造性に対して、その公債をさらに資本に転化することで日本の工業化を推進し、自らの存在意義を明らかにしようとしたのであった。

こうして、明治維新の遂行者でありながら、打倒されるべき封建勢力でもあった士族たちは、明治の近代化を担う企業家にならんとした。封建制の打破から近代の創造にあって、これほど政府と民間人が互いに創造的であった事例があっただろうか。

第5章「創造的対応としての財閥」は、三井と三菱というよく知られた財閥という存在を、「組織イノベーション」という視点から再構築することを試みた章である。かつて、スタンフォード大学のロバート・サットン教授が「すでに見慣れたものを全く新しく見ること」を「ヴジャデ」と呼んだことがある。(1) 既視感を指す「デジャブ」をもじった言葉である。本章はまさに財閥をヴジャデする作業であった。

そもそも、財閥という範疇で同じように扱われる三井と三菱だが、両社はその出自も資金準備状況も全く異なっていた。三井は江戸時代から続く幕府御用達の大店であり、三菱は土佐の地下浪人・岩崎弥太郎が一人で立ち上げた海運事業が始まりであった。したがって、両社には異なる事業機会の捉え方があったし、その戦略に関しても三井が採用した非関連多角化と三菱の関連多角化とは異なるものであった。

しかし、その発展過程には驚くほどの類似点がある。まず、変革期に出現する多様な事業機会を迅速に捉えるために、両社とも多角的事業体組織すなわち財閥型組織を形成した点である。さらに多角化を実現するために、両社とも当時の最も希少資源であった優秀な人材を集め、彼らの能力を多重利用した点も共通している。両社とも人材登用、人材投資、人材蓄積にはきわめて積極的だったのである。

特に、江戸時代から続く三井には強い慣性があり、内部人材の登用では幕末・明治維新という動乱期を乗り切ることはできなかった。大店三井のプライドを捨てた新興商人・三野村利左衛門という外部人材の登用と、その後の権限移譲は見事であった。

三菱に関しても弥太郎のアニマルスピリットが強調されることが多いが、弟・弥之助の戦略性にも高い評価を与える必要がある。五一歳と比較的若くして亡くなった弥太郎の後を継いで、弥之助は海運事業の前方・後方にわたる垂直統合戦略を主導しただけでなく、多くの人材を雇用し、彼らに高い自主性を与えて事業運営を主導させた。「海から陸へ」という三菱の戦略転換も、弥之助のリーダーシップによるものであった。

人に投資をし、人に事業を任せるという点では、三井も三菱も他のいかなる企業にも引けを取ることはなかったのである。

ここでも強調したかったことは、財閥という無味乾燥に響く事業体が、実は多くの顔の見える企業家たちの創造性と想像性によって形成されていたことであった。

第6章「科学者たちの創造的対応」では、戦前の財閥と戦後の企業グループの橋渡し的事業形態であったとされる新興財閥を、概括的にではなく、「科学者の楽園」と呼ばれた理化学研究所という単一事例によって考察した。

軽工業によって出発した明治期の工業化が大正期に入って重化学工業化にシフトしていくのは、ある意味、必然的な流れであった。特に第一次世界大戦勃発によるヨーロッパからの輸入途絶は、日本の重化学工業の国産化を急務とした。これは大きな外生的ショックであった。しかし、このシフトも自然に起こったわけではない。ここにもイノベーターたちの俊敏な対応が必要であった。この刺激に最も創造的に対応したのが理化学研究所であった。

この国民的研究所の設立を提唱したのは、当時世界的な名声を博していた高峰譲吉であり、科学者の楽園にまで築き上げたのは、東京帝国大学教授の大河内正敏であった。残念なことに、科学者であり、発明家でありそして企業家であった高峰や大河内の破天荒な生き様は、現代日本において高い評価には至っていない。

しかし、高峰ほど知識だけでグローバルに活躍した日本人は現代でもそう多くはない。彼は加賀藩医の息子でありながら、幕末の長崎に留学させられ、そこで幕府の崩壊に出合う。維新後には新設された工学寮に転入し、首席卒業の後に留学生としてイギリスに派遣された。イギリスでは化学の可能性に接すると同時に、知識を事業にする重要性に気づいたのだった。

帰国後は、日本産品の工業化を模索するために農商務省の役人になった。技術官僚としてアメリカで開催された万国博に出張した一年間で、人造肥料の可能性と特許の重要性を学んだだけでなく、アメリカ人と結婚までしているのである。さらに、農商務官僚のままで益田孝・渋沢栄一らとともに人造肥料会社を起業し、事業もまだ軌道に乗らないうちに再びアメリカに移り住み、人造ウイスキーの製造やタカジアスターゼ、アドレナリンを発見・発明している。しかも、現代でいう研究開発に特化した創薬ベンチャー形態を一九世紀末のアメリカで採用しているのである。

高峰は野口英世よりも一二歳年上だが、野口に与えられた名声に比較して高峰のそれはあまりに過小評価されているように思う。少なくともビジネスの歴史を扱う経営史・企業家史においては最高の栄誉を与えたい人物の一人である。

一方、理研を「科学者の自由な楽園」にまで築き上げた大河内正敏も破天荒である。造兵学者としての実績もさることながら、彼の組織設計能力の高さと自由への信奉度は一大賞賛を与えてしかるべきである。主任研究員に最大の裁量権を与えた「研究室制度」と、各研究室に潤沢な研究資金を提供するための関連多角化事業体（大河内の言葉でいえば「芋蔓式経営」）としてのコンツェルン構築は、驚くほどの創造的対応である。

自由で潤沢な予算からの研究成果は目覚ましかった。大河内の所長在任中の二五年間に、研究所員はおよそ一〇〇名から一五〇〇名に、刊行された和文論文二〇〇四本、欧文論文一〇六四本。研究において学位を得たものは一二六名。帝国学士院、日本学術協会、日本化学会、日本農学会、帝国発明協会などからの褒賞授与者は約七〇名、主任研究員の文化勲章受章者は三人にものぼっている。応用研究では、国内特許約八〇〇件、外国特許約二〇〇件、実用新案約二五〇件もの数に達している。この源泉は明らかに「自由」にあった。

研究員として在籍し、戦後にノーベル物理学賞を受賞した朝永振一郎は、「何より良かったことは、そこには研究者の自由があったという事実である」と述べている。(2)

朝永はこうも述べる。「月給はくれるが、義務はない。いや、義務はないのに月給はちゃんとくれるといったほうがよいだろう。義務がないということは誠に良いことである。というと、怠け者の言に聞こえるかもしれないが、本当はかえってこれほど研究に対する義務心を起こさせ、研究意欲を煽るものはないのである」と。

理研の成功は、二一世紀を先取りするこの思想に支えられていたのである。

＊　＊　＊

日本の二一世紀は想定されていたものよりはずっと暗雲の立ち込める出発となっている。急速に進展したグローバリゼーションとその反動的ともいえる孤立主義の台頭。こうした動きは実に幕末の植民地化の危機や攘夷運動を彷彿とさせる。さらに悪化し続ける財政赤字や自主外交確立の必要性も、明治初期の状況に重なり映る。

しかし、現在の政治家や官僚たちはこうした事態に、近代日本と同じような危機感を持って創造的対応を真剣に模索しているのだろうか。現代の高島秋帆や大隈重信はどこにいるのだろうか。

一方、企業価値も利益率も大きく改善できない日本の大企業群の停滞もはなはだしい。企業の新陳代謝も進まず、時価総額のトップ一〇には旧来産業や公団公社の民営化企業がいまだに居座っている(3)。日本の大企業組織にはすでに大きな限界が見えている。にもかかわらず、根本的な組織イノベーションを遂行しようという勇気もない。

混乱の最中にあって、大店三井はプライドを捨てて新興商人に未来を託し、言われのない差別に怒った岩崎弥太郎は激しいアントルプルヌアシップを持って事業機会を拓いていった。財閥という組織革新は存在していたものではなく、彼らの創造的な産物だったのである。

さらに、日本の基礎研究体力の減退には、科学者や技術者グループからも鋭い警鐘が鳴らされている。一〇〇年前の「科学を生かせ」や「自由な楽園」建設の意気込みはどこに行ったのだろうか。特に、研究費の減額や自由度の削減には強い憤りを覚える。人間しか資源のない日本が知識への投資を怠れば、その未来は暗い。かつて高峰譲吉は言った。

一、二〇〇〇万円の資金はドレッドノート型の戦艦一隻を建造するに当たる。（中略）ドレッドノート型戦艦は国防上有力であるも、その勢力は日一日衰え、一定の年月を経れば廃艦となるのである。研究所は最初は大した結果が見えぬらしきも、年と共に進歩し、戦艦が廃艦となれる頃には、すなわち世界を驚倒すべき大発明もできるであろう。したがって、これが寄付金は単に寄付するのみでなく、その資金は永久に活用せられ。研究所の存立する限り、発明の社会を益する限り、長く活きて働くのである。(4)

日本の予算における防衛費が教育費を上回った今日、彼の言葉の持つ意味を噛みしめなければならない。

本書は近代日本の創造的対応を検証する試みであり、そこに出現したイノベーターたちの躍動感あふれる歴史を記述することを目的に執筆された。しかし、これは過去のための記述ではなく、未来のための記述でもあった。

日本人が創造的ではなかったというのは、まぎれもない誤解である。しかし、現在でも絶えざる創造的対応が続けられているのかについては、この近代日本の歴史と比較することで深く学んでいただければと思う。

あとがき

「処女作に還る」。大学院で論文を書いている頃に、ある先輩が言っていた言葉だった。当時は「そんなことあるわけない」と思っていたが、あれから三五年くらい経って、気がついてみると本当のことになっていた。僕の処女作は、一九八二年に『一橋論叢』に書いた「政府士族授産政策と小野田セメント」だった。

しかし当初は、士族授産政策がこれほど創造的な政策とは思いもよらなかったし、小野田セメントの真の重要性や反骨の魂にも気づいていなかった。今回、もう一度調べ直すうちに、その創造的対応に改めて感動したというのが実情である。

ということは、実は同じ現象でも視点が変われば、全く新しい姿が見えてくるということだった。僕は「歴史に客観的な史実などはない」という歴史家にはあるまじき考えをずっと持っている。そのことに明示的に気がついたのは、一九九九年に『経営革命の構造』(岩波新書)を執筆したときだった。「おわりに」に次のように書いたことを鮮明に覚えている。

「歴史とは結局、主観的な記述である。人間の認知限界からして過去のすべての事象を再現することはできないからである。しかし、だからこそ歴史は楽しい。無限の事象のなかから、いくつかの断片を拾い上げる作業こそが、まさに歴史家の歴史観を提示する作業であり、その観点の斬新さや手堅さを競うのが歴史を記述するという仕事だからである」

（同書、二五二〜二五三ページ）。

僕は本を読むのが苦手だし、とくに分厚い本が好きじゃない。しかし、なぜか歴史を記述するのがたまらなく好きなのは、歴史が人間によって創られていることと、歴史が主観提示の塊だからだと思う。本書も歴史のふりをした歴史観の提示である。だから、楽しかった。

僕は今やベンチャーおじさんやソーシャルおじさんなどと思われているかもしれないが、研究者としてのキャリアは歴史から始まった。大学三年のときにたまたま入った佐々木潤之助ゼミで歴史の面白さに目覚め、小野田セメントや三井物産を調べていた。その意味で、本書は学生時代からの宿題を少しずつ積み重ねて創作したようなものである。ただし、本書の記述は戦前で途切れているが、戦後は財閥解体から始まり、川崎製鉄の西山弥太郎などワクワクするような創造的対応があふれている。いずれ本書の姉妹編として戦後の創造的対応をまとめたいと思っている。また四〇年後になるかもしれないが……（笑）。

「日本の創造的対応」を書きたいと全体構想を本格的に考え始めたのは、『経営革命の構造』を書き終えた二〇〇〇年頃からだった。同書の編集をしてくれた岩波書店の斎藤公孝君と、「もう一冊書こう」という約束をしたのだった。「高島秋帆」あたりから書き始め、ときどき思い出しては原稿を書き溜めてはいた。

しかし、その頃から僕はシリコンバレーの衝撃に見舞われ、「ベンチャーおじさん」になってしまい、なかなか落ち着いた執筆が進まなかった。しかも、斎藤君はNTT出版に移ってしまう一方、僕はバングラデシュでムハマド・ユヌス博士(グラミン銀行創設者)に出会って、今度は「ソーシャルベンチャーおじさん」になってしまった。これでこの本の運命は完全に終わったと思ったのだが、捨てる神あれば拾う神あり。東洋経済新報社の佐藤敬君が現れたのである。

二〇一五年に東洋経済新報社の設立一二〇周年記念シンポジウムで講演を頼まれた頃だった。われわれの一橋大学イノベーション研究センターが発刊する機関誌『一橋ビジネスレビュー』の編集担当者だった佐藤君に、「書き散らした歴史書の原稿があるんだけど」と漏らしたときに、親切にも「僕も歴史が好きだから見せてくれますか」と応えてくれたのである。書きかけの「高島秋帆」を佐藤君に渡すと、その感触は悪くない。危うくゴミ箱行きだった本書の復活はこうして始まった。運命とは、不思議でありがたい。ありがとう、佐藤君。

さらに、かつて同社で出版局長をされていた大貫英範さんにも大きな借りがあった。大貫さんは、二〇〇〇年から東洋経済新報社の発刊となった『一橋ビジネスレビュー』を支えてくれた恩人であり戦友である。そのときから同誌の編集委員長をやっている僕は、「大貫さんの目の黒いうちに東洋経済から本を出すから」と約束ともつかない約束をしていたので、この展開は嬉しかった。雑誌の刊行では、担当された中山英貴さん、佐々木浩生さん、勝木奈美子さん、遠藤康友さんにも大きく感謝したい。

さて本書は、僕が一橋大学イノベーション研究センターの専任教授としての最後の仕事となった。考えてみれば、この執筆をしているちょうど四四年前の三月に、僕は一橋大学の入学試験を受けていた。それから学生として九年間、教員として三五年間一橋大学に在籍していたことになる。よくぞ生き延びたものである。もちろん、大きな声では言えないが、幾多の危機はあった。

しかし、良き師、良き友、良き後輩が常に助けてくれ、何とか無事に完走することができたのだった。この三月二三日には一橋大学から永年勤続の表彰状まで貰った。そこには「永年本学に勤務し、職務に精励されました」と書かれていた。教官でこの式典に出席したのは僕だけだったので、返礼の挨拶をするように指名を受けた。

「永年勤務したのは事実です。しかし、職務に精励したかというと、はなはだ心もとない。ただ、いたずらに無駄飯を食わせてもらったというほうが真実に近い。しかし、この無駄飯を食わせてもらったことに最大限の感謝をしたい。大学とは自由でなければならないのです」と述べた。もちろん、頭の中には理化学研究所と大河内正敏がいた。

理研とは規模こそ違えど、僕にとって一橋大学イノベーション研究センターは「自由の楽園」そのものだった。一九八二年に助手として入所して、わずか三カ月後にはアメリカ留学を許され、帰国後も自由気まま、勝手気まま。多少は冷たい目で見られはしたが、「成果を出せ」などとは言われたためしがなかった。

どんな本でも購入してくれ、いかなるゲストを授業に呼ぶことも自由だった。世界中行きたいところはどこにでも行けたし、留学生も受け入れ放題。本学の学生のみならず他大学の学生まで、まとめて面倒をみてくれた。その恩恵を最もこうむったのは、当時は早稲田大学の学生だった税所篤快君だろう。

本書が曲がりなりにも完成したのは、まさにこのイノベーション研究センターの研究支援室・事務局体制のおかげである。こんな素晴らしい組織はもう二度と現れないかもしれない。研究者の自由を保障し、豊富な資金を揃えることが日本ではますます難しくなっている。この国が教育に投資することに躊躇するならば、いったいどんな未来が待っているのだろうか。

先輩であった今井賢一先生、野中郁次郎先生、宮原諄二先生、長岡貞男先生、西口敏宏先生、そして同僚であった武石彰さん、延岡健太郎さん、沼上幹さん、江藤学さん、楡井誠さん、青島矢一さん、楠木建さん、岡田吉美さん、軽部大さん、清水洋さん、大山睦さん、Joel Malenさん、カン・ビョンウさんには大きな感謝を捧げなければならない。

そして、歴代研究支援室の、森本典子さん、田中裕子さん、小貫麻美さん、庄司浩子さん、森川純子さん、米元みやさん、志水まどかさんには、感謝してもしきれないほど世話になった。さらに、事務局体制では高取巳喜男さん、中俣隆さん、小林智寿子さん、そしてわが大蔵大臣・渡邊紗千子さん、財務大臣・池亀奈津美さんには、特別の大感謝をしなければならない。どんな無理難題の要望にも必ず応えてくれる国立大学の事務局が、いったいこの世のどこに存在するのだろうか！

また、ゼミの学生であり、一橋大学の同僚となった島本実君と清水洋君をはじめ、川合一央君、Jongho Choi君、宮崎晋生君、稲山健司君、生稲史彦君、平尾毅君、パットナリー・スリスパラオンさん、星野雄介君、Eyo Shiaw Jiaさん、堀峰男君、伊藤輝美君、郭白穎さん、Abdul Maheen Sheikh君、キム・ソンミさん、中尾杏奈さん、金東勲君、周芳玲さん、Prajakta Khareさん、バラヤー・ムルンさん、Jafar Saleh君、周競馳君たちゼミ出身者からは逆に大きな学びを得た。ありがとう。

日本元気塾・アカデミーヒルズの盟友たちにも感謝しなければならない。故・藤巻幸大さん、高島郁夫さん、奥山清行さん、隈研吾さん、遠藤謙さん、為末大さん、藤森義明さんは、超多忙なスケジュールを縫って、日本の未来のために時間を割いてくれている。歴代事務局の礒井純充さん、西山有子さん、熊田ふみ子さん、吉岡優子さん、佐野淳子さん、河上恵理さん、津田真美子さん、下川明美さん、佐藤茜さん、斉藤多美子さんたちは、まさに元気塾を支える最強チームである。そして、すでに四〇〇名を超える卒塾生たち。彼らがこれからどんどん活躍する時代が来ると思う。

南アフリカ・プレトリア大学の日本研究センターや、アフリカ象やサイを守る「アフリカゾウの涙」の仲間も忘れてはいけない。長田雅子さん、山脇愛理さん、滝田明日香さん、今泉木綿子さん、大滝英里さん、岡本丸茂さん、村上綾野さん、柳瀬綾子さん、伊藤正芳君、大平一郎君、小倉教太郎君、森辺一樹君、渡邊光章君、佐藤雅彦君たちが、日本とアフリカをつないでくれている。

さて、僕が起業を後押ししたり、イノベーションを応援した人たちが結成する「被害者の会」の面々にも感謝したい。教育分野で革命を起こし続ける宮地勘司君、ピーチ・アビエーションを立ち上げた井上慎一君、建築業界を革新する大竹弘孝君、パナソニックへ移った馬場渉君、HDEの小椋一宏君、freeeの佐々木大輔君たちだ。さらに、日本のNPOをリードする、TFJの松田悠介君、クロスフィールズの小沼大地君、e-Educationの税所篤快君と三輪開人君、育て上げネットの工藤啓君と井村良英君、日本フィランソロピー協会の高橋陽子さんと加勢川佐記子さんたちも、まさに日本の未来だ。こうしたNPOを中心とした若者支援のために長年多大な寄付を続けて下さる矢島澄子さんと川口伸健さんにも感謝したい。

テレビ東京の『未来世紀ジパング』チームも新しい世界への扉を開いてくれた。福田裕明さん、大久保直和さん、川口尚宏さん、檜山岳彦さん、清水昇さん、羽田安秀さん、向山麻子さん、いつも素敵な番組と大きなサプライズをありがとう。

最近ノリに乗ってきたわがロックバンド、The Searching Cranburysのバンマス Jonathan Cranbury（鈴木博文）、Bert Cranbury（向井久）、Hohner Cranbury（宮本恵介）兄弟たちには大感謝だ。僕の活力の源である。

最後に、わけのわからん「チーム・ヨネクラ」にも感謝したい。宮田和美さん、エディー操さん、宮地勘司君、伊江昌子さん、鈴木亮君、松田勲君、山本沙紀さん。そして最強の同僚にしてマネジャーであり弟子である下川明美さん、彼ら彼女らがいなければ、これほど楽しい企画を次から次に体験することはなかった。本当に感謝、感謝です。

多くの人たちの助けによって出来上がった本書だが、ありうべき過ちはすべて著者・米倉誠一郎にあることは、ここに明記しておきたい。

最後に本書を通じて米倉明希と米倉一明郎《かずあきら》が創造的対応のできる人間になってくれることを、米倉智子とともに心から祈って本書のあとがきに代えたい。

Only crazy people can change the world!

二〇一七年三月末日　一橋大学教官最後の日、花冷えのする国立で

米倉誠一郎

註

はしがき

（1）エドマンド・フェルプス『なぜ近代は繁栄したのか――草の根が生みだすイノベーション』小坂恵理訳、みすず書房、二〇一六年、三三ページ。残念なことに、このノーベル経済学賞受賞者も「一九五〇年から一九九〇年にかけての日本の高度経済成長にも注目したい。当時の日本でダイナミズムが躍動していたという測定も多いが、実際には国全体が高度に近代化されたわけではなかった。近代経済が何十年もかけて開拓してきた実践が、国内に導入され模倣されたことによる、たまたまの結果だったのだ」と記述している。きわめて本質的な良書ゆえに、独善的な解釈が残念である。もちろん、そんなふうに感じさせてしまう日本の凋落も残念だが、日本の戦後を一九五〇年からしか見ない短期的視野も悲しい。

（2）J. A. Schumpeter, "The Creative Response in Economic History," *The Journal of Economic History*, Vol.7, No.2, 1947, pp.149-159.

（3）朝永振一郎「科学者の自由な楽園」『鳥獣戯画　朝永振一郎著作集1』みすず書房、一九八八年、二三五ページ（初出は『文藝春秋』一九六〇年一一月号）。

（4）シュムペーターはentrepreneurとその機能を、"simply the doing of new things or the doing of things that already being done in a new way (innovation)" と定義する。

（5）企業家と企業家能力については、拙稿「企業家および企業家能力――研究動向と今後の方針」『社会科学研究』（五〇巻一号、一九九八年）を参照されたい。

第1章

(1)ウールに比べて扱いやすい綿は、一七世紀の新興イギリス中産階級に大きな人気を博したのであった。この点については、拙著『経営革命の構造』(岩波新書、一九九九年)を参照されたい。

(2)復旦大学歴史系・上海師範大学歴史系編『中国近代史1　アヘン戦争と太平天国革命』三省堂、一九八一年、三〜四ページ。

(3)同書、一八〜一九ページ。このため、アヘン戦争は銀流出に危機感を持った清朝政府の反撃であり、倫理の問題ではない、という主張がイギリス側に根強くあった。

(4)同書、二〇〜二二ページ。

(5)堀川哲男『中国人物叢書11　林則徐』人物往来社、一九六六年、一一ページ、および前掲『中国近代史1』二二ページ。

(6)堀川前掲書、三四〜三五ページ。

(7)林則徐に関しては、堀川前掲書から多くを参照した。

(8)ペルリ『日本遠征記　(一)〜(四)』土屋喬雄・玉城肇訳、岩波文庫、一九四八〜一九五五年。

(9)ハインリッヒ・シュリーマン『シュリーマン旅行記——清国・日本』石井和子訳、講談社学術文庫、一九八八年、七八〜七九ページ。

(10)たとえば、明治日本を含む東南アジア、チベット、中東などを旅したイギリス婦人イザベラ・バードは、日本人の倫理観の高さを違う側面から証言している。「ヨーロッパの国の多くや、ところによっては確かにわが国でも、女性が外国の衣装でひとり旅をすれば現実の危険はないとしても、無礼や侮辱に遭ったり、金をぼられたりするものだが、私は一度たりと無礼な目に遭わなかったし、法外な料金をふっかけられたこともない」と(渡辺京二『逝きし世の面影』平凡社、二〇〇五年、六七ページ)。

(11) John Elliot Bringham, *Narrative of the Expedition to China from the Commencement of the War to Its Termination in 1842: With Sketches of the Manners and Customs of That Singular and Hitherto Almost unknown Country*, Vol.1 (London: Henry Colburn Publisher, 1843), p.6（米倉誠一郎訳）。
(12) 秋山香乃『晋作　蒼き烈日』日本放送出版協会、二〇〇七年。
(13) 今井賢一『創造的破壊とは何か　日本産業の再挑戦』東洋経済新報社、二〇〇八年、一三〇ページ。
(14) 河政植「危機のなかの王朝と幕府（一）」京都大学人文学研究科第二回国際シンポジウム報告、二〇〇四年一月一一日（http://www.hmn.bun.kyoto-u.ac.jp/asorder/meetings5-04.html）。
(15) 同報告書。
(16) 幕末の情報網については、宮地正人『幕末維新期の文化と情報』（名著刊行会、一九九四年）がきわめて面白い見解を提供している。また、風説書自体に関する「史料学的」な詳しい研究は、松方冬子『オランダ風説書と近世日本』（東京大学出版会、二〇〇七年）がある。
(17) 日蘭学会・法政蘭学研究会編「和蘭風説書解題」『和蘭風説書集成（上）』吉川弘文館、一九七七年、二一四〜三二二ページ。
(18) 宮地前掲書、一一三ページ。
(19) 井上勝生『幕末・維新――シリーズ日本近現代史①』（岩波新書、二〇〇六年）は、幕府は別段風説書によってペリーの来航を事前に予知しており、アヘン戦争以降の万国法等の知識を使って実に巧みで粘り強い外交交渉をアメリカ側と継続したことを明らかにしている。
(20) 日蘭学会・法政蘭学研究会編、前掲書、三六ページ。
(21) 同書、三五〜三九ページ。
(22) 高島に関しては、有馬成甫『高島秋帆』（吉川弘文館、一九五八年）に多くを依拠している。
(23) フェートン号に関しては、宮地正人『幕末維新期の社会的政治史研究』（岩波書店、一九九九年）

の序章が、フェートン号側の航海日誌までも読み込んだうえで、この事件を英仏間で戦われたナポレオン戦争の一環として詳しい分析をしている。
(24) フェートン号に関しては、宮地、一九九九年、前掲書、および有馬前掲書、二二一～二二三ページを参照のこと。
(25) 有馬前掲書、九〇～九四ページ。
(26) 同書、五五～六一ページ。
(27) 同書、七四～八九ページ。
(28) 服部真長・松本三之介・大口勇次郎編『勝海舟全集15』勁草書房、一九七六年、六～九ページ。
(29) 松岡英夫『鳥居耀蔵――天保の改革の弾圧者』中公新書、一九九一年、一四一ページ。
(30) 水野は「長崎表の高島四郎太夫一件の取調べにつき、鳥居耀蔵甲斐守に差図を致し不正の吟味を致したること、重き御役を勤め乍ら身分をも顧みず不届きの至り、御不興に思召されるとの上意」としている。同書、一五〇～一七五ページ。
(31) 同書、九三ページに掲載。
(32) 服部・松本・大口編前掲書、九九～一〇三ページ。
(33) 同じく金子は、「彼(高島)が内外の武備兵制を詳細に比較して外戦の無謀であることを説き、(中略)彼の西洋兵制に対する蘊蓄の深さを知りうるとともに、貿易の本質、交易の方法等を詳細に論じて開国通商の経済的利益を指示した点において、彼が多年長崎に於ける官府貿易の主務官として獲得した豊富な経験と識見とをうかがうことができるのである」と高島の長崎での交易経験を高く評価している(金子鷹之助「解題」『近世社会経済学説体系　高島秋帆・佐久間象山集』誠文堂新光社版、一九三六年、七六ページ)。
(34) 「嘉永の上書」はきわめて長文ゆえに、有馬前掲書も概要だけを載せている。
(35) 有馬前掲書、二〇〇ページ。

(36) 徳富蘇峰『近世日本国民史　開国日本(二)』平泉澄校訂、講談社、一九七九年、二七〇ページ。
(37) 井上前掲書は、当時の阿部・堀田に率いられた徳川幕府を「開明的な政権」と評価する。
(38) 宮地、一九九九年、前掲書、ⅴページは、近年になって確立した歴史観から事後的な分析をする危険性を説いている。

第2章

(1) 高橋潤二郎『鑑賞　経営寓句』慶應義塾大学出版会、二〇〇九年、七一ページ。
(2) 歴史を唯一無二の固有現象として捉え、合理的因果関係よりも経路依存や歴史的偶発性を重視するのが、複雑系や比較制度分析学派の考え方である。Paul David, "Clio and the Economics of QWERTY," *The American Economic Review*, Vol.75, No.2, 1985；ミッチェル・ワールドロップ『複雑系』田中三彦・遠山峻征訳、新潮文庫、二〇〇〇年などを参照のこと。
(3) 丹羽邦男『明治維新の土地変革(近代土地制度史研究叢書　第二巻・改装版)』御茶の水書房、一九七二年、三～九ページ。
(4) 早稲田大学史編集所編『大隈伯昔日譚(大隈重信叢書　第二巻)』早稲田大学出版部、一九六九年(以下、『昔日譚』とする)。本書は現代語訳にされているため、大隈の口癖である「あるんである」、時には「あるんであるんである」という面白さが伝わらない。その点では『隈公閑話』のほうが聞き書きのリアリティがあるが、一般読者へのわかりやすさから、同じ記述では、新訳『昔日譚』を引用した。
(5) 同書、二ページ。
(6) 同書、二五ページ。
(7) 同書、五六ページ。

(8) サトウ、アーネスト『一外交官の見た明治維新(下)』坂田精一訳、岩波文庫、一九七ページ。また、フィクションではあるがフルベッキに関しては、加地祥夫『幕末維新の暗号――群像写真はなぜ撮られ、そして抹殺されたのか』(祥伝社、二〇〇七年)がきわめて面白い視点を提供している。

(9)『昔日譚』六〇ページ。

(10) この間の経緯は、『昔日譚』六一～八五ページに詳しい。大隈が商人たちとの活動の詳細を雄弁に語っていることからも、彼が商業活動を通じて得たものの大きさを知ることができる。ただし、彼自身も「私たちの企業も画策もさして効果を見ることはできなかった」と、この計画からの実利はなかったとしている。

(11) 大隈はこの結果を、「佐賀藩を代表して世間に運動することが、土佐藩における後藤のように、薩摩における西郷のように出来なかったのは、本当に千年の憾み事」と悔しがっている。『昔日譚』七九～八三ページ。

(12) 大隈はここで多くの俊英と出会い、中央政界進出の糸口を得たと述べている。『昔日譚』二〇五ページ。

(13)『昔日譚』一九八ページ

(14) この間の経緯については、片岡弥吉『浦上四番崩れ――明治政府のキリシタン弾圧』(筑摩書房、一九六三年)；同『日本キリシタン殉教史』(時事通信社、一九七九年)に依拠している。

(15) 片山『浦上四番崩れ』四六～四八ページ。

(16) プチジャン神父は感激のあまり手紙の中では、この時の会話の多くをわざわざローマ字表記の日本語で表しているという(片岡、一九七九年、前掲書、五七一～五七二ページ)。

(17) 片山、一九六三年、前掲書、五三ページ。

(18)『昔日譚』二〇九ページ。

(19) パークスに対する大隈評は、「彼の性格は非常に太っ腹で、脅かすという方法で談判を促進する術を心得、時にはほとんど気違いじみた行いをすることがあるが、心中では愉快なところもないではなかった。(中略)とにかく彼は、わが国公使中では傑物であり、またやっかいものでもあった。こういう種類の人は欧米各国では役に立たないが、当時の東洋ではまず面白い人物であったのである」(『昔日譚』二一五~二一六ページ)。
(20) 『昔日譚』二一七~二一八ページ。
(21) サトウ前掲書、一九七ページ。
(22) 大隈自身も「以上のような事件から、思いがけなくもわたしをして明治政府に一つの地位を占めることができるようになった。私はこれまで政府の人々に面識あるものが少なかったが、この時木戸、大久保、広沢らと自由に話を交わすことができ、親しくその人となりを知った」(『昔日譚』二二一ページ)。
(23) この経緯は、岡田俊平『幕末維新の貨幣政策』(森山書店、一九五五年)を参照している。
(24) 『昔日譚』二二四ページ。
(25) 岡田前掲書、三〇~五一ページ。
(26) 大隈財政の全容に関しては、中村尚美『大隈財政の研究』(校倉書房、一九六八年)や岡田前掲書が詳しい。
(27) 早稲田大学図書館編『大隈文書』(マイクロフィルム版)からの引用。
(28) 同右。
(29) 同右。
(30) 初めは東京為替会社に銀券の発行権が認められただけであったが、後には京都、大阪に銭券の発行が許され、さらに各地の為替会社に兌換券(金券)の発行が許された(中村前掲書、二七ページ)。
(31) たとえば、大阪通商会社は一八七三年に解散され、五七万円余の負債は大阪為替会社に引き継がれたが、結局二二万円余が返済不能となって同社は崩壊した。いったい誰が実業を行い、その利益がどのように分配されるのかが一切明確ではなかった(中村尚美「明治初期の経済政策――通商・為替両会社の役割」『史学雑誌』六八巻一号、一九五九年)。

(32) この間の経緯については、中村、一九六六年、前掲書、三六～三七ページを参照した。

第3章

(1) この点について、丹羽邦夫は「この賞典禄をめぐる対立が、大きな政争とならなかったのは、なお官僚群形成が未熟であり、内政面において、領主的統治策と対置すべき彼らの政策が未だ醸成されるに至っていないことによっていた」と述べている。官僚制国家の樹立はむしろ倒幕以後に精緻化されることだったのである(丹羽前掲書、七九ページ)。

(2) 士族の成立・解体そして授産については、吉川秀造『士族授産の研究』(有斐閣、一九三五年)が最も体系的で、ここでの記述はその多くを同書に依拠している。下級士族と卒族の定義は藩ごとに微妙な差があり、かなりの多様性を持ちながら藩ごとに制定されていったという。

(3) 同書、一四ページ。「白州上の取扱い振りにおいて尊卑の分界を立てず、……官員、華士族平民に至るまで同様たるべきこと」と、裁きの場での平等が明示された。

(4) 丹羽前掲書、一二〇ページ。

(5) 田中彰『体系・日本歴史5　明治国家』(日本評論社、一九六七年)では、一八七一年一〇月から翌七二年一二月までの歳入合計五〇四四万円余に対して、華士族への支出は一六〇七万円余に達していたという(一四八ページ)。

(6) 田中前掲書、一五二～一五三ページ。また、一八八四年の華族令制定により爵位制を創設して、元勲や将官など勲功者を華族に編入する形で華族制度は補強され、貴族院の基盤形成が進められた。華族制度の拡充は、後の帝国議会開設による民権派の政局参入に対する準備の一環でもあったのである。

(7) 士族の反乱は、一八七三年頃より頻発した。一八七四年は江藤新平の佐賀の乱、一八七六年は熊本県における神風連の乱、それに呼応した福岡県の秋月の乱、さらには山口県で萩の乱が起こり、一八七七年には鹿児島県で維新の殊勲者であった西郷隆盛に率いられた西南戦争が勃発している。

(8) 落合弘樹『秩禄処分――明治維新と武士のリストラ』中公新書、一九九九年、i～iiiページ。

(9) 吉川前掲書、二五八～二六四ページ。

第4章

(1) こうした創造的主体をシュムペーターはentrepreneurと呼んだのである。J. A. Schumpeter, "The Creative Response in Economic History," *The Journal of Economic History*, Vol.7, No.2, 1947.

(2) 現在日本におけるシェア第一位である太平洋セメントの前身である小野田セメント株式会社は、一八八一年に「セメント製造会社」という社名で現在の山口県小野田市に設立された。その後、一八九一年に有限責任小野田セメント製造株式会社、一八九三年に小野田セメント製造株式会社、一九五一年に小野田セメント株式会社へと社名が改称されている。本稿で使用する小野田セメントとは、これらの社名を総称したものである。

(3) 広島・岡山紡績会社については、絹川太一『本邦綿糸紡績史　第三巻』(日本綿業倶楽部、一九三八年)を、名古屋電燈会社については、名古屋電燈株式会社編纂員『名古屋電燈株式会社史』(一九二七年)を参考とした。

(4) この点については、拙稿「政府士族授産政策と小野田セメント」『一橋論叢』(八七巻三号、一九八二年三月)を参照されたい。

(5) たとえば、吉川秀造『全改訂版　士族授産の研究』(有斐閣、一九四四年、五一六ページ)や、石塚裕道『日本資本主義成立史研究』（吉川弘文館、一九七三年、一四九ページ）などが、この点を指摘しているので参照されたい。

（6）士族授産政策の成否については、その代表的研究である吉川前掲書と我妻東策『明治社会政策史』（三笠書房、一九四〇年）との間に対立した評価があり、その解明のために授産事業の具体的研究が要請されていた（楫西光速「秩禄処分と士族授産」歴史学研究編『明治維新史研究会講座　第四巻　戊辰戦争―西南戦争』平凡社、一九五八年、二五七ページ：石塚前掲書、一四九ページなど）。この点については、かつての拙稿「政府士族授産政策と小野田セメント」、および同社の士族授産企業脱皮過程を扱った拙稿「小野田セメントにおける士族授産企業脱皮過程」（米川伸一・平田光弘編『企業活動の理論と歴史』千倉書房、一九八二年）などで肯定的結論を出してあるので、参照されたい。

（7）笠井順八の履歴に関しては、伊藤作一『笠井順八翁伝』（小野田商工会、一九三四年）、および「贈位ニ関スル取調ノ件――郡長取調書　知事官房」（山口県文書館所蔵）と藤津清治「セメント製造会社設立発起前史」（『ビジネスレビュー』一四巻三号、一九六七年）を参照した。

（8）伊藤前掲書、一一～一二ページ。

（9）笠井と前原は幼少時代からの付き合いであり、笠井の中央政府への進出も働きかけていたという（同書、七ページ）。

（10）木戸の主張には参議であった井上馨も賛同し、結局笠井の案は頓挫することとなった（同書、一〇ページ）。

（11）同書、一二ページ。

（12）その間の経過を『笠井順八氏直話筆記』（小野田セメント株式会社本社所蔵）（以下、『直話筆記』とする）は、「東京へ出て井上さんに遭うていろいろ話したところが、井上さんもそれでは大理石のほうでは職工を美術学校へ入れ、セメントのほうでは深川工作分局へ参りよく研究してみたらよかろうと言うことになりましたから、工作分局に入りいろいろ研究を始めましたが、分局では原料の石灰石は四国、石炭は九州から供給を仰ぐという不便がありますが、この小野田は石炭は手許にあり、原料石灰石も対岸にあれば、将来大いに見込みあることを宇都宮大技長へ話したら、宇都宮さんも大いに賛成せられ、したがって万事懇切に教示されました。ゆえにその旨を井上さんに復命したら井上さんもそういうわけなら大理石の金策を転じてセメントのほうで拝借金を願うこととなり」と述べている。

(13) 井田幸治編『小野田セメント製造株式会社創業五十年史』一九三一年、三六ページ(以下、『創業五十年史』とする)。

(14) この貸付けは、一八七九年三月から一八九〇年三月にわたって実施され、その総額は約五二五万円に達した(吉川前掲書)。

(15) 株式会社の先進性については、大塚久雄『株式会社発生史論　大塚久雄著作集1』(岩波書店、一九六九年)を参照されたい。

(16) 減額された理由は、この年に山口県で貸し付けられた授産金の総額がこの貸付金を含めて七万円となり、全国第四位にのぼっており、各府県のバランスを考慮したためと考えられる。ただし、この貸付け条件は、特に小野田セメントに対してだけ寛大であったわけではない。授産金貸付けにあたって、政府は原則的に抵当供出を原則としていたが、無抵当の貸付けも数多く許可されていた。その意味で、同社の七分利付金禄公債による抵当提出は例外的でさえあった。五カ年元金無利据置、六年目より年利四%の一五年賦償還という借入れ条件は、政府貸付方内規『勧業資金貸渡内規』の製造事業部門の貸付け条件「据置年限三カ年以内、返納年限五カ年以内」に比較すると緩やかといえるが、政府貸付けの実態はこの内規より一層寛大であったことが明らかにされている。事実、同年山口県下の覇城会社(帆船製造、物品海上輸送業)への授産金三万円の貸付条件も、五カ年元金無利据置、年利四%の一五年賦償還であった(吉川前掲書、一八九ページおよび五六一ページ)。

(17) 前掲『直話筆記』には、「……明治一六年春に至りほぼできた折柄、佐々木工部卿が御用をもって九州地方へ参られたゆえ、馬関において幸い随行の佐藤書記官は同県人であるから、同氏を介して工場の御一覧を伺い出たところ、見てやろうということで直に工場へ迎へて一覧に供したが、工部卿の申されるにはこれだけの仕構をするに技師も置かぬと言うは余りにも大胆ではないか、まず宇都宮でも呼んで見せたらどうかとの仰せがありましたが、自分はそれは誠に良いことでありますが、大技長ともある人を呼ぶには莫大の費用は入る、今この困難しつつある場合なれば、少しの金でも工場へ掛けねばならぬ場合であると答へたら、佐々木工部卿は、いや全くいらぬ宇都宮は官より出張を命ずるということで、間もなく宇都宮さんが来られた(中略)宇都宮大技長は一週間も事務所へ泊り込み、昼夜の区別なく教示を賜り」と、この間の政府の援助について述べている。

(18) T・C・スミス『明治維新と工業発展』杉山和雄訳、東京大学出版会、一九七一年:小林正彬「政商と官業払下げ」『日本経営史講座2　工業化と企業者活動』日本経済新聞社、一九七六年など。

(19) 深川官営工場は、明治五年頃大蔵省管轄で設立されて以来、内務省管轄、工部省管轄の下で、宇都宮を中心とした技術官僚たちによって、実験、拡張などの試行錯誤を繰り返し、工部省管轄となった一八七四年から一八八八年までに投下された資本額(興業費・営業費・国庫補填金など)は約一七万円以上にのぼっている(和田寿次郎編『浅野セメント沿革史』浅野セメント株式会社、一九四〇年、一～九一ページ)。

(20) 「セメント製造会社第一回営業報告書」および『直話筆記』。

(21) 小山弘健「日本軍事工業発達史」小山弘健・上林貞治郎・北原道貫『日本産業機構研究』伊藤書店、一九四三年、七一ページ。

(22) 鈴木淳『明治の機械工業——その生成と展開』ミネルヴァ書房、一九九六年。

(23) 「諸官衙国会議事堂の建設あるを聞いて社長出京し、当時滞京中周旋しおり、右の外にも鐵道線路東海道に変換の内意、または、第二第三海軍鎮守府芸州肥前両所に設立等に就ては、種々周旋しおれり、御用をこうむり愁眉を開くの場合もあるべし」(小野田セメント本社所蔵「セメント製造会社第三回営業報告書　明治一九年六月末」)。

(24) 村松貞次郎『お雇い外国人(15)　建築・土木』鹿島研究所出版、一九七〇年、五一〜八三ページ。

(25) 有沢広巳監修『日本産業百年史(上)』日本経済新聞社、一九七二年、一〇一ページ。

(26) 佐藤昌一郎「松方財政と『軍拡財政』の展開」『福島大学商学論集』三二巻三号、一九六四年、同「企業勃興期における軍拡財政の展開」『歴史学研究』二九五号、一九六四年。

(27) 『創業五十年史』八八ページ。

(28) カーズナー『競争と企業家精神――ベンチャーの経済理論』田島義博監訳、千倉書房、一九八五年。

(29) 官営深川工場は、一八八一年に渋沢栄一との縁故をベースに政府部内に入り込んだ浅野総一郎に払い下げられていた(和田編前掲書)。

(30) 『直話筆記』。

(31) 「傭外国人一件　明治二〇年七月」(小野田セメント株式会社所蔵)の契約書には、「帝国日本外務大臣伯爵井上馨君閣下と独逸国民ドクトルブリーグレップ君との間に左の条約を締結す」と記された後、技師ブリーグレップを同社が旅費給与を全額負担して借り入れることが述べられている。

(32) 「セメント製造会社第三回営業報告書　明治一九年六月末」の決算報告では、一万一八七七円七二九銭の累積欠損が計上されている。

(33) 『創業五十年史』一三四〜一三五ページ。

(34) 三井物産の成立に関しては、日本経営史研究所編『稿本三井物産株式会社一〇〇年史(上)』(一九七八年)に詳しい。

(35) 「セメント製造会社第七回営業報告書」は、「販路の点においては日に月に増進の状を呈し、山陽九州関西大阪などの諸鉄道会社東京建築局日本土木会社其他諸方の注文陸続なるも、いかんせん限りある製造高にして、その求めに応ずるあたわず、遺憾ながら謝絶してわずかに旧来の得意先、すなわち神戸鉄道局、佐世保海軍鎮守府、馬関砲台等の御用に充るのみに止まれり、これによって視るときは、新工場落成一ヶ年四万樽を製出するも製品停滞の掛念あるまじき見込なり」と第二工場の完成を待ちわびている。

(36)「セメント製造会社第九回営業報告書 明治二二年下半期」、および「セメント製造会社第一〇回営業報告書 明治二三年上半期」。

(37) 笠井真三の記述に関しては、笠井真三伝編纂委員会編『笠井真三伝』(小野田セメント株式会社、一九五四年)に多くを依拠している。

(38) 同書、一一五〜一一七ページ。

第5章

(1) 徳川幕府の後半の市場経済については、佐々木潤之介『幕末社会の展開』(岩波書店、一九九三年):岡崎哲二『江戸の市場経済——歴史制度分析から見た株仲間』(講談社選書メチエ、一九九九年)などを参照されたい。

(2) Richard J. Samuels, *Rich Nation Strong Army: National Security and the Technological Transformation of Japan*, Cornell University Press, 1994.

(3) 財閥解体については、Eleanor M. Hadley, *Antitrust In Japan* (Princeton University Press, 1970):エレノア・ハドレー『財閥解体——GHQエコノミストの回想』(東洋経済新報社、二〇〇四年):香西泰・寺西重郎編『戦後日本の経済改革——政府と市場』(東京大学出版会、一九九三年):中村隆英『日本経済——その成長と構造』(東京大学出版会、一九九三年)などを参照されたい。

(4) 米倉誠一郎「経営と労働関係における戦後改革——鉄鋼業の事例を中心に」香西泰・寺西重郎編

『戦後日本の経済改革――政府と市場』(東京大学出版会、一九九三年)では、この財閥解体と経済人パージが戦後日本の活力を引き出したと評価した。
(5) 森川英正『財閥の経営史的研究』東洋経済新報社、一九八〇年。
(6) 森川前掲書および、安岡重明『財閥形成史の研究』(ミネルヴァ書房、一九七〇年)。特に森川は、財閥は政商色を払拭することで、財閥化したと主張する。
(7) 官営工場払下げ論の変遷については、小林正彬『日本の工業化と官業払下げ』(東洋経済新報社、一九七七年)を参照のこと。
(8) たとえば、第4章で見てきた深川セメント官営工場に政府は多額の投資を行い、日本各地の軍事・港湾・鉄道に製品納入させただけでなく、多くの外国人技術者を受け入れ、近代産業の知識基盤の導入に貢献した。工部省の試算によれば、深川工場への総支出額は一八七四年から一八八五年にかけて三七万二六九八円であったが、浅野総一郎に払い下げられた金額は六万一七四一円余であった(和田寿二郎編『浅野セメント沿革史』浅野セメント株式会社、一九四〇年、八三~九一ページ)。
(9) 三井財閥については、安岡重明『財閥経営史の研究(増補版)』(ミネルヴァ書房、一九九八年);安岡重明編『三井財閥(日本財閥経営史)』(日本経済新聞社、一九八二年)などを参照されたい。
(10) 大元方の詳細な歴史については、三井文庫編『三井事業史――本編一~三』(三井文庫、一九八〇年)、安岡、一九七〇年、前掲書、一七七~二一五ページを参照のこと。
(11) 『三井事業史』では、「幕末期の三井家全体の命運を担う位置に立っていた両替店」(本編I、六四七~六四八ページ)と評価している。
(12) 三野村の記述については、三野村清一郎『三野村利左衛門伝』(三野村合名会社、一九六九年)に多くを依っている。
(13) 同書、六~三四ページ。

(14) 安岡編前掲書、六八ページ。
(15) この経緯については、同書、六九ページが詳しい。
(16) 同書、七八〜七九ページ。
(17) 安岡、一九七〇年、前掲書、二六一〜二六三ページ。
(18) 益田に関する記述は、長井實編『自叙益田孝翁伝』(内田老鶴圃、一九三九年)に多くを依拠している。同書は益田が自叙伝にするつもりでまとめたものではなく、筆記者である益田の秘書であり、月刊誌『衛生』の主幹でもあった長井が、益田とのさまざまな自叙を伝記のようにまとめたものである。本書は益田が自分を飾らずにさまざまな思い出や人物に言及していて、きわめて面白い読み物となっている。また、長井は職業柄か、記述に関して細かい註や裏づけを行っていて、信憑性もかなり高い。
(19) 前述したように、長井による『自叙益田孝翁伝』は益田の口述筆記だが、長井なりの考証・検証がついており、それなりの信頼性がある。
(20) 同書、二七〜三六ページ。
(21) 同書、五五ページ。
(22) 同書、五八〜五九ページ。
(23) 同書、八七ページ。
(24) この間の経緯は、同書(一四二〜一五四ページ)に詳しい。オリエンタル・バンクは東京横浜間の鉄道に資金提供したイギリスの銀行であり、ロバートソンはその支配人であった。新政府にとっては重要な人物だったのである。
(25) オリエンタル・バンクと大阪造幣局に関しては、立脇和夫「大阪造幣局の建設とオリエンタル・バンク」(『東南アジア研究年報』二八号、一九八六年)に詳しい。
(26) 長井編前掲書、一五五ページ。

(27) 安岡編前掲書(一二七〜一三〇ページ)でも、中上川の工業化の前提には、井上・益田の鉱工業化路線があったことに注目する必要が述べられている。
(28) 同書、二九三〜二九四ページ。
(29) 「外国との関係においても団のような人は容易に得られない。外国語を話す人はあっても算盤がわからぬ。算盤はわかっても外国語ができない」(長井編前掲書、三九五ページ)と益田は団を評価していた。安岡も「益田が鉱工業を軽視していたのではないもう一つの証拠は、全三井の統率者たる三井合名理事長に団琢磨を選んだことである」と述べている(安岡編前掲書、一三〇ページ)。
(30) アルフレッド・スローンについては、Alfred P. Sloan, *My Years with General Motors* (Garden City, 1964)を参照。一九一四年に、団は益田を引き継いで三井合名会社の理事長となり、日本最大のコングロマリットの経営者となった。彼はエンジニアとしてだけでなく、三井の総帥として同社の近代化に大きな貢献を果たした。しかし一九三二年に、三井本館の前で右翼団体・血盟団の学生支持者に暗殺されている。
(31) 高橋義雄『箒のあと(上)』秋豊園、一九三三年、一八〇ページ。
(32) 安岡編前掲書、一二〇〜一二二ページ。
(33) 中上川の系譜については、白柳秀湖『中上川彦次郎伝』(岩波書店、一九四〇年)を参照したが、益田の自叙伝が益田の自叙を長井がなるべく客観性を持って編集してあるのに比較して、白柳によって書かれた同書は、白柳の主観や主張が強く、中上川伝としての面白みがない。
(34) 同書、四二〇ページ。
(35) 同書、四四八ページ。
(36) 高橋前掲書、一〇二〜一〇三ページ。
(37) 白柳前掲書、五一〇〜五一三ページ。
(38) 高橋前掲書、二一四〜二一五ページ。

(39) この六つの回収困難貸付については、白柳前掲書（二二二〜二三五ページ）を参照した。

(40) 桂の借金のほとんどは、その実弟・次郎がなしたものであり、桂を弁護する説もある。いずれにせよ、三井が長州閥政治家や軍人に対してこれほど強気に出るとは誰も想像することではなかった（同書、二三〇〜二三一ページ）。

(41) 安岡前掲書、四九七ページ。

(42) Adolf Augustus Berle, and Gardiner Means, *The Modern Corporation and Private Property*, 2nd. ed., Harcourt, 1967.

(43) Oliver E. Williamson, *Markets and Hierarchies: Markets and Hierarchies: Analysis and Antitrust Implications* (The Free Press, 1975) や Alfred D. Chandler, Jr., *Strategy and Structure: Chapters in the History of the American Industrial Enterprise* (MIT Press, 1962) を参照されたい。

(44) "Clio and the Economics of QWERTY," *The American Economic Review*, Vol.75, No.2, 1985; W. Brian Arthur, *Increasing Returns and Path Dependence in the Economy*, University of Michigan Press, 1994.

(45) 岩崎弥太郎と三菱財閥の全体の流れに関しては、白柳秀湖『岩崎彌太郎傳　偉人傳全集第12巻』（改造社、一九三二年）：田中惣五郎『岩崎彌太郎傳　日本財界人物傳全集第2巻』（東洋書館、一九五五年）：岩崎彌太郎・岩崎彌之助傳記編纂會『岩崎彌太郎傳』（一九六七年）：三島康雄編『三菱財閥（日本財閥経営史）』（日本経済新聞社、一九八一年）などを参照している。

(46) 三島編前掲書、二〇ページ。

(47) 白柳、一九三二年、前掲書、七一ページ。

(48) 同書、七六ページ。

(49) この経緯は、同書（八八〜九一ページ）に詳しい。

(50) 福澤諭吉『福翁自伝』講談社学術文庫、二〇一〇年、一二〜一三ページ。

(51) 白柳『岩崎弥太郎伝』では、結局樵夫は弥太郎を訪ねなかったという説と、大金を贈ったという両説が書き留められ、「その後の事実はよくわからない」となっている(同書、九一ページ)。
(52) 田中前掲書、二七ページ。
(53) 田中前掲書では、東洋の『参政録存』の記述「一九日雨、長崎に弘田亮介、弥太郎両人を差立候儀」を参照に、「名字なしに呼ばれる低い身分の弥太郎であり、これを郷廻りとし、長崎出張を命ずることにしたのは東洋の厚意であろう」(八五ページ)と言い切っている。
(54) 三島編前掲書、二二ページ。同書は「他に有能な経済官僚がいなかったため」、弥太郎が土佐藩の全貿易業務を指揮したとしている。
(55) 同書、二四〜二六ページ。
(56) 田中前掲書、一七九〜一八五ページ。
(57) 東京商船学校の設立については、東京商船大学八五周年記念会編集委員会編『東京商船大学九〇年史』(一九六六年)に詳しい。
(58) 三島編前掲書、二七ページ。
(59) 同書、三三ページ。
(60) Shinichi Yonekawa, "University Graduates in Japanese Enterprises before the Second World War," *Business History*, No.26, 1984

第6章

(1) 新興財閥の包括的研究は、宇田川勝『日本財閥経営史　新興財閥』(日本経済新聞社、一九八四年)が詳しい。
(2) 高峰に関する記述は、飯沼和正・菅野富夫『高峰譲吉の生涯——アドレナリン発見の真実』(朝日選書、二〇〇〇年);橋爪恵編『巨人高峰博士』(三共株式会社、一九三一年);塩原又策『高峰博士』(大川印刷所、一九二六年)に多くを依っている。

(3) 飯沼・菅野前掲書、一三ページ。

(4) この書簡については、塩原前掲書(二二一～二二六ページ)、飯沼・菅野前掲書(四〇～四九ページ)。

(5) 塩原前掲書、二七～二八ページ。

(6) 飯沼・菅野前掲書、五六ページ。

(7) この間の経緯は、塩原前掲書と飯沼・菅野前掲書に依っている。飯沼・菅野はこの腐敗防止装置が譲吉の弟・高峰三郎名によって特許出願されたことまで確認しているから、譲吉が単なる技術官僚ではなく、きわめて企業家精神旺盛な科学者であったことは間違いない(塩原前掲書、四七～四九ページ、飯沼・菅野前掲書、五七～五八ページ)。

(8) 飯沼・菅野前掲書、五五ページ。

(9) 塩原前掲書、四四～四五ページ。

(10) 譲吉とキャロラインの経緯については、アグネス・デ・ミル『高峰譲吉伝――松楓殿の回想』(山下愛子訳、雄松堂出版、一九九一年)が詳しい。同書は、譲吉がニューヨーク郊外に建てた日本式別荘松楓殿の隣に住んでいたデ・ミルの追想であり、基本的には彼女自身の少女時代を想い描いたものである。また、譲吉やキャロラインの逸話は、そのごく一部であり、曖昧なものや誤認も多い。したがって、飯沼・菅野が指摘するように、原題の *Where the Wings Grow* を『高峰譲吉伝』と訳すことには無理がある(飯沼・菅野前掲書、八三ページ)。

(11) 飯沼・菅野前掲書、七六～八四ページ。

(12) 長井實編『自叙益田翁伝』内田老鶴圃、一九三九年、二八一～二八二ページ。

(13) 渋沢青淵記念財団竜門社編『渋沢栄一伝記資料(第一二巻)』渋沢栄一伝記資料刊行会、一九五七年、一五〇～一五七ページ。

(14) 長井編前掲書、二七〇～二七一ページ。

(15) 塩原前掲書、三四〜三五ページ。
(16) 長井編前掲書、二七二ページ。
(17) 長井編前掲書、二七三〜二七五ページ。
(18) 飯沼・菅野前掲書、一〇〇〜一〇一ページ。
(19) 塩原前掲書、一九六ページ。
(20) デ・ミル前掲書、一六二ページ。
(21) この間の経緯に関しては、飯沼・菅野前掲書を参照した。工場火災については、高峰譲吉の新しい製法による失業を恐れた原液製造者や職工の放火という説があるが、譲吉は否定している(同書、一二二〜一四一ページ)。
(22) タカジアスターゼ発見に関しては、飯沼・菅野前掲書(一五五〜一六八ページ)が詳しい。特に、著者の一人である菅野氏が電気生理学者としてバックグラウンドを駆使して、タカジアスターゼ発見の実験と思考のプロセスを詳しく追っていて興味深い。
(23) 同書、一三三ページ。
(24) 株券については、飯沼・菅野前掲書にサンプルが載っており、その名義人が譲吉の助手を務めた上中啓三となっていることから、関係者にもストックオプションのような形で配られていた可能性も強い(一三四〜一三五ページ)。
(25) 飯沼・菅野前掲書は、同時期に渡米していた野口英世の給料(ロックフェラー医学研究所副主任で年俸三〇〇〇ドル＝一九〇九年)と比較して、かなり高額であったと判断している(同書、一六六ページ)。
(26) 同書、二一五〜二一六ページ。彼らは原文を提示して、譲吉の謝意を確認している。原文は、"also my thanks and large share of credit are due to Mr. Wooyenaka, my associate, for his energetic and able assistance in accomplishing this interesting investigation"となっている。

(27) 飯沼・菅野前掲書、二一二〜二二二ページ。そして、石田三雄『ホルモンハンター——アドレナリンの発見』(京都大学学術出版会、二〇一二年)は、アドレナリン結晶に至るまでの歴史と当時の学術環境を考慮すれば、「高峰を非難するのは当時の標準的思考では妥当ではない」と結論している(同書、一三六ページ)。また両書とも、その後アドレナリンという名称がアメリカで消し去られていった事情についても詳細な検証をしており、高峰・上中に着せられた盗用説を否定し、高峰の業績を確定している。

(28) 橋爪編前掲書、五三ページ。

(29) 齋藤憲『大河内正敏——科学技術に生涯をかけた男』日本経済評論社、二〇〇九年、三〜四ページ。

(30) 橋爪編前掲書、五〇〜五三ページ。

(31) 宮田前掲書、四一ページ。

(32) 同書、四五ページ。

(33) 石附実『近代日本の海外留学史』ミネルヴァ書房、一九七二年、二〇五ページ。

(34) 宮田前掲書、八一ページ。

(35) 宇田川前掲書、一四九〜一五〇ページ。

(36) 設立資金の強制応募の経緯については、齋藤前掲書(二〇〜三一ページ)が詳しい。

(37) この対立については、宮田親平『科学者たちの自由な楽園——栄光の理化学研究所』(文藝春秋、一九八三年、五三〜六二ページ)の推測が詳しい。

(38) この経緯については、板倉聖宣「理化学研究所の所長人事と年功序列制」『科学と社会』(季節社、一九六〇年):齋藤前掲書(二六〜三一ページ)、および宮田前掲書(四九〜六二ページ)。

(39) 宮田前掲書、六五ページ。

(40) 板倉前掲論文、二八一〜三〇五ページ、宮田前掲書、六三〜六四ページ。

(41) 板倉前掲論文、二九八〜二九九ページ。
(42) 明治天皇は利発な大河内をかわいがり、宮廷の女官たちは、明治天皇が飼っていた犬と大河内と並べて「陛下のお膝の上へ、平気で上がって甘えているのは、正敏さんとあの犬だけだ」と語っていたという(岸田純之助「大河内正敏」星野哲郎編『二〇世紀を動かした人々』講談社、一九六三年、三三八ページ)。
(43) 齋藤前掲書、三四〜四六ページ。
(44) 宮田前掲書、七三ページ。
(45) 大河内の趣味については、それを最も親しく観察していた二人の息子である磯野信威と大河内信敬が「父の趣味」(大河内記念会編『大河内正敏、人とその事業』日刊工業新聞社、一九五四年、二一二〜二三五ページ)として詳しく書いている。
(46) 宮田前掲書、六九〜七〇ページ。
(47) 満岡忠成「大河内先生と陶器鑑賞」(大河内記念会編前掲書、二〇五〜二〇八ページ)には、大河内の陶磁器に対する深い造詣が語られている。
(48) 宮田前掲書、七五〜七六ページ。
(49) 齋藤前掲書、三一ページ。
(50) 分権的複数事業部制については、アルフレッド・チャンドラー『組織は戦略に従う』(有賀裕子訳、ダイヤモンド社、二〇〇四年)を参照。
(51) Harold Livesay, *American Made: Shapers of the American Economy*, Routledge, 1980, Chapter 8.
(52) 朝永振一郎「科学者の自由な楽園」『朝永振一郎著作集1　鳥獣戯画』みすず書房、一九八一年、二二四〜二二五ページ。
(53) 「大河内正敏博士と理化学研究所」(大河内記念会編前掲書、六六〜六九ページ)や宮田前掲書、(七六〜八一ページ)にも、多くの事例が挙がっている。

(54) 朝永前掲論文、二二四〜二四五ページ。筆者米倉も一橋大学において一貫して研究所勤めをしてきた。浅学非才の自分が曲がりなりにもこうした著作を書くことができ、研究者の端くれに名を連ねていられるのも、籍を置いた「イノベーション研究センター」(前身は産業経営研究所)が、規模こそ違えども、理研と同じような自由度を常に与えてくれたからだとつくづく思う。ここに記すべきことでもないが、どうしてもこのことだけは書いておきたい。

(55) 「大河内正敏博士と理化学研究所」大河内記念会編前掲書、六九ページ。

(56) 同書、六九〜七九ページ。

(57) この経緯は、宮田前掲書、八四〜八八ページ。

(58) 大河内記念会編前掲書、七七ページ。

(59) 岩田元兄「大河内所長を想う」『自然──特集理化学研究所六〇年の歩み』中央公論社、一九九三年、七七ページ。

(60) 化学工業において蓄積された経営資源を多重利用して多角的事業体を作るのは、二〇世紀初頭にデュポンやドイツ化学産業でも行われていた。この点については、チャンドラー前掲書やエディ・ペンローズ『企業成長の理論(第三版)』(日高千景訳、ダイヤモンド社、二〇一〇年)を参照されたい。

(61) 大河内正敏『化学工業の芋蔓式経営法と理研コンツェルン』野島好文堂、一九三五年、二〇〜二一ページ。

(62) 規模と範囲の経済性については、アルフレッド・チャンドラー『スケール・アンド・スコープ──経営力発展の国際比較』(安部悦生ほか訳、有斐閣、一九九三年)を参照されたい。

(63) 大河内前掲書、一九〜二〇ページ。

(64) 齋藤前掲書、一〇六〜一〇七ページ。

(65) 「座談会四──女性の科学者の自由な世界」『自然:特集理化学研究所六〇年の歩み』一九七八年

二月、五二〜五七ページ。

(66) 理研コンツェルンが戦時体制によって崩壊していく過程は、宇田川前掲書(二一〇〜二一五ページ)および齋藤憲『新興コンツェルン理研の研究』(時潮社、一九八七年、三五八〜三六一ページ)に詳しく記されている。

(67) 宮田前掲書、二三九ページ。

(68) 齋藤、二〇〇九年、前掲書、一七七〜一七八ページ。

(69) 宮田前掲書、二六五ページ。

(70) 辞任後の経緯については、宮田前掲書(二八三〜二八六ページ)を参照した。

(71) 同書、二八六ページ。

(72) 朝永前掲論文、二三五ページ、二三〇〜二三一ページ。

終章

(1) ロバート・サットン『なぜ、この人は次々と「いいアイデア」が出せるのか』米倉誠一郎訳、三笠書房、二〇〇二年。

(2) 朝永振一郎「科学者の自由な楽園」『朝永振一郎著作集1　鳥獣戯画』みすず書房、一九八一年、二三五ページ。

(3) 米倉誠一郎「企業の新陳代謝とクレイジー・アントルプルヌアの輩出」『一橋ビジネスレビュー』六四巻四号、二〇一七年。

(4) 高峰譲吉「基金壹千萬圓の国民的化學研究所」『実業之日本』一六巻一一号、一九一三年五月一五日。

【著者紹介】
米倉誠一郎（よねくら　せいいちろう）
1953年東京都生まれ。一橋大学社会学部・経済学部卒業、同大学大学院社会学研究科修士。ハーバード大学歴史学博士（Ph.D.）。82年一橋大学商学部助手、95年同大学産業経営研究所教授、97年同大学イノベーション研究センター教授。2012～14年プレトリア大学GIBS日本研究センター所長を兼務。17年より法政大学大学院イノベーション・マネジメント研究科教授、一橋大学名誉教授。20年に一般社団法人ソーシャル・イノベーション・スクールおよび世界元気塾を創業。専門は、イノベーションを核とした企業の経営戦略・組織の史的研究。現在、教育と探求社、インフロニア・ホールディングスなどの社外取締役、各種NPOやベンチャー企業のアドバイザーのほか、『一橋ビジネスレビュー』編集委員長、公益社団法人日本ファシリティーマネジメント協会会長を務める。
主な著書に*The Japanese Iron and Steel Industry, 1850-1990: Continuity and Discontinuity*（Palgrave Macmillan）、『経営革命の構造』（岩波新書）、『創発的破壊――未来をつくるイノベーション』（ミシマ社）、『オープン・イノベーションのマネジメント』（共編、有斐閣）、『松下幸之助――君ならできる、かならずできる』（ミネルヴァ書房）などがある。

イノベーターたちの日本史

2017年5月11日　第1刷発行
2023年12月22日　第4刷発行

著　者――米倉誠一郎
発行者――田北浩章
発行所――東洋経済新報社
〒103-8345　東京都中央区日本橋本石町1-2-1
電話＝東洋経済コールセンター　03(6386)1040
http://toyokeizai.net/

装　丁……………………竹内雄二
本文レイアウト・DTP……米谷　豪（orange_noiz）
印刷・製本………………リーブルテック
編集担当…………………佐藤　敬
　ISBN 978-4-492-37120-6